《法律与金融》（第八辑）

（按姓氏拼音排列）

编辑委员会

指导单位

指导老师

执行主编

编辑

法律与金融丛书

法律与金融

第八辑

LAW & FINANCE

《法律与金融》编辑委员会◎组编

中国政法大学出版社

2023·北京

图书在版编目（ＣＩＰ）数据

法律与金融. 第八辑/《法律与金融》编辑委员会组编. —北京：中国政法大学出版社，2023.12
ISBN 978-7-5764-1246-8

Ⅰ.①法…　Ⅱ.①法…　Ⅲ.①金融法－文集　Ⅳ.①D912.280.4-53

中国国家版本馆CIP数据核字(2024)第002828号

出　版　者	中国政法大学出版社
地　　　址	北京市海淀区西土城路 25 号
邮寄地址	北京 100088 信箱 8034 分箱　邮编 100088
网　　　址	http://www.cuplpress.com (网络实名：中国政法大学出版社)
电　　　话	010-58908289(编辑部) 58908334(邮购部)
承　　　印	保定市中画美凯印刷有限公司
开　　　本	650mm×960mm　1/16
印　　　张	19.125
字　　　数	265 千字
版　　　次	2023 年 12 月第 1 版
印　　　次	2023 年 12 月第 1 次印刷
定　　　价	95.00 元

卷首语

呈现在读者眼前的是《法律与金融》第八辑。本辑共收录 13 篇文章，作者既有来自南开大学、上海交通大学、武汉大学、西北政法大学、中南大学、中南财经政法大学、中央民族大学、华东政法大学的硕士和博士研究生，也有来自上海市高级人民法院上市审判庭、上海市浦东新区自由贸易区法庭的司法实务界人士。在栏目设计上，按照文章主题将稿件分别编入"营商环境法治化""法金前沿""法经监管""民商视野"四个栏目。

"营商环境法治化"栏目契合世界银行营商环境评估，在 2020 年营商环境大幅改善的背景下，研讨如何进一步提升各项评价指标。在世界银行考核的两类指标中，第二类"一国商业经济法律的具体实施情况"，各学者尤为关注。秦仕佶《公司内部监督独立性的保障：抽选与反合谋》一文运用法经济学视角，主张将抽选引入公司监督者的选举机制，以保障监督者履职的独立性，防止监督者接受管理层的贿赂而不履行职责，以达成反合谋机制，完善公司内部治理。此文落脚于公司内部治理的完善，并由此保护公司中小投资者利益。刘伊健《对赌协议再思考与公司资本制度理念之转换》一文从制度经济学的视角出发，主张对赌协议解决了投融资领域的不确定性难题，具有股债融合的特质，是一个更富效率的制度创新，基于股债融合的视角进行会计与制度的反思，为对赌协议的出路提供新的思路。该文则又为企业运营过程中获得信贷及合同履行提供了新的进路。

"法金前沿"栏目专注于金融法律交叉学科领域的热点问题，关注金融法律的前沿理论与热点问题。张崇胜《论作为份额权利的证券——基于马克思虚拟资本理论的解读》一文基于马克思虚拟资本理论对证券内涵进行解读，以"收入资本化"为证券概念的核心，并以此为基础对证券定义作出改进。余遵琼《从"东芝案"论存托凭证下我国〈证券法〉第 2 条域外适用规定的适用及其国际法限制》一文从东芝案出发论述美国证券交易法"反欺诈条款"域外适用之理论与实践，从国际法角度探讨域外管辖之正当性基础及其限制，为保护我国企业权益及我国《证券法》第 2 条关于域外适用规定的适用及存托凭证今后之发展汲取经验。张妍《上市公司社会责任信息披露制度研究》一文则落脚于"环境、社会、治理"这一企业社会责任框架，探讨如何完善我国上市公司社会责任信息披露制度。

"法经监管"栏目坚持实践性与学术性并重，关注金融监管的最新动态。胥国一、沈伟《金融监管中的比例原则：以"穿透式"监管为分析对象》一文以作为互联网新业态的股权众筹为例，剖析"穿透式"监管的不同方面，反思"穿透式"监管的合理边界。杨纯《论侵犯商业秘密的"反向工程"抗辩——一种法经济学的解释》一文通过法经济学中交易成本理论、法律运行的效益原则及福利经济学等进路剖析商业秘密反向工程法律制度背后隐含的经济因素，对侵犯商业秘密反向工程抗辩进行经济上的解释。吴术豪所译《监管科技，合规与技术判断规则》一文讨论了监管科技发展对金融行业的影响，并认为虽然监管科技并不是解决所有公司治理挑战的灵丹妙药，但企业乃至社会都有可能从监管科技中获得巨大的利益。薛前强和张迪所译《域外金融监管：E.T. 何以有家不能回?》一文阐释了由于有法律约束力的域外金融管辖权缺失导致了监管套利及系统性金融风险，并提出主要金融国家采取微边主义和双边或小集团谈判将更好地实现各国在金融监管方面的成功合作。

"民商视野"栏目扎根于民商事法律规则，立足理论、探讨时事。包鸿举、傅伟芬《〈民法典〉视野下债务承担准用担保规则的检视与完善——以公司为他人提供债务承担为例》一文从体系解释、举轻以明重解释等角度剖析，主张债务转移应与债务加入一并准用担保规则，但亦需要明确公司为他人提供债务承担与担保在法律属性、后果处理等方面的差异性。袁萍萍《以物抵债问题的法律研究——以〈九民纪要〉第 44 条和第 45 条为基础》结合最高人民法院审判经验的发展趋势，从理论上理清以物抵债的裁判规则，主张结合当事人的目的有利于区分以物抵债协议与让与担保，无须依靠自然之债效果的路径将让与担保排出以物抵债的范畴。史一楠《法定代表人越权担保下表见代表的解释基础——简评〈民法典〉第504 条的适用》立足"代表权法定限制说"，在考察类推适用代理制度的合理性基础上，将代理权的范围、代理权的内部限制之区分，与法定代表人代表权的法定限制、约定限制之区分予以妥善对应，意使法定限制中特殊事项的权利划分成为平衡公司利益与交易安全、便捷的利器。张子帅《有限公司股权转让准用善意取得的制度澄清——兼论与内部股东优先购买权的冲突》一文从区分不动产与动产善意取得的逻辑基础出发，阐释了有限公司股权转让准用善意取得制度中工商登记准用不动产登记簿的制度存在缺陷，主张准用动产善意取得制度，并进一步讨论了在具体适用上应如何对动产善意取得的要件予以修正。

自 2013 年创刊以来，《法律与金融》已经连续出版七辑。作为一项"团队生产活动"（team production），年轻的《法律与金融》凝聚着各方投入：国际金融法律学院的悉心培育、指导教师李诗鸿副教授的鞭策与指引、历届编辑部成员的耕耘、投稿作者的信任以及每一位《法律与金融》读者的关注与支持。正是依靠这些多元投入，数年间我们从最初的师生共同编辑，以院内学生习作为主的"私募"院刊，成长为由学生独立运作，面向全国理论与实务界征稿的"公募"之书。我们深知"得道多助"的古训，在坚守独立自主的学术品格的同时，将继续提高编辑部自身的专业素质与编辑能力，推进这项凝聚各方心力的学术事业。

愿今后的路途始终有您相伴！

目 录

>>>>>>>>>> 营商环境法治化 <<<<<<<<<<

公司内部监督独立性的保障：抽选与反合谋

秦仕佶*

内容提要： 独立性是公司内部监督发挥作用的基础，但是现行"提名+票选"的方式难以保障监督者的独立性，因为无论是中小投资者、积极股东还是中介机构，其都会受到现实条件的约束而影响其选举监督者的动力，或是存在机会主义行为；而由政府或非营利组织来提名或审核监督者的独立性，也存在资源不足、权力寻租等问题。所以保障独立性需要另辟蹊径，抽选则是可行的路径。抽选虽然看似儿戏，但其广泛地存在于实践中，是"理性地选择将挑选过程去理性化，使之带有非人决策的色彩"，因此，将抽选引入公司监督者的选举机制中能够保障独立性。抽选保障监督者任职前的独立性，反合谋机制则保障监督者在履职过程中的独立性，防止监督者接受管理层的贿赂而不履行职责，反合谋机制首先需要提供给监督者适当的激励以保证其选择履职的收益高于合谋的收益；其次可以通过豁免、自我举报奖励等方式来构成不稳定的合谋关系，进而使合谋难以形成。

关键词： 抽选　合谋　独立董事　监事　独立性

一、引言

内部监督是公司治理的关键机制之一，[1] 其与外部监督对应（如市场、媒体、监管机构），是通过公司内部的权力对管理层实施

---

* 秦仕佶，华东政法大学经济法学院 2019 级硕士研究生。
〔1〕 本文讨论的是上市公司的内部监督，所以本文中的"公司"均指上市公司。

的监督。我国的内部监督机制主要是监事会和独立董事，监事的职责之一就是保护全体股东的利益，[1]而独立董事一方面分享了董事的职权，代表公司利益，[2]另一方面还被赋予了保护中小投资者利益的职责，[3]更是中小投资者的"代言人"。虽然相较于外部监督，内部监督在信息的获取上更有优势，理应起到更强的监督作用、发挥更强的威慑效果，但这两个制度的实际运行效果却不尽如人意。

首先，由于缺乏独立性、激励、办公条件等原因，在大多数证券违法案件中，监事会并未发挥作用，常常被指形同虚设，[4]虽然公司法给予了监事对管理层不法行为提起诉讼的权利，[5]但这样的权利很少被行使。近期的实证研究虽然发现内部审计人员兼任监事能抑制公司盈余管理行为，但抑制作用主要发生在股权制衡度高和非国有的上市公司，[6]在我国股权普遍相对集中的环境下，监事会的作用仍然有限。[7]而根据 2020 年发布的中国上市公司治理指数（CCGINK），监事会治理指数为 59.65，相较于其他公司治理维度，监事会治理仍处于较低水平。[8]

其次，独立董事往往也被舆论戏称为"独立不懂事，懂事不独立"。

---

〔1〕 《中华人民共和国公司法》〔2018 年修正，以下简称《公司法》（2018 年修正）〕第 51 条。

〔2〕 如果考虑到利益相关者理论，公司利益与股东利益就有所不同。

〔3〕 《上市公司治理准则》（2018 年修订，中国证券监督管理委员会公告〔2018〕29 号）第 37 条。

〔4〕 郭雳：《中国式监事会：安于何处，去向何方？——国际比较视野下的再审思》，载《比较法研究》2016 年第 2 期；中国上市公司协会编著：《中国上市公司治理报告》，经济管理出版社 2014 年版，第 37 页。

〔5〕 《公司法》（2018 年修正）第 151 条。

〔6〕 王兵等：《监事会治理有效吗——基于内部审计师兼任监事会成员的视角》，载《南开管理评论》2018 年第 3 期。

〔7〕 也有实证研究得出了不一样的结论，认为监事会发挥着积极的财务监督作用。参见冉光圭等：《中国公司的监事会真的无效吗》，载《经济学家》2015 年第 1 期。

〔8〕 参见吴少龙：《中国公司治理研究院：2020 年上市公司治理水平呈上升趋势》，载证券时报网站，https://company.stcn.com/gsxw/202012/t20201206_2599250.html，最后访问日期：2021 年 1 月 6 日。

在独立董事选任方面，我国存在"任人唯亲"的董事会文化，[1]管理层往往会选举与自己已有社会关系但名义上满足法律要求的人员（如老乡、校友等）作为独立董事，正如有业界人士指出：上市公司选聘独立董事时不会去找明知会和公司"对着干"的人……实际上，不少独立董事是董事长的朋友，这样的身份使得董事会的讨论很容易一边倒，很难形成观点冲击，做出真正对公司有价值的结论。[2]我国的"任人唯亲"现象及其对独立董事监督作用的不利影响被实证研究所证实。[3]在履行职责方面，依法履职的独立董事的利益也难以获得保障。实证研究指出，独立董事在独立意见中持反对意见会提高其离职的概率。[4]同时，我国资本市场也未形成有效的声誉机制，尽职独立董事随后获得其他公司独立董事的职位数显著低于未尽职独立董事。[5]总的来说，独立董事在实践中的作用有限。

　　监事、独立董事（合称"监督者"）失灵的根源在于独立性，[6]本文以此为基点来探讨公司内部监督制度的设计。在文章结构上，第二部分首先厘清独立性的内涵，并区分出事前的独立性和事后的独立性，以便后文的讨论。第三、四部分说明"提名+票选"在保障事前独立性方面的缺陷，这也是引入抽选的必要前提，第三部分说明由市场无法解决独立性问题，第四部分说明政府、第三部门无法解决独立性问题。第五部分首先简单介绍抽选及其特点，说明抽选保障监督者独立性的功能，随后讨论将抽选运用在公司治理中如

---

〔1〕 郑志刚等：《任人唯亲的董事会文化与公司治理——一个文献综述》，载《金融评论》2016 年第 5 期。

〔2〕 艾哲明、李睿：《治理在觉醒：中国公司治理进化史》，贾若译，亚洲公司治理协会 2018 年版，第 86 页。

〔3〕 参见刘诚等：《社会关系、独立董事任命与董事会独立性》，载《世界经济》2012 年第 12 期。

〔4〕 参见唐雪松等：《独立董事监督中的动机——基于独立意见的经验证据》，载《管理世界》2010 年第 9 期。

〔5〕 参见陈睿等：《独立董事"逆淘汰"效应研究——基于独立意见的经验证据》，载《中国工业经济》2015 年第 8 期。

〔6〕 只有在解决了独立性缺失的问题之后，才有进一步讨论如何让监督者发挥监督作用的可能。

何兼顾监督效率的问题。第六部分讨论反合谋制度，其一，讨论构造监督者与管理层的收益模型，其二，讨论如何防止合谋的激励机制及我国现行制度的不足，其三，讨论构造不稳定合谋关系的机制及我国现行制度的不足。第七部分为结语。

二、关于独立性

独立性是治理有效性的基础，[1]监督者只有独立于被监督者，才可能有效履行监督职责、发挥监督作用，在公司治理中，管理层是被监督者，能够对管理层施加影响的实际控制人、控股股东等主体也是被监督者，从这个意义上来说，监督者除了需要独立于管理层，还需要独立于后者。[2]

以监督者被选举的时间点划分，独立性可以分为事前的独立性和事后的独立性。事前独立性是基础性的，如果监督者缺乏事前的独立性，其就容易与管理层合谋（不履职或共同侵占公司利益），监督作用就无法谈起。虽然法律可以规定监督者的信义义务、处罚监督者的合谋行为，市场也能够通过声誉机制发挥相似的作用，但它们的作用也存在局限：首先，法律是不完备的，因此管理层与监督者能够规避法律或者在法律留白的地方大做文章；其次，信息是声誉机制、法律责任发挥作用的基础，[3]而执法者、市场是否选择搜寻监督者与管理层合谋的信息构成"监督博弈"（见表1），设执法者、市场搜寻的成本是 C，收益是 X（X>C），监督者合谋的好处是 Y，被处罚的损失是 Z，设监督者合谋的概率为 p，p=C/X 是纳什均衡，[4]所以当信息成本较高，或者执法收益、信息交换价值较低时，法律制度、声誉机制的威慑作用就受到限制。

---

〔1〕 李维安：《独立性：治理有效性的基础》，载《南开管理评论》2016 年第 3 期。

〔2〕 为了行文方便，下文用"管理层"指代被监督者。

〔3〕 参见张维迎、邓峰：《国家的刑法与社会的民法礼法分野的法律经济学解释》，载《中外法学》2020 年第 6 期。

〔4〕 求解过程，参见张维迎：《博弈论与信息经济学》，上海三联书店、上海人民出版社 1996 年版，第 109 页。

表1　监督博弈

		监督者	
		合谋	不合谋
执法者、市场	搜寻	(X-C, -Z)	(-C, 0)
	不搜寻	(0, Y)	(0, 0)

事后独立性是保障监督作用的第二个环节，监督者与管理层的合谋需要双方具有一定程度的信任（以下简称"合谋基础关系"），否则合谋会因双方相互怀疑而难以达成。监督者任职后，随着其在履职过程中与管理层不断产生的接触、交往，双方对彼此的了解程度也加深，进而可能形成合谋基础关系，而保障事后独立性的机制就需要防止监督者在履职的过程中与管理层形成这种关系。

三、市场保障独立性的缺陷——市场的自利性

在现行的制度下，单独或联合持股达到一定比例的股东可以提名监督者（达到3%可以提出临时提案，提名监事，达到1%可以提名独立董事候选人），[1]并通过多数决或累积投票制度选出监督者。在这样的制度安排中，监督者的提名权是开放的，任何投资者都有机会提名监督者；排除某些情况（如采用多数决且存在绝对控股），监督者的选举权也是开放的。总的来说，选谁担任监督者是市场竞争的结果，而监督者不独立，也正是市场运行的结果。

具体而言，在选举监督者的竞争中，除了管理层，还有分散的中小投资者、积极行动的股东（如机构投资者、对冲基金）以及不持有股权但为股东提供投票咨询服务的中介机构。由上述主体提名、选举监督者有利于促进其独立，然而在自利的逻辑以及相关的条件约束下，上述主体并不总是能够起到保障监督者独立性的作用。

---

〔1〕《公司法》（2018年修正）第102条；《关于在上市公司建立独立董事制度的指导意见》（证监发〔2001〕102号，已失效）。

（一）中小投资者

中小投资者普遍存在理性冷漠问题，理性冷漠产生的原因在于中小投资者所处的条件约束，具体可分为收益端和成本端的约束。在收益端，持股份额小对其参与公司治理动力的影响不必赘述，[1]而保障监督者独立性也只是公司治理的一个分支。在成本端，一方面，中小投资者未必能够找到愿意出任其所投资公司且能够被其他股东信任的候选人（或者说该成本很高），以及征集足以对抗控股股东的代理投票权，[2]或者游说其他股东出席股东大会、支持自己提名的监督者；另一方面，中小投资者在选举投票中的成本包括投票成本和决策成本（如收集信息、理解信息），虽然投票成本、信息传递成本能够通过技术手段降低（如网络投票），但技术手段无法解决投资者理解信息所需花费的成本，[3]以及获得非公开信息的成本，或者验证他人获得的非公开信息是否真实的成本，而判断管理层与候选人是否存在合谋基础关系往往需要非公开的信息。在这样的条件约束下，中小投资者的收益如果无法覆盖成本（而现实中往往如此），其出力保障监督者独立性不具有经济理性，所以这也表现为中小投资者不积极参与投票，[4]或者，虽积极参与，但仅仅是跟投票。

---

〔1〕 根据上海证券交易所的统计，2019 年末自然人投资者 10 万元以下的账户占比 56.85%，2019 年主板 A 的平均市盈率为 14.28，以 10 万元的投资额计算，平均收益约 7000 元，参见上海证券交易所编：《上海证券交易所统计年鉴（2020 卷）》，中国金融出版社 2020 年版，第 4、565 页。

〔2〕 征集代理投票权的成本很高，由于我国现行公司法未要求股东大会的法定最低出席人数（quorum），所以征集代理投票权的现实需求不强，而在设有最低出席人数要求的国家（如美国）征集代理投票权的实践丰富，可以作为参照。根据美国投资公司协会（Investment Company Institute，简称"ICI"）的研究，分散的股东往往不倾向于投票，并且不阅读征集者（基金）发送的材料，这导致获得股东的同意、达到法定最低出席人数变得困难、成本高昂，根据其调查，受访者对征集股东同意的成本的估值都在 100 万美元以上，其中最高的为 1.07 亿美元，See Matt Thornton, *Proxy Proposals Worth Supporting*, *ICI Viewpoints*, 29 Jan. 2020, available at https://www.ici.org/viewpoints/20_view_proxy_voting.

〔3〕 Dennis C. Mueller et al., "Representative Democracy via Random Selection", *Public Choice*, Vol. 12, 57, 58, 1972.

〔4〕 在 2005 年至 2009 年期间，实施网络投票的股东大会中（不含有股权分置改革），平均每个会议参与人数为 920 人，参与率为 1.94%，中小投资者参与率总体来说仍

中小投资者的理性冷漠还需要考虑更多的情况。我们可以把中小投资者具体化，如设想成一个 40 岁左右的个体，从事着某一份职业，需要承担家庭责任，也会进行生活消费、自我投资，而理财只是其生活的一小部分。因为专业化分工的缘故，其所具有的知识、社会资源等局限在其所从事的行业内，因此其在工作方面的投入所带来的收益在大多数时间内大于理财的收益，而其他的生活需求也占据着其时间精力，这使其在理财方面能够分配的时间不多。就理财而言，股权投资只是一种理财方式，而参与公司治理、保障监督者独立性则是更小的议题，选择投资产品、选股、其他公司提案的投票等都相继竞争着该投资者的时间精力。总而言之，上述这些情况可归结为中小投资者的机会成本，在个体为最大化自身效用而行动的假设下，保障监督者独立性并非中小投资者的最优选择，因此也不应期待或是要求中小投资者起到保障监督者独立性的作用。

（二）积极股东

持股份额大的股东，由于其参与公司治理的收益能够覆盖成本，因此也更可能积极参与公司治理，[1] 而由大股东选派的监督者相对也更能够发挥监督作用。[2] 实践中，机构投资者、对冲基金（hedge fund）都表现出了积极股东的性质，也被寄予了保护投资者的希望，但由于自利性，他们也不总是能够起到保护投资者的作用，而由他们选派的监督者也不总是具有独立性。

1. 机构投资者

机构投资者的股东积极主义源于美国资本市场的实践，20 世纪 80 年代以来，美国的机构投资者通过反对反收购措施、股东提案发声、监督公司业绩、强调公司长期发展与社会责任，改善了公司治

（接上页）然不高。参见孔东民等：《冷漠是理性的吗？中小股东参与、公司治理与投资者保护》，载《经济学（季刊）》2013 年第 1 期。

〔1〕 Andrei Shleifer & Robert W. Vishny, "Large Shareholders and Corporate Control", *The Journal of Political Economy*, Vol. 94, No. 3, 461, 462, 1986.

〔2〕 参见祝继高等：《谁是更积极的监督者：非控股股东董事还是独立董事？》，载《经济研究》2015 年第 9 期；陆正飞、胡诗阳：《股东—经理代理冲突与非执行董事的治理作用——来自中国 A 股市场的经验证据》，载《管理世界》2015 年第 1 期。

理状况。[1]但实际上机构投资者在公司治理中的投入也是极其有限的，如有学者指出，在大多数情况下，机构投资者要么就是支持管理层的提案，要么就是遵守已有的投票指导政策，而不是对公司的个别问题进行针对性的分析，[2]根据 ICI 的统计，2017 年美国的机构投资者（不包括养老基金）只提出了 4 件股东提案（约占 0.7%）；[3]在选举监督者方面，虽然曾有学者提出机构投资者应帮助选举独立于管理层并且"依赖"于股东的董事，但该提议也迟迟未付诸行动；[4]我国的机构投资者也存在着同样的问题。[5]总的来说，被寄予希望的机构投资者也并不积极。

从机构投资者自身所受到的约束来看，分散投资原则与行业内的竞争可以解释机构投资者的消极行动。首先，分散投资虽然是行业所遵循的原则，也是法律的强制性要求，[6]但基于注意力有限理论，分散的投资组合使得机构投资者无法将注意力分配到每个投资

---

〔1〕 吴新春：《大力推进机构投资者参与上市公司治理》，上海证券交易所研究报告 2015 No.16，第 3~5 页。

〔2〕 See Bernard S. Black, "Shareholder Activism and Corporate Governance in the United States", in P. Newman eds., *The New Palgrave Dictionary of Economics and the Law*, Palgrave Macmillan, 2002, pp.459-464, 460.

〔3〕 在 2017 年的投票季中，美国最大的 3000 家上市公司共有 537 件股东提案，提案最多的三个群体为个体、社会责任投资者（socially responsible investors，主要为投资咨询机构，部分投资公司也归类于该群体）和养老基金，其中个体提案为 159 件，社会责任投资者为 128 件，养老基金为 118 件，投资公司（基金）仅提案 4 件。See ICI, "Proxy Voting by Registered Investmetn Companies, 2017", *ICI Research Perspective*, Jul.2019, Vol.25, No.5, p.9, available at https://www.ici.org/pdf/per25-05.pdf.

〔4〕 See Ronald J. Gilson & Jeffrey N. Gordon, "The Agency Costs of Agency Capitalism: Activist Investors and the Revaluation of Governance Rights", *Columbia Law Review*, Vol.113, No.4, 863, 888, 2013.

〔5〕 参见吴新春：《大力推进机构投资者参与上市公司治理》，上海证券交易所研究报告 2015 No.16，第 13 页。

〔6〕 如《公开募集证券投资基金运作管理办法》（中国证券监督管理委员会令第104 号）第 32 条规定的"双十限制"；《美国 1940 年投资公司法案》（Investment Company Act of 1940）第 5（b）（1）项规定机构投资者（mutual fund）不能持有一个公司超过 10% 表决权的股权。See Ronald J. Gilson & Jeffrey N. Gordon, "The Agency Costs of Agency Capitalism: Activist Investors and the Revaluation of Governance Rights", *Columbia Law Review*, Vol.113, No.4, 863, 890, 2013.

组合中的公司，其只会把有限的注意力分配到投资组合权重较大的公司中，[1]分散投资也限制了机构投资者在某一公司中的权益份额，降低了积极行动的收益，总的来说，分散的投资并不利于机构投资者积极行动。其次，机构投资者积极行动虽然能够提高公司的绩效、有利于提升投资组合的收益，但由于公司治理在一定程度上具有公共产品的性质，[2]某一机构投资者（A基金）积极行动会惠及于其他持有该公司股权的机构投资者，这一是会产生"搭便车"的问题；二是如果各机构投资者的持股份额相近，A基金由于支付了积极行动的成本，以行业的平均水平作为衡量标准，A基金不但没有获利，反而还有所损失，所以在行为选择上，退出问题公司是更符合A基金利益的选择，而不是积极行动。[3]

2. 对冲基金

对冲基金最早是指由金融期货和金融期权等金融衍生工具与金融组织结合后以高风险投机为手段并以盈利为目的的金融基金，但随着业务的转变，对冲基金也涉足证券投资组合等领域，与机构投资者的界限也变得模糊，而作为一种私募基金，与传统机构投资者相比，其受到的监管更少。[4]对冲基金积极主义的产生，正如有学者指出，是对传统机构投资者消极行动产生的公司治理空白的填补，[5]在

---

〔1〕 参见王垒等：《异质机构投资者投资组合、环境信息披露与企业价值》，载《管理科学》2019年第4期。

〔2〕 See Curits J. Milhaupt, "Non-Profit Organization as Investor Protection: Economic Theory, and Evidence from East Asia", *The Yale Journal of International Law*, Vol. 29, 169, 184, 2004.

〔3〕 See Ronald J. Gilson & Jeffrey N. Gordon, "The Agency Costs of Agency Capitalism: Activist Investors and the Revaluation of Governance Rights", *Columbia Law Review*, Vol. 113, No. 4, 863, 893, 2013.

〔4〕 参见翁小川等：《天使还是魔鬼？——对冲基金积极主义在公司治理中的利弊分析及在中国前景之展望》，载《证券法苑》2010年第2期。另外，虽然对冲基金在目标公司中的持股并不一定多，但其会在积极行动前大量增持股权，提高积极行动的收益。See Dionysia Katelouzou, "Myths and Realities of Hedge Fund Activism: Some Empirical Evidence", *Virginia Law and Business Review*, Vol. 7, No. 3, 459, 467, 2013.

〔5〕 See Ronald J. Gilson & Jeffrey N. Gordon, "The Agency Costs of Agency Capitalism: Activist Investors and the Revaluation of Governance Rights", *Columbia Law Review*, Vol. 113, No. 4, 863, 896, 2013.

2005 年至 2008 年期间对冲基金积极主义显著增加，随后急剧回落，
2012 年开始回升，[1]具体表现为通过公开发声改变公司经营政策、
征集代理投票权选举董事、提起诉讼等方式。[2]

　　虽然对冲基金表现抢眼，但其短期主义也备受质疑，[3]关于对
冲基金积极主义对公司长期绩效的影响，较早的实证研究，如
Lucian A. Bebchuk et al.（2015），显示对冲基金积极主义对公司的长
期绩效具有积极作用，[4]但是近期的实证研究，如 K. J. Martijn Cre-
mers et al.（2018）、Ed deHaan et al.（2019），显示其对公司的长期
绩效并无积极作用。[5]关于对冲基金积极主义的实证研究未完待续，
但本文在此关注对冲基金积极主义的广度，在 Brav et al.（2008）的
研究中，作者收集了 2001 年至 2006 年美国对冲基金积极主义的数
据，[6]该数据也被用于 Lucian A. Bebchuk et al.（2015）的研究中，[7]

---

　　〔1〕　参见吴新春：《大力推进机构投资者参与上市公司治理》，上海证券交易所研究
报告 2015 No. 16，第 5 页。

　　〔2〕　See Marcel Kahan & Edward B. Rock, "Hedge Funds in Corporate Governance and
Corporate Control", *University of Pennsylvania Law Review*, Vol. 155, No. 5, 1021, 1029, 2007.

　　〔3〕　对冲基金收费模式一般为管理资产总额 2% 的固定年费再加上基金年收益 20%
的奖励。See Alon Brav et al. , "Hedge Fund Activism, Corporate Governance, and Firm Perform-
ance", *The Journal of Finance*, Vol. LXIII, No. 4, 1729, 1735, 2008.

　　〔4〕　Lucian A. Bebchuk et al. , "The Long-Term Effects of Hedge Funds Activism", *Co-
lumbia Law Review*, Vol. 115, No. 5, 1085, 2015.

　　〔5〕　See K. J. Martijn Cremers et al. , *Hedge Fund Activisim and Long-Term Firm Value*,
May 28, 2020, available at SSRN: https://ssrn. com/abstract = 2693231 or http://dx. doi. org/
10. 2139/ssrn. 2693231. Ed deHaan et al. , "Long-Term Economic Consequences of Hedge Fund Ac-
tivist Interventions", *Review of Accounting Studies*, Vol. 24, 536, 2019. 此外，也有研究认为目
标公司绩效的提高是转移债权人、公司员工利益的结果。See John C. Coffee Jr. & Darius Pa-
lia, "The Wolf at the Door: The Impact of Hedge Fund Activism on Corporate Governance", *Jour-
nal of Corporation Law*, Vol. 41, No. 3, 545, 588-589, 2016.

　　〔6〕　该数据较为详尽地收集了对冲基金积极主义事件，具体可分为两部分，一部分
是通过收集《美国 1934 年证券交易法案》（Securities Exchange Act of 1934）第 13（d）条
要求的持股达到 5% 的股东按照表 13D 披露的信息，筛选出积极行动的对冲基金，另一部
分是通过网络检索收集那些未达到披露要求的对冲基金积极主义。See Alon Brav et al. ,
"Hedge Fund Activism, Corporate Governance, and Firm Performance", *The Journal of Finance*,
Vol. LXIII, No. 4, 1729, 1736-1738, 2008.

　　〔7〕　Lucian A. Bebchuk et al. , "The Long-Term Effects of Hedge Funds Activism", *Co-
lumbia Law Review*, Vol. 115, No. 5, 1085, 1098, 2015.

综合这两份研究的数据可以看到在该期间内每年发生的对冲基金积极主义事件及其持续的时间（见表2），从中可以看出，对冲基金积极主义事件相对于上市公司总数来说是较小的。另外，在该期间内涉及董事独立性的事件总共仅为159件。[1]

当然，对冲基金积极主义事件数量不多可能有两个原因：一是对冲基金主要针对能够产生较大收益的目标公司采取行动，而不对收益低、风险高、成本高的公司采取行动；二是上市公司治理普遍良好，未发生对冲基金积极主义事件的公司不存在治理问题。本文将对冲基金积极主义事件与上市公司总数进行对比只是对其作用范围的初步质疑，无法确认是上述何种原因造成的，所以关于对冲基金的作用还有待进一步研究，但代理成本问题是一个较为普遍的现象，从经验上可以认为，对冲基金的作用范围比较有限。

表2　2001—2006年对冲基金积极主义事件[2]

年份 （年）	对冲基金积极 主义事件（每年）	平均持股 期限	持股期限 中位数	上市公司 总数
2001	96			7288
2002	134			6757
2003	127	22个月	556天	6154
2004	148			6097
2005	237			6029
2006	269			6005

〔1〕 See Alon Brav et al., "Hedge Fund Activism, Corporate Governance, and Firm Performance", *The Journal of Finance*, Vol. LXIII, No. 4, 1729, 1742, 2008.

〔2〕 "对冲基金积极主义事件（每年）"来源于 Lucian A. Bebchuk et al.（2015, p. 1100）；"平均持股期限""持股期限中位数"来源于 Alon Brav et al.（2008, p. 1749）；"上市公司总数"来源于 Janeen McIntosh & Svetlana Starykh, "Recent Trends in Securities Class Action Litigation: 2019 Full-Year Review", *NERA Economic Consulting*, 21 Jan. 2020, p. 2, available at https://www.nera.com/content/dam/nera/publications/2020/PUB_Year_End_Trends_012120_Final.pdf.

3. 积极股东的机会主义

在积极股东参与公司治理时，其与中小投资者的利益也不总是一致的——公司运行可以分为生产环节和分配环节，生产环节产生剩余利润，如经营项目的选择、执行，在这一环节中，积极股东与中小投资者利益是一致的；但在分配环节中，虽然理论上剩余利润应按照持股比例自动分配给投资者，但现实中剩余利润可以通过其他形式（如虚增生产成本、虚构损失）被转移，而在这一环节，如果积极股东具有改变剩余利润的法律形式的能力，就存在机会主义的空间。[1]而积极股东选派的监督者提高了积极股东在公司中的议价能力，反而可能有利于积极股东与管理层形成合谋，谋取不正当利益。

另外，多个大股东虽然能够抑制单个大股东与管理层的合谋，[2]但是多个大股东的股权结构可遇而不可求，一方面，大股东选择是否投资某个公司是出于利益的考量；另一方面，管理层的态度也会影响大股东的引入，[3]如果引入多个大股东不符合管理层的利益，其也不会主动引入。[4]总的来说，多个大股东的股权结构是各方合意的结果，具有人合性，这也限制着该结构的形成，在姜付秀等（2020）的研究样本中，我国32%以上的公司存在多个大股东的股权结构。[5]

---

〔1〕 实证研究也显示，我国机构投资者与管理层普遍存在合谋的情况。参见潘越等：《机构投资者与上市公司"合谋"了吗：基于高管非自愿变更与继任选择事件的分析》，载《南开管理评论》2011年第2期；郭晓冬等：《机构投资者网络团体与公司非效率投资》，载《世界经济》2020年第4期。

〔2〕 See Najah Attig et al., "Do Multiple Large Shareholders Play a Corporate Governance Role? Evidence from East Asia", *The Journal of Financial Research*, Vol. XXXII, No. 4, 395, 2009; 王运通、姜付秀：《多个大股东能否降低公司债务融资成本》，载《世界经济》2017年第10期；姜付秀等：《多个大股东的公司治理效应：基于控股股东股权质押视角》，载《世界经济》2020年第2期。

〔3〕 如业界人士认为，找股东就像找对象，股东不和谐经常扯皮，企业的发展就会受影响，参见陈东升：《战略决定一切》，载《哈佛商业评论（中文版）》2020年9月。

〔4〕 See Micheal Jenson & William H. Meckling, "Theory of the Firm: Managerial Behavior, Agency Costs, and Ownership Structure", *The Journal of Finance Economics*, Vol. 3, 305, 325, 1976.

〔5〕 参见姜付秀等：《多个大股东的公司治理效应：基于控股股东股权质押视角》，载《世界经济》2020年第2期，第78页。另外，多个大股东在某些情况下也会产生协调

（三）投票咨询机构

美国资本市场还出现了投票咨询机构（proxy advisory firm），从美国的实践来看，投票咨询机构是为机构投资者提供投票建议等服务的第三方，目前规模较大的投票咨询机构为机构股东服务公司（Institutional Shareholder Services，简称"ISS"）、格拉斯·刘易斯公司（Glass Lewis & Co.）。[1]美国投票咨询机构的兴起是源于机构投资者在投票中的信义义务，美国在1998年要求养老基金、2003年要求共同基金为了员工（客户）的最佳利益履行代理投票义务，这样的义务便催生了机构投资者对投票咨询机构的需求。[2]

投票咨询机构虽然不是上市公司股东，但其为投资者提供投票咨询建议，也会涉及监督者独立性的议题。在关于董事独立性方面的问题，投票咨询机构往往会制定比法律、交易所规则更为严格的标准，如要求独立董事达到更长的"冷冻期"（look-back period）、要求CEO不得担任董事长等。[3]但严格标准的作用建立在标准能被有效实施的基础之上，而在实施层面，投票咨询机构的作用则相对有限，如投票咨询机构主要基于公开信息做出投票意见，[4]并未挖掘更多的私密信息；在董事独立性事项上，投票咨询机构确实也主要采用基于规

（接上页）的成本。See Gomes & Novaes, "*Sharing of Control versus Monitoring as Corporate Governance Mechanisms*", Feb. 2005, available at SSRN：https://ssrn. com/abstract = 277111 or http://dx. doi. org/10. 2139/ssrn. 277111；或者会给管理层更多的机会主义空间，参见赵国宇：《CEO会利用多个大股东"制衡"从中获利吗？——来自CEO超额薪酬的经验证据》，载《外国经济与管理》2019年第8期。

〔1〕 See United States Government Accountability Office（GAO），"Corporate Shareholder Meetings：Proxy Advisory Firms' Role in Voting and Corporate Governance Practices"，GAO-17-47, Nov. 2016, p. 6, availbale at https://www. gao. gov/assets/690/681050. pdf.

〔2〕 See Tamara C. Belinfanti, "The Proxy Advisory and Corporate Governance Industry：The Case for Increased Oversight and Control"，*Stanford Journal of Law*，*Business & Finance*，Vol. 14, No. 2, 384, 391-392, 2009.

〔3〕 See United States Government Accountability Office（GAO），"Corporate Shareholder Meetings：Proxy Advisory Firms' Role in Voting and Corporate Governance Practices"，GAO-17-47, Nov. 2016, pp. 24-25.

〔4〕 Stephen Choi et al. , "The Power of Proxy Advisors：Myth or Reality"，*Emory Law Journal*, Vol. 59, No. 4, 869, 881, 2010.

则的方式（rules-based approach）做出投票建议，而不是采用个案研究的方式（case-by-case approach），[1]这仍然无法解决"灰色董事"的问题。

（四）小结

实际上，任何市场主体都无法完成保障监督者独立性的任务，因为在公司治理问题上，所有市场主体的关系都可以放在"委托—代理"的范式下解释，在本文的情境中具体为"股东—监督者—管理层"。在股东缺位的情况下，监督者被管理层控制，双方合谋损害股东的利益；在积极股东出现的情况下，则监督者不与管理层合谋，但是正如有学者指出，如同伯利—米恩斯的两权分离，所有权与所有权也存在分离的问题（separation of ownership from ownership），[2]因此，如果积极股东与管理层合谋，或者积极股东与公司利益不一致时（如对冲基金的短期主义），中小投资者的利益就无法得到保障。所以，保障监督者独立性、保护中小投资者的利益就必然需要外力的介入。[3]

---

[1] See United States Government Accountability Office（GAO），"Corporate Shareholder Meetings：Proxy Advisory Firms' Role in Voting and Corporate Governance Practices"，GAO-17-47，Nov. 2016，p. 26，availbale at https：//www. gao. gov/assets/690/681050. pdf.

[2] See Leo E. Strine Jr.，"Can We Do Better by Ordinary Investors? A Pragmatic Reaction to the Dueling Ideological Mythodologists of Corporate Law"，*Columbia Law Journal*，Vol. 114，449，2014.

[3] 为积极股东设立信义义务是解决代理成本的一个方法，这个做法已贯彻在实践中，如美国相关法律规定了机构投资者代理投票的信义义务，美国证监会要求投票咨询机构也负有代理投票的信义义务，而我国公司法学界一直以来也主张控股股东的信义义务。See Tamara C. Belinfanti，"The Proxy Advisory and Corporate Governance Industry：The Case for Increased Oversight and Control"，*Stanford Journal of Law*，*Business & Finance*，Vol. 14，No. 2，384，391-392，2009；United States Government Accountability Office（GAO），"Corporate Shareholder Meetings：Proxy Advisory Firms' Role in Voting and Corporate Governance Practices"，GAO-17-47，Nov. 2016，p. 34，availbale at https：//www. gao. gov/assets/690/681050. pdf；赵旭东：《公司法修订中的公司治理制度革新》，载《中国法律评论》2020 年第 3 期。但为积极股东设立信义义务只是解决代理成本的第一步，如果缺乏监管力量发掘违法行为，则信义义务无法发挥抑制机会主义的作用（见第二部分"监督博弈"相关内容）。

四、政府或第三部门能否保障独立性？

政府、第三部门往往是弥补市场失灵的主体，相比于市场主体，政府、第三部门不具有营利性，从这个角度上看，两者理论上都能避免自利性带来的弊端，但是组织与组织中的成员利益并不总是一致，会产生代理成本问题；此外，保障监督者独立性需要一定的资源，而政府、第三部门在资源配置的灵活度上不如市场，因此会存在资源不足的问题。

我国在 2001 年正式引入独立董事制度，为保障独立董事的独立性，证监会在《关于在上市公司建立独立董事制度的指导意见》（证监发〔2001〕102 号，已失效）中曾规定，中国证监会在 15 个工作日内对独立董事的任职资格和独立性进行审核。对中国证监会持有异议的被提名人，可作为公司董事候选人，但不作为独立董事候选人。针对该规定，有学者指出"每次选聘、增补独立董事，都应由证监会审核，恐其难堪重负"。[1]随后在 2004 年，《国务院关于第三批取消和调整行政审批项目的决定》（国发〔2004〕16 号）取消了证监会审核独立董事的职责。这样的制度转变，也间接说明了政府以直接审核的方式保障监督者独立性的措施存在不足之处。

2004 年国发〔2004〕16 号文件发布后，证监会随即发布了《关于第三批行政审批项目取消后的后续监管和衔接工作的通知》（证监发〔2004〕59 号），将审核职责转移给证券交易所，目前，上海证券交易所、深圳证券交易所分别根据其自己制定的规则进行独立董事独立性的审核。[2]但因为独立董事与管理层的私人关系为私密信息，难以被外界获知，交易所审核的作用也相对有限，相关的资料也能反映这一点——在 2013 年中国上市公司协会的调研中，受访者

[1] 顾功耘、罗培新：《论我国建立独立董事制度的几个法律问题》，载《中国法学》2001 年第 6 期。

[2] 《上海证券交易所上市公司独立董事备案及培训工作指引》（2016 年修订）（上证发〔2016〕48 号，已失效）；《深圳证券交易所独立董事备案办法》（2017 年修订）（深证上〔2017〕307 号，已失效）。

认为独立性不足是影响独立董事履职的主要问题，上市公司和相关专家普遍认为独立董事仍存在独立性问题，[1]从刘诚等（2012）的研究样本中也可以看到，2007年至2009年中小板企业600个独立董事中有52.8%与CEO存在社会关系（老乡、校友、共同工作经历），[2]"实际控制人等'关键少数'的社会关系网是独立董事来源的主要途径"。[3]

此外，为保护投资者利益，经证监会批准，中证中小投资者服务中心有限责任公司（以下简称"投服中心"）于2014年成立，投服中心是归属证监会直接管理的证券类公益机构，致力于保护中小投资者利益。在保障监督者独立性方面，虽然投服中心可以通过持股行权提名公司的监督者，但是一方面，可能出于避免"官方背书"等缘故，投服中心原则上不参与涉及公司董事、监事、高级管理人员等的重要人事变更事项；[4]另一方面，除了持股行权，投服中心还要负责投资者教育、纠纷调解、诉讼及支持诉讼等各项工作，而相对有限的资源也可能使其难堪重负。[5]

保障监督者的独立性还可以由政府提名或指定监督者，相比提名后的审核，直接提名或指定无须搜寻私密信息、成本更低。美国的实践存在过这样或类似的做法，如《美国1962年通信卫星法案》规定通信卫星公司的3/15的董事应由总统任命（出于保护公共利益的目的），[6]又如艾奥瓦州最高法院在Miller案中判决，在派生诉讼

---

〔1〕 参见中国上市公司协会：《上市公司独立董事履职情况报告》，载《董事会》2014年第1期。

〔2〕 参见刘诚等：《社会关系、独立董事任命与董事会独立性》，载《世界经济》2012年第12期。

〔3〕 深圳证监局：《切实发挥独立董事作用 提升上市公司治理质量》，载中国证券网，http://news.cnstock.com/paper，2020-12-05，1401402.htm。

〔4〕《中证中小投资者服务中心持股行权工作规则（试行）》第5条；郭雳：《作为积极股东的投资者保护机构——以投服中心为例的分析》，载《法学》2019年第8期。

〔5〕 投服中心工作人员在2017年的采访中表示，参加股东大会的主要是行权事务部，只有10余人，所有的上市公司的股东大会都会在6月30日前结束，因此工作量非常大，基本上是连轴转，参见周亮、孙铭蔚：《投服中心如何运作？——每家公司拿100股，连轴转参加股东大会》，载《南方都市报》2017年6月20日，第GC04版。

〔6〕 Communications Satellite Act of 1962 § 303（a），87 P. L. 624，76 Stat. 423（1962）.

案件中，如果大多数董事都是被告，那么公司就应向法院申请，由法院指定人员来进行派生诉讼的事前审查。[1]但正如有学者指出，政府指派董事可能会降低监管部门履职的热情，也会产生"官方背书"的问题，[2]此外，如果官员个人利益与政府组织目标偏离，还会产生权力寻租的问题，进而也难以保障监督者的独立性。

总的来说，由政府或第三部门审核、提名等方式来保障监督者的独立性都存在着这样或那样的障碍，因此保障独立性还需另辟蹊径。

五、抽选

（一）关于抽选

抽选的本质是随机选择。与投票选举相比，抽选看上去似乎有些儿戏，但事实上，被视为"民主发源地"的雅典就是采用随机抽签的选举方式实现民主的，其法庭、500 人议事会、行政机构的人员都是以抽签的方式产生，[3]卢梭在《波兰政府论》中采用抽选的方式克制外国民族对波兰的控制，[4]其实直到 18 世纪的中后期，抽选依然被广泛地运用。[5]而近年来，随着抽选理论的发展，抽选也逐步在各国的政治实践中复兴，[6]在我国的实践中，抽选的方式也被

---

〔1〕 Miller v. Register & Tribune Syndicate, Inc., 336 N. W. 2d 709 (1983).

〔2〕 See Herman Schwartz, "Governmentally Appointed Directors in a Private Corporation—The Communications Satellite Act of 1962", *Harvard Law Review*, Vol. 79, No. 2, 350, 364, 1965.

〔3〕 参见王绍光：《抽签与民主、共和：从雅典到威尼斯》，中信出版集团 2018 年版，第 23 页。另外，王绍光教授不认为雅典是民主的发源地。

〔4〕 参见［法］卢梭：《波兰政府论》，载田飞龙编：《卢梭立宪学文选》，田飞龙等译，中国政法大学出版社 2013 年版，第 181 页。

〔5〕 参见王绍光：《抽签与民主、共和：从雅典到威尼斯》，中信出版集团 2018 年版，第 369 页。

〔6〕 如德国的"计划单元"（Planning Cells）、丹麦的"共识会议"（Consensus Conference）、英国的"公民审议团"（Citizens' Jury）、巴西的"参与式预算"（Participatory Budgeting）等，参见王绍光：《抽签与民主、共和：从雅典到威尼斯》，中信出版集团 2018 年版，第 442~444 页。

运用在各个领域：政府采购中通过随机抽取的方式选择评审专家，[1]公务员面试中考官采取抽签的办法确定面试的教室，[2]浙江温岭市实施的参与式预算通过随机抽取选取选民代表，[3]村庄也会采用抓阄的方式来安排"肥差事"的负责人。[4]

抽选这种看似儿戏的方式之所以广泛存在于实践中，并非人们不理性，其原因恰恰相反，是人们看到且承认理性的成本（或者说是人的有限理性），并寻求更有效的方式（如抽选）来实现目的，正如有学者指出，抽选是"理性地选择将挑选过程去理性化，使之带有非人决策的色彩"。[5]

抽选的优点可以总结为以下几个方面：①由于投票选举的结果往往是财富和社会特权得到过多的代表，而穷人、不享有社会特权的公民得到的代表过少，而抽选能够矫正这种缺陷，使选举结果能够描述人口特征；[6]②抽选（加上任期）能够克制某一派系对权力的垄断；③因为抽签时人人的条件都是相等的，因此抽选是公平分配义务的方法；[7]④如果选举获胜能够获得权力，则投票选举、抽选都是分配资源的方式，而抽选是非市场、非权威的资源配置方式，在这样的资源配置（激励模式）下，被选举人的任何努力（正当

---

〔1〕《政府采购非招标采购方式管理办法》（中华人民共和国财政部令第74号）第7条。

〔2〕《公务员录用面试组织管理办法（试行）》（人社部发〔2015〕93号）第31条。

〔3〕 温岭市人大常委会办公室《关于开展预算初审民主恳谈，加强镇级预算审查监督的指导意见》，镇人大在人代会前组织召开预算初审民主恳谈会。民主恳谈会应提前十日发布公告，参加对象包括人大代表和选民代表。其中人大代表由镇人大统一组织，选民代表通过一定的方式（如自愿报名、推选、随机抽取）产生，载参与式预算网，http://www.yusuan.gov.cn/art/2013/3/3/art_1563403_26106539.html。

〔4〕 贺雪峰：《新乡土中国》（修订版），北京大学出版社2013年版，第137页。

〔5〕 王绍光：《抽签与民主、共和：从雅典到威尼斯》，中信出版集团2018年版，第52页。

〔6〕 ［美］亚历克斯·扎卡拉斯：《抽签与民主代表：一个温和建议》，欧树军译，载《开放时代》2012年第12期。

〔7〕 ［法］卢梭：《社会契约论》（修订第3版），何兆武译，商务印书馆2003年版，第139页。

的、非正当的）都是徒劳的，因此，由竞争所引起的贿赂、资源浪费都能够避免；[1]⑤由于抽选的非人决策色彩，人们基于对制度的信任而信任选举结果的公平性，因而也就能够避免不信任带来的摩擦、纠纷，如村民通过抓阄来解决分配"肥差事"的争执。

（二）抽选在公司中的应用

公司的监督者，无论是市场主体来选举，还是非市场主体来选举，本质上都是人在决策，因此就无法避免由人决策的弊端（缺乏动力、合谋），而抽选能够避免由人决策的弊端，也降低了对每一个候选人都进行独立性审核的成本，因此抽选在保障监督者独立性方面具有优势，此前也有业界人士、学者提出了将抽选运用于独立董事、监事的选举中。[2]

当然，抽选并不是完美的制度，抽选的非人决策性使得选举结果并非合意的结果，有学者在独立董事制度的研究中也指出，抽选无法照顾到不同公司的需求差别。[3]但需要注意的是，独立董事具有咨询顾问和监督双重职能。从咨询顾问的角度来看，抽选确实无法照顾到公司的需求，管理层的介入能够选出更符合公司需求的独立董事。但独立董事更重要的角色是监督者，[4]而监督者所需要的

---

〔1〕 竞选需要消耗巨大的资源，如在 1955 年的 Rosenfeld v. Fairchild Engine and Airplane Corp. , 309 N. Y. 168, 128 N. E. 2d 291（1955）案中，两边在争夺代理权时产生的费用总共为 261 522 美元，同时期华尔街律师事务所的律师年薪只有 3600 美元，参见朱锦清：《公司法学》（修订本），清华大学出版社 2019 年版，第 821 页。

〔2〕 如施天涛：《让监事会的腰杆硬起来——关于强化我国监事会制度功能的随想》，载《中国法律评论》2020 年第 3 期；艾哲明、李睿：《治理在觉醒：中国公司治理进化史》，贾若译，亚洲公司治理协会 2018 年版，第 95 页；Cyri Moscow, "The Independent Director", *The Business Lawyer*（ABA）, Vol. 28, No. 1, 9, 1972.

〔3〕 赵立新等：《走出困境：独立董事的角色定位、职责与责任》，法律出版社 2010 年版，第 74 页。

〔4〕 我国引入独立董事制度是希望其在抑制控制股东滥用支配地位，特别是在监督和制止控制股东利用关联交易损害公司和少数股东利益方面发挥应有的作用，参见王保树：《上市公司独立董事制度的若干问题研究》，载徐明主编：《上市公司独立董事制度理论和实证研究》，北京大学出版社 2007 年版，第 3 页。

能力往往是"法律、财务知识和企业管理经营"，[1]而这样的知识的专用性较低，即同样的知识在不同的公司中也能发挥作用。[2]此外，即便抽选出的监督者能力有限，也可以通过雇请的外部审计等专业机构弥补其能力的不足（同时也提高了外部审计等专业机构的独立性）。总的来说，抽选对监督者能力的不利影响有限，并不能构成否定抽选的理由，而引入抽选，需要将咨询顾问职权与监督职权分离。

在监督者选举的具体制度方面，将抽选安排在提名环节能够起到保障独立性的作用，同时能够在一定程度上兼顾保障监督者的能力。具体而言，监督者选举的过程可以设计为"基本资质要求—抽选—公示—票选"，第一步"基本资质要求"确保监督者具备专业的能力，第二步"抽选"需要在符合条件的人员中随机选择出候选人，第三步"公示"是将候选人公示以排除可能存在的不独立的候选人，[3]第四步"票选"则是在剩下的候选人中由股东投票选定最终的监督者。

在"抽选"之后再进行"票选"能够给予声誉机制发挥作用的空间，但"票选"可以是差额选举，也可以是等额选举。差额选举通过"票选"淘汰部分声誉较低的候选人；在等额选举中，监督者的职责被划分为三六九等（薪酬也因此不同），通过"票选"分配候选人的职位（薪酬等级），使声誉较高的候选人获得较高的薪酬。对比两种方式，等额选举能够保证专职的监督者不会因为"抽选"而无法获得工作，而差额选举更适合兼职的监督者。另外，"票选"

---

〔1〕 施天涛：《让监事会的腰杆硬起来——关于强化我国监事会制度功能的随想》，载《中国法律评论》2020年第3期；赵旭东：《公司法修订中的公司治理制度革新》，载《中国法律评论》2020年第3期。

〔2〕 咨询顾问与监督对能力的要求也不同，咨询顾问需要构造经营方案、判断某个经营方案未来的效果，或在多个经营方案中判断最优方案；监督只需要判断管理层过去、现在的行为是否存在贪污、欺诈等违法情形的可能。相较而言，咨询顾问职能需要的信息、知识具有开放性，监督职能所需要的信息、知识则可局限在某一个范围，因此具有共性。

〔3〕 "公示"并不是保障独立性的重要环节，因为只有在"抽选"后仍存在不独立的候选人，且刚好有投资者（或其他主体）知晓候选人不独立的私密信息并愿意公布的情况下，"公示"环节才能发挥作用，但这样的概率较小。

中应限制管理层、控股股东的投票权利，如采用一人一票、禁止征集代理投票权等方式，以便限制上述主体对选举的影响，或是避免其在该过程中与监督者建立起合谋基础关系，同时还需要采用方便中小投资者的投票方式，以提高其参与度。

最后需要注意的是，"抽选"能够保障独立性的前提是监督者人才库足够大，否则管理层可以通过与人才库中的候选人提前建立合谋基础关系，提高抽选结果不独立的概率。从我国的实践来看，目前深圳证券交易所、北京上市公司协会设立了独立董事人才库，投服中心也被寄予了培育专业人才、建立人才库的期望，[1]未来可以规定由证监会指定非营利组织负责建立统一的监督者人才库并加以维护，由证监会负责监管。

六、反合谋

抽选只能保证监督者事前独立，监督职责的有效履行还需要监督者在任职后能够抵抗管理层提供的贿赂，保持独立性。监督者履职的过程可以分为两个阶段：一是未发现管理层贪污信息的阶段，二是在发现贪污信息后，利用该信息实施起诉、举报等行为的阶段。在每个阶段监督者都可以选择认真履行职责，或者接受管理层的贿赂而不履行职责，反合谋机制就在于防止监督者因管理层的贿赂而不履行监督职责。[2]具体而言，反合谋的制度可从提供不合谋的激励、构造不稳定的合谋关系两个方面来加以考虑。

（一）监督者与管理层的行动模型

在本文"股东—监督者—管理层"的关系中，监督者有三个选择：①在第一阶段选择与管理层合谋而消极履职；②在第二阶段选择合谋而不揭发管理层的贪污行为；③一直选择履行职责，揭发贪污行为。对应地，管理层可以选择在第一阶段贿赂，在第二阶段贿

---

〔1〕 参见邓峰：《论投服中心的定位、职能与前景》，载《投资者》2018年第2期。

〔2〕 需要注意的是，反合谋机制是监督者积极履行职责的最低要求，是必要但不一定是充分条件。

赂，以及一直不贿赂。

关于监督者（管理层）行动的收益：

（1）监督者履职存在成本，假设付出成本 C 后监督者才能够发现可验证的贪污信息（发现的成功率设为 100%）。

（2）管理层出于逃避处罚的目的，有动力贿赂监督者，设管理层在第一阶段的贿赂金额为 b，在第二阶段贿赂金额为 B，B>b，因为贪污行为的信息对管理层的威胁更大，对应地，监督者在第一阶段选择合谋的收益为 b，在第二阶段选择合谋的收益为 B。

（3）监督者揭发管理层贪污能够获得收益 R（如奖励、声誉）。

（4）假设在监督者未揭发贪污信息时，外部监督（如证监会、媒体等）才会发挥作用，其发现管理层贪污信息的概率为 α。

（5）如果管理层贪污被揭发或者被发现，则管理层会受到处罚 FC，如果存在合谋，则管理层还会因其行贿而受到处罚 FB。

（6）如果合谋被发现，监督者受到处罚 FS 并没收所受贿赂（B 或 b），另外，监督者未来无法从事该职业，设监督者享有的基本年薪为 W，则未来无法从业的损失为未来固定年薪的贴现 DW。[1]

（7）如果第一阶段监督者拒绝合谋，则监督者与管理层构成"监督博弈"，设管理层贪污金额为 G、选择贪污的概率为 q，监督者选择搜寻贪污信息的概率为 p。用 p^* 和 q^* 表示纳什均衡时的概率（$p^* = G/(FC+G)$，$q^* = C/R$），监督者有 p^*q^* 的概率发现贪污信息（进入到第二阶段）。另外，用 p' 表示 $1-p^*$。

监督者（管理层）备选行动的收益如图 1 所示。

---

[1] $DW = \dfrac{W}{r}\left(1 - \dfrac{1}{(1+r)^T}\right)$，其中 T 为监督者剩余的工作年限，r 为实际利率，W 的涨幅与通货膨胀相同。另外，更准确地说，W 应被视为高出一般职业所获薪酬的部分。

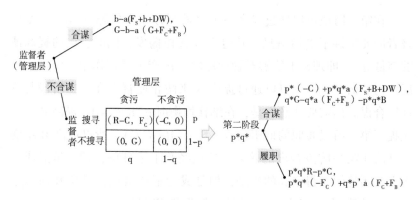

图1　监督者（管理层）备选行动的收益

说明：①树状图末端的代数中，上方的为监督者的收益，下方为管理层的收益；②在"监督博弈"的（搜寻，贪污）策略中，监督者的收益之所以设置为 $R-C$ 而不是 $B-C$，是因为监督者在第二阶段会选择最大化其期望收益的策略，故需要 $R-C>B-C$，所以 $R-C$ 是（搜寻，贪污）的最终收益。③监督者的工资 W 在所有备选行动中都存在，因此省略。④在"监督博弈"中，设 $p'q^*(-G)<-C$，即监督者以 $p=p^*$ 的概率实施监督给公司带来的效益要大于 $p=1$ 给公司带来的效益，因此在（不搜寻，贪污）的结果中，不考虑监督者违反注意义务的责任。

（二）不合谋的激励

委托代理关系中，代理人总是在备选行动中选择使自己的期望效用最大的行动，因此，如果某一行动（行动 a）最符合委托人的利益，则委托人需要给予代理人足够的奖励以使得行动 a 也符合代理人的利益，否则代理人会选择更符合自己利益的行动 a'（如果存在的话）。[1]具体到本文的情境中，有效的激励需要使得监督者履职的收益既大于第二阶段合谋，又大于第一阶段合谋的收益。

---

〔1〕　参见张维迎：《博弈论与信息经济学》，上海三联书店、上海人民出版社1996年版，第406页。

在第二阶段可以通过提高举报奖励等方式来保障 R>B，否则监督者即便掌握了贪污信息，其也不会选择揭发，同时，R 的提高能够降低 q^*，即理论上能够对管理层的贪污产生威慑作用，降低管理层贪污的概率，所以可以通过提高 R 来防止监督者在第二阶段与管理层合谋。但需要注意的是，在纳什均衡时 $q^*R-C=0$，提高 R 并不能提高第二阶段履职的期望收益（$p^*q^*R-p^*C$），所以提高 R 不能达到防止第一阶段合谋的效果。这从经验上来理解，即，虽然成功揭发贪污能够获得很高的奖励，但是成功不常出现，提高 R 所带来的效用被降低的 q^* 抵消；另外，根据期望理论（prospect theory），个体在面对收益时往往厌恶风险，[1]所以 R 的提高虽然没有改变选择履职的收益期望值，但却增加了收益的不确定性（q^* 降低），这导致监督者会倾向于选择受贿来获得更稳定的收益 b，而不是选择积极履职来获得"飘忽不定"的 R。综上，提高 R 只能防止第二阶段的合谋，但却不利于防止第一阶段的合谋。

第一阶段的合谋需要通过降低 b 的效用来抑制。如果监督者普遍对贿款 b 有强烈的需求，监督者就可能会主动向管理层"抛出橄榄枝"进行索贿，甚至可能导致监督者这个职业群体形成合谋的"行规"以保证其在未来的执业中仍能获得 b。这里考虑 b 为金钱利益的情形，如果 b 为金钱利益，则可以通过提高监督者的年薪 W 来降低其对 b 的需求，因为根据效用递减的规律，个体越富有，单位财富的增加给其带来的效用就越小，当监督者普遍都相对富有时，监督者普遍对 b 的需求就小，管理层贿赂的成功率就更低（其难以识别谁对 b 需求强，谁对 b 需求弱），进而达到防止合谋的效果。[2]同时，提高 W 也增加了 DW，这使得监督者选择合谋的期望损失增

---

[1] See Daniel Kahneman & Amos Tversky, "Prospect Theory: An Analysis of Decision under Risk", *Econometrica*, Vol. 47, No. 2, 263, 1979.

[2] 另外根据实证研究，提高独立董事的基本薪酬对企业绩效水平的提高起主要作用，而差别化薪酬政策也只有在基本薪酬水平较高时才能发挥作用，参见郑志刚等：《中国上市公司应如何为独立董事制定薪酬激励合约》，载《中国工业经济》2017 年第 2 期。

大，进而能够增强对第一阶段合谋的抑制作用。[1]

从我国目前的制度来看，监督者能够获得的激励较少。首先，独立董事、监事的薪酬往往会受到管理层、控股股东的影响，[2]难以给监督者提供适当的激励。其次，监督者的薪酬往往也与其履职的努力程度无关，如独立董事的薪酬主要是津贴和车马费，这导致在不被发现的情况下，监督者可以既接受贿赂，又获得津贴。最后，在举报奖励方面，2020年修订的《证券期货违法违规行为举报工作暂行规定》（以下简称《举报暂行规定》）规定举报奖励为罚没款金额的1%，虽然将举报奖励的金额上限从30万元提高到了60万元，[3]但相比于美国《多德-弗兰克法案》规定的罚没款金额的10%~30%、不设上限的举报奖励，[4]仍显不足，其能够产生多大的威慑效果有待研究。但在处罚方面，近期法律的修改加大了惩罚力度，2019年修订的《中华人民共和国证券法》[以下简称《证券法》（2019年修订）]也提高了证券欺诈中相关直接责任人的处罚金额，[5]2020年公布的《中华人民共和国刑法修正案（十一）》将非国家公务人员受贿的处罚提高到了无期徒刑，并将没收财产改为罚金。总的来说，我国的制度主要的不足表现为缺乏激励监督者反合谋方面的制度。

（三）构造不稳定的合谋关系

不合谋的激励是站在一个事前的视角，构造监督者行动的收益，使监督者在做选择时，更愿意选择履行职责的方案。不稳定的合谋关系是站在一个事后的视角构造监督者行动的收益，如，监督者选

---

[1] DW与监督者剩余的工作年限有关，因此随着工作年限减小，DW的损失就越小，可能会出现"59岁现象"。对于这个问题，可以将部分福利、薪酬设置为监督者退休后发放，且如果监督者在距离退休一定期限内（如离退休10年内）存在合谋行为，则不予发放。

[2] 参见朱列玉、郑怡玲：《当前中国独立董事制度的困境与对策》，载《投资者》2020年第1期。

[3] 《举报暂行规定》第13条。

[4] Dodd-Frank Act § 922 (a).

[5] 《证券法》（2019年修订）第197条。

择第一阶段合谋的收益虽然为 b−α（FS+b+DW），但这是建立在一定基础之上的（如管理层不举报），如果监督者选择合谋会改变这个基础，则监督者选择合谋的收益也就不再为 b−α（FS+b+DW），因此，构造不稳定的合谋关系是让监督者、管理层选择合谋的同时，也改变其合谋获利的基础，进而导致合谋的收益为负（或收益至少不如其所想的那样高），而理性的监督者、管理层通过逆向推导（backward induction）后不会选择合谋。

1. 豁免惩罚与自我举报奖励

构造不稳定合谋结构的关键在于豁免合谋者的惩罚，因为管理层与监督者合谋后，惩罚的威慑作用就已经失效，并且如果没有豁免惩罚的机制反而可能加固合谋关系，如在反贿赂的研究中，有学者指出，如果行贿人与受贿人受到的惩罚相同（symmetric punishment），则行贿人与受贿人在贿赂发生后的利益就变得一致，这便使得双方倾向于共同对外部监督隐瞒违法信息，[1]因为任何一方举报对方（同时也是举报自己）的不法行为都会使自己也遭受惩罚，因此，双方都确信对方不敢举报自己，即便是在惩罚不对称的条件下（如受贿方的惩罚较重，行贿方的惩罚较轻），理论上也能产生加固合谋关系的效果，[2]或者，惩罚被行贿方（惩罚较轻）用来制裁受贿方（惩罚较重）背叛自己的工具。[3]因此针对某些类型的贿赂，如"骚扰型贿赂"（harassment bribery），[4]有学者提出应豁免行贿

---

〔1〕 参见刘守芬、许道敏：《制度反腐败论》，载《北京大学学报（哲学社会科学版）》2000 年第 1 期；Kaushik Basu, "Why, for a Class of Bribes, the Act of Giving a Bribe should be Treated as Lagel", *MPRA Paper*, No. 50335, 2011, p. 5, available at https://mpra. ub. uni-muenchen. de/50335/.

〔2〕 See Christoph Engel et al. , "Symmetric vs. Asymmetric Punishment Regimes for Collusive Bribery", *American Law and Economics Review*, Vol. 18（2）, 506, 2016, available at https://doi. org/10. 1093/aler/ahw005.

〔3〕 See Christoph Engel et al. , "Symmetric vs. Asymmetric Punishment Regimes for Collusive Bribery", *American Law and Economics Review*, Vol. 18（2）, 506, 2016, available at https://doi. org/10. 1093/aler/ahw005.

〔4〕 如平民对某些由政府管理的资源享有合法的权利，但平民要通过贿赂官员才能获得其本应获得的资源。

者的责任，[1]此种方案的抑制效果也得到了实验研究的支持。[2]

在监督者与管理层的合谋中，豁免监督者合谋的惩罚（以监督者揭发管理层的贪污、行贿行为作为条件），能够抑制双方的合谋。具体而言，首先，监督者不会被过去的合谋行为所束缚，其在收受贿赂或索贿后仍能够没有经济负担地揭发管理层的贪污、行贿行为，而管理层行贿不但更难达到隐瞒贪污信息的效果，并且还会损失贿赂的成本（B 或 b）、招致行贿的处罚 FB。其次，由于有限理性，现实中个体可能不会采用逆向推导的思维模式，[3]所以可能会出现这样的情况：管理层认为其在第一阶段向监督者行贿的同时也向监督者发送了信号，因此会招致更严厉的监督，进而导致实施贪污的风险更高，所以如果事先不存在合谋基础关系，管理层就不敢贸然采取贿赂监督者的策论（理论上，管理层提出行贿后仍可以选择不贪污，该信号并不必然传递有效信息，因此信号并未改变纳什均衡，管理层仍按照 q^* 的概率选择是否贪污）。

此外，还需要注意在豁免的基础上给予监督者奖励（设为 r）的作用。在反垄断宽恕政策的研究中，有实验研究显示，给予举报奖励会使卡特尔成员以获得举报奖励 r 为目的参与卡特尔，进而产生比豁免惩罚更强的抑制卡塔尔的效果。[4]在本文的情境中，如果仅仅是豁免惩罚，监督者选择第一阶段合谋后揭发的收益仍为 0（暂

〔1〕 See Kaushik Basu, "Why, for a Class of Bribes, the Act of Giving a Bribe should be Treated as Lagel", *MPRA Paper*, No. 50335, 2011, p. 5, available at https://mpra. ub. uni-muenchen. de/50335; Martin Dufwenberg & Giancarlo Spagnolo, "Legalizing Bribe Giving", *Economic Inquiry*, Vol. 53, No. 2, 836, 2015.

〔2〕 Kluas Abbink et al., "Letting the Briber Go Free: An Experiment on Mitigating Harassment Bribes", *Journal of Public Economics*, Vol. 111（C）, 17, 2014.

〔3〕 如在 Kluas Abbink et al.（2014）的实验研究中，设置了四种反贿赂的规则：①对称处罚（贿赂双方都受到处罚）；②非对称处罚（行贿者举报则免于处罚并返回贿赂金）；③报复（行贿者举报失败则受贿者可以采取报复措施）；④不返还贿赂金（行贿者举报只免于处罚）。试验结果显示受贿者对于规则变化的回应较弱。See Kluas Abbink et al., "Letting the Briber Go Free: An Experiment on Mitigating Harassment Bribes", *Journal of Public Economics*, Vol. 111（C）, 17, 23, 2014.

〔4〕 See Maria Bigoni et al., "Fines, Leniency, and Rewards in Antitrust", *RAND Journal of Economics*, Vol. 43, No. 2, 368, 385, 2012.

不考虑声誉的收益），小于合谋的收益b-α（FS+B+DW）（设合谋收益大于0），其选择第二阶段合谋后揭发的收益与选择直接揭发的收益没有差别（都为R），并且还有被管理层先举报而遭受惩罚的风险（在对管理层也采用豁免政策的情况下）。因此，如果没有奖励r，在监督者向管理层索贿，或者监督者在搜寻到贪污信息后没有举报的情况下，管理层可能推断监督者属于愿意接受合谋的类型，进而就敢于向其行贿；如果存在奖励r，则管理层面对相同的情况便会怀疑监督者接受贿赂的目的——监督者是真心合谋还是"钓鱼执法"——进而能够产生抑制管理层行贿的效果。

豁免、奖励监督者是对管理层行贿的威慑，反过来，豁免管理层的惩罚也是对监督者受贿、索贿的威慑。具体而言，由于管理层贪污且行贿后的损失和惩罚为FC+FB+B（或FC+FB+b），如果仅豁免贿赂的惩罚FB，贿赂后举报的损失为-FC-B（或-FC-b），大于不贿赂的损失-FC，所以对管理层豁免的内容需要是免除FC和FB并返还B或b（可以从惩罚监督者的FS中支付B或b），使其损失为0。在这样的政策下，监督者不知道管理的贿赂层是真心合谋还是为了获得豁免，进而达到抑制监督者受贿、索贿的效果。（如图2所示）

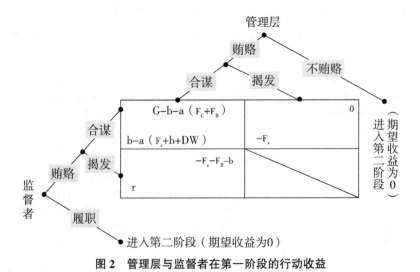

图2　管理层与监督者在第一阶段的行动收益

说明：①表格内左下角为监督者的收益，右上角为管理层的收益；②此为第一阶段的行动收益，第二阶段的行动收益把管理层收益中的 b 改为 B、监督者收益中的 r 改为 R+r、"进入第二阶段"改为 R（监督者）和-FS（管理层）即可。

另外，当管理层与监督者同时选择举报时，先举报者可以豁免惩罚或得到奖励（如果举报同时到达无法判断先后，则可以设定规则，如给予监督者的举报以优先权，视监督者的举报先到达，或者采用随机的方式，双方都有 1/2 的概率被认定为先到达）。[1]

2. 知情者之间的囚徒困境

管理层贪污的信息除了会被监督者通过搜寻发现，还可能被其他知情者（如员工）知晓，如在财务舞弊中，财务部门负责人和财会人员往往按照管理层的旨意或受到其胁迫而参与到造假当中。[2] 给予知情者举报奖励（也设为 R）一方面导致管理层需要贿赂所有知情者才能保障其贪污不被揭发，能提高管理层贪污的成本，并且该成本随着知情者人数增加而变高，[3] 另一方面可以使监督者进入合谋后的风险更高（知情者举报相当于提高了 α），此外，设知情者人数为 n（包括监督者），如果 R>G/n-α（FS-G/n），即知情者获得的举报奖励大于管理层可支付的贿赂金，则知情者和监督者之间构成囚徒困境，双方的优势策略都是举报，加上先举报者才能够获得奖励的规则，双方在搜寻到贪污信息后都有及时举报的动力。

---

〔1〕 需要说明的是，监督者与管理层选择相互揭发并不一定是纳什均衡。设 U（x，y）为监督者的效用函数，V（x，y）为管理层的效用函数，U、V 与损益（x）与损益的概率（y，y∈［0，1］）有关，以第一阶段合谋后的博弈为例，如果①：U（b，1-α）+ U（-DW-FS，α）>U（r，1）且②：V（G，1-α）+V（-b，1）+V（-FC-FB，α）>V（0，1）的情况，即，选择合谋的效用大于双方背叛的效用，合谋仍是纳什均衡。但考虑到个体之间偏好的差异性，也会存在相反的情况，设出现①的概率是 P、出现②的概率是 Q（不完全信息博弈），只要 P 或 Q 不高，则贝叶斯纳什均衡仍为不合谋。第二阶段合谋后的博弈同理。

〔2〕 尹平、周芳：《当前财务造假的基本走势与治理对策思考——国内 26 本杂志刊载的 186 个审计案例的实证分析》，载《审计研究》2004 年第 1 期。

〔3〕 Cécile Aubert et al., "The Impact of Leniency and Whistle-blowing Programs on Cartels", *International Journal of Industrial Organizatioin*, Vol. 24（6），1241，2006.

3. 豁免惩罚、奖励自我举报的伦理问题

设置豁免与奖励的目的在于构造不稳定的合谋关系，进而达到使合谋难以形成的效果，而不在于鼓励违法。但是，当豁免与奖励真实发生时——违法的人没有受到法律惩罚甚至还获得奖励——这样的结果是难以被社会所接受的，这似乎是"违法者应受惩罚"的理念与逆向推导之间难以调和的矛盾。对于这个问题，本文认为可以从一个更抽象的角度来理解，首先，惩罚的目的在于抑制合谋，而真正的惩罚对象是合谋团体，在本文的情境下，合谋团体包括了管理层、监督者，对其中某一方惩罚的豁免可以理解为是惩罚在合谋团体内部的分配；[1]其次，合谋团体还有一个无形的成员——"信任"（这里姑且把合谋成员之间的信任拟人化），"信任"是合谋团体中必不可少的成员，而对管理层、监督者的豁免或奖励实际上是对"信任"的惩罚，所以当豁免和奖励真实发生时，合谋团体中的被举报的成员以及关键成员"信任"都受到了惩罚，并且这是惩罚"信任"的有效途径，也是瓦解合谋团体的有效路径。

目前我国涉及合谋后豁免的规则为《中华人民共和国刑法》第67、68条关于自首和立功的规定，以及《举报暂行规定》第18条规定，对于主动交待其本人参与的证券期货违法违规行为事实的举报人，在对其作出行政处罚时，可依法从轻、减轻或不予处罚；或者向有关司法机关提出对其给予从轻、减轻处理的建议。上述规定给予了法院或执法机关自由裁量权，但这样的规定本质上是在惩罚确定后，对惩罚的再调整，[2]在个体的犯罪中，这样的逻辑并无问题，但在合谋中，自由裁量权给自我举报的后果带来了不确定性，进而难以达到惩罚"信任"的效果；反合谋豁免的性质，正如研究反贿赂的学者指出，不是回溯性的赦免（retrospective pardon），不是

---

〔1〕 这一点在本文的模型中并未体现，但是在 Kaushik Basu（2011）的文章中，其主张免除行贿者的惩罚，同时加重受贿者的处罚。See Kaushik Basu, "Why, for a Class of Bribes, the Act of Giving a Bribe should be Treated as Lagel", *MPRA Paper*, No. 50335, 2011, p. 4, available at https://mpra. ub. uni-muenchen. de/50335/.

〔2〕 参见张明楷：《论预防刑的裁量》，载《现代法学》2015 年第 1 期。

在行贿后对行贿者的仁慈，而是让贿赂双方在事前就知道行贿者不会受到法律的惩罚，[1]所以相关的规定需要给予合谋后自我举报的豁免、奖励以确定性，才能够达到反合谋的效果。

七、结语

保障监督者的独立性是内部监督机制发挥作用的前提，在监督者的选举中引入抽选能够排除"由人决策"对独立性的不利影响，如没有提名监督者的动力，或者以合谋为动机提名监督者，具体可采用"抽选+票选"的方式兼顾保障独立性和监督者的专业能力；在监督者任职后的反合谋机制中，需要提高监督者的固定薪酬、举报奖励来降低管理层贿赂的吸引力、防止监督者与管理层合谋，并且可以采用宽恕政策、合谋后的举报奖励来构造不稳定的合谋关系，进而达到保障监督者任职后的独立性的效果。

首先，抽选和反合谋主要围绕的是监督者独立性的保障，这只是内部监督有效运行的必要但不充分条件，内部监督要发挥作用还需要其他的条件，如充足的履职保障、职权配置等。其次，抽选和反合谋也可能恶化管理层与监督者的关系，导致监督者履职难以获得公司内部的配合，因此需要将监督与合作结合，如加强资本市场建设，使得公司能够通过接受监督来提高声誉，进而获得再融资的能力。最后，从公司治理的维度来看，本文的讨论范围也仅限于狭义的公司治理，即通过公司治理保障投资者的利益，未能讨论到利益相关者的保护以及与投资者保护的协调。这些问题都有待于未来进一步的研究。

（初审：何思璇　熊海涛）

---

〔1〕　See Kaushik Basu, "Why, for a Class of Bribes, the Act of Giving a Bribe should be Treated as Lagel", *MPRA Paper*, No. 50335, 2011, p. 7, available at https://mpra. ub. uni-muenchen. de/50335/.

对赌协议再思考与公司资本制度理念之转换

刘伊健[*]

内容提要： 对赌协议的效力认定经历了一段曲折的过程，最终在《九民纪要》的出台下尘埃落定。但新的问题接踵而至，在强化债权人保护的公司资本制度下，《九民纪要》错置了回购与减资的逻辑关系，从而使得回购型对赌协议的实际履行困难重重。本文从制度经济学的视角出发，探讨了公司制度变迁的逻辑——公司制度是人们行动的成就，并非法律的逻辑展开。对对赌协议的进一步研究表明，它不仅解决了投融资领域的不确定性难题，还具有股债融合的特质，是一个更富有效率的制度创新。基于此，公司资本制度应积极回应此种商业世界中的制度创新，实现从强化债权人保护到有效平衡债权人与公司及股东利益，从股债二元到股债融合的理念转换。理念转换最终要体现在一系列制度的安排上。具体到对赌协议本身，美国法上的偿付能力测试/持续经营标准更加符合公司资本制度理念的转型趋势，具有更加合理的商业逻辑。但是，在奉行法定资本制和股东会中心主义的中国公司法语境下，单独引入此种标准显然不具可操作性，需要制定更多规则予以配套。因此，路径依赖的问题就此产生，打破制度低效循环还是避免高昂的转型成本，摒弃还是修缮资本维持，恐怕仍需讨论。同时，基于股债融合的视角进行会计与制度的反思，可以为对赌协议的出路提供新的思路。

关键词： 资本维持　债权人保护　公司资本制度　制度变迁　股债融合

---

* 刘伊健，华东政法大学国际金融法律学院 2019 级硕士研究生。

一、荆棘载途：债权人保护视角下的对赌协议

（一）对赌协议效力构造之演进

对赌协议，主要被应用于私募投资领域，是私募投资基金在投资初创新型公司时，为解决投融资双方对目标公司未来发展的不确定性、代理成本及信息不对称等问题，所设计的一种对目标公司进行估值调整的机制。对赌协议的实现机制指目标公司或目标公司的股东在双方约定的业绩目标无法达成时，对投资人进行现金补偿或股权回购等行为，从而实现对目标公司的重新估值。对赌协议的功能在于："将交易双方不能达成一致的不确定性事件暂时搁置，留待该不确定性消失后双方再重新结算。这种结构性安排使得达成股权交易的可能性大增，从总体上增加了社会福利。"[1] 可以认为，对赌协议将经济学苦于攻克却又束手无策的不确定性问题通过契约安排巧妙化解，[2] 是商事主体在商事实践中为降低交易成本的一项工具创新。

近年来一系列有关对赌协议案件的出现引起了法学界的强烈关注。对赌协议的效力演进经历了两个阶段，分别以"海富案"和"华工案"为界。2012 年，对赌第一案"海富案"一石激起千层浪，最高人民法院的裁判结果被理解为"与公司对赌无效，与股东对赌有效"。最高人民法院根据《中华人民共和国公司法》（以下简称《公司法》）第 20 条第 1 款及《中华人民共和国合同法》（已失效，以下简称《合同法》）第 52 条第 5 项规定，认为与公司对赌会导致公司股东滥用公司法人独立地位和股东有限责任，从而损害公司债权人的利益；《公司法》第 20 条第 1 款属于效力性强制性规定，因此合同当属无效。在这一阶段，实务界和学术界关于对赌协议的研究主要集中在探讨法律效力层面，并分别从合同法路径和公司法路

---

〔1〕 彭冰：《对赌协议：未来不确定性的合同解决》，载《中国社会科学报》2012年 11 月 28 日，第 A07 版。

〔2〕 王妍：《公司制度研究：以制度发生学为视角》，载《政法论坛》2016 年第 2 期。

径展开。在合同法方面，理论多以合同类型化的方法来探讨对赌协议的法律效力，[1]而另一部分则集中在检讨公司法资本管制与债权人保护规则是否为合同法中的"效力性强制性规定"方面。[2]在公司法方面，由于被投资公司对投资者的现金补偿和股份回购触及公司资本维持问题，研究大多沿着资本管制的路径展开。[3]在此阶段，关于对赌协议的讨论仍停留在效力认定阶段，并且面临着法律性质及绝对的资本维持观的双重"压迫"，对此理论界及实务界分别从两种路径中得出了不同的观点。

然而7年之后，江苏省高级人民法院颇具勇气地打破了最高人民法院于"海富案"中确立的以对赌对象区分合同效力的做法，认可了华工公司与目标公司扬锻股份达成的回购条款的效力。"华工案"中的裁判思路将对赌协议的讨论分为两个层次：效力认定与履行可能性，[4]从而将对赌协议的效力构造问题推向了第二阶段。此后，《全国法院民商事审判工作会议纪要》（以下简称《九民纪要》）对"华工案"的思路予以确认，[5]此种裁判思路正回应了刘燕教授所提出的观点：通过对公司财务状况的具体分析来判断"对赌协议"履行的可能性才应当是司法裁判的核心。[6]于此阶段，以刘燕教授为代表的学者关于对赌协议效力的进一步研究，正是对此前理论界和实务界在绝对资本管制视角下认定对赌无效的逻辑的一次修正。关于对赌协议的讨论由效力认定转移到了履行可能性上。

---

〔1〕 谢海霞：《对赌协议的法律性质探析》，载《法学杂志》2010年第1期；傅穹：《对赌协议的法律构造与定性观察》，载《政法论丛》2011年第6期。

〔2〕 潘林：《"对赌协议第一案"的法律经济学分析》，载《法制与社会发展》2014年第4期。

〔3〕 刘燕：《对赌协议与公司法资本管制：美国实践及其启示》，载《环球法律评论》2016年第3期；俞秋玮、夏青：《对赌协定效力之争及其评价》，载《法律适用》2015年第6期。

〔4〕 李思君、陈子濠：《债权人保护视角下对赌协议效力分析》，载《上海法学研究》2019年第22卷。

〔5〕 《九民纪要》（法〔2019〕254号）第5条。

〔6〕 刘燕：《对赌协议与公司法资本管制：美国实践及其启示》，载《环球法律评论》2016年第3期。

一种较为主流的观点认为，公司资金向股东回流只是遵循了市场定价的原理，并不当然违反资本维持原则，也不必然会损害公司债权人利益，这种观点打破了传统的资本管制视角下关于对赌协议效力认定的逻辑。

此种逻辑修正客观上确实是一种认识的进步，但是，仔细梳理这一演进过程就不难发现，无论是第一阶段的合同效力之争，抑或是第二阶段的合同履行可能性之辩，以保护债权人为核心的资本维持均贯穿始终。可以说，法学界关于对赌协议的认识一直都是在债权人保护的逻辑下展开的。当然，债权人保护是公司资本制度的一个基本理念，但实际上《九民纪要》下对赌协议的履行逻辑对债权人的保护超出了边界。

(二)《九民纪要》下的对赌协议：履行的可能性有多大？

《九民纪要》首先确认了对赌协议的有效性，这无疑是一大进步。但是，它同时也基于公司法上的债权人保护和资本维持，为对赌协议的履行设置了重重障碍。"纪要认定投资人为股东并设定履行限制让投资人利益搁浅，使对赌协议有效在一定程度上失去意义。"[1]《九民纪要》对对赌协议的裁判思路为，投资方请求目标公司回购股权的，人民法院应当依据《公司法》第35条关于"股东不得抽逃出资"或者第142条关于股份回购的强制性规定进行审查。经审查，目标公司未完成减资程序的，人民法院应当驳回其诉讼请求。[2]"该思路在于把股份回购与公司减资相关联，把减资作为回购的前提和条件。"[3]从投资人的角度看，想要成功地履行一份对赌协议，至少还要面临两重关卡。

减资必须首先由股东会作出决议，那么确保股东会形成减资决议便是摆在投资人眼前的第一道关卡。有限责任公司（股份有限公司）的减资决议须经全体股东（出席会议的股东）2/3以上表决权

[1] 王延川：《规范对赌协议不宜"削足适履"》，载《证券法苑》2020年第1期。
[2]《九民纪要》第5条。
[3] 潘林：《股份回购中资本规制的展开——基于董事会中心主义的考察》，载《法商研究》2020年第4期。

通过。[1]投资人持股不足 2/3，恐怕是个大概率事件。法院如果想要支持投资人回购，就必须强制股东会通过减资决议，而实际上，华工案正是流露出了此种意图。[2]而这种裁判思路，却又制造了合同自由与公司程式的冲突。[3]减资决议属于公司内部自治事项，司法不应干涉，[4]此时一旦公司对赌失败而拒不作出决议，投资人便束手无策；而如果将通过减资决议视为公司的辅助义务，允许法院强制公司通过股东会决议，则又陷入了以合同安排破坏公司自治的尴尬境地。

即使投资人侥幸跨过了第一道关卡，其仍将面临另外一道关卡，即债权人。《公司法》要求公司减资时须通知债权人，而债权人有权要求公司清偿债务或者提供担保。[5]如果第一道关卡法院还抱有对投资人"帮一把的心"，"债权人这道坎法院是无论如何都不会强行替投资人开路了"[6]。如此而言，即使对赌协议本身有效已经盖棺论定了，但其在实际履行的路上可谓荆棘载途。

由于司法裁判者秉持"回购即减资"的观点，造成对赌协议如此难以实际履行的局面，从而错置了回购与减资之间的先后顺序和因果关系[7]。回购是实现减资的一种手段，减资也仅是股份回购的一种可能后果。股份回购与公司减资的逻辑关系在于可以通过回购实现减资的公司资本结构调整，而两者并无必然联系。[8]之所以出现这种混淆局面，一方面是由于我国现行 2018 年《公司法》对股份

---

〔1〕《公司法》第 43 条、第 103 条。

〔2〕清澄君：《南橘北枳话回购——二评〈九民纪要〉》，载微信公众号"比较公司治理"，2019 年 11 月 29 日发布。

〔3〕潘林：《股份回购中资本规制的展开——基于董事会中心主义的考察》，载《法商研究》2020 年第 4 期。

〔4〕胡改蓉：《公司纠纷裁判中的利益平衡》，载《证券法苑》2020 年第 1 期。

〔5〕《公司法》第 177 条。

〔6〕清澄君：《南橘北枳话回购——二评〈九民纪要〉》，载微信公众号"比较公司治理"，2019 年 11 月 29 日发布。

〔7〕刘燕：《"对赌协议"的裁判路径及政策选择——基于 PE/VC 与公司对赌场景的分析》，载《法学研究》2020 年第 2 期。

〔8〕潘林：《股份回购中资本规制的展开——基于董事会中心主义的考察》，载《法商研究》2020 年第 4 期。

回购的规定存在逻辑不清的问题，并且 1993 年《公司法》（已被修改）中允许回购的事由也非常有限，导致存在回购与减资的功能极为相似的认识；另一方面，也是我国公司资本制度中长期秉持以债权人保护为重的理念造成的。诚如刘燕教授所言，资本维持的本质是设置债权人保护与公司自主权之间的一个利益平衡点，在不触及资本维持底线时，公司进行的各种利润分配、股份回购等都属于自治范围，无债权人置喙的余地。[1]因此，只要不损及资本进行回购，公司便可不启动减资，自然也就没有债权人的发言权了。司法裁判者似乎认为回购必定损及资本，从而对债权人的利益造成影响。《九民纪要》对资本维持的此种错误理解，有学者将其定义为绝对资本维持观，它的出发点正是保护债权人利益；过度强调对债权人的保护，却忽略对股东利益的合理关照，过度重视公司资本制度的担保功能，却忽略公司资本制度的融资功能，这正是绝对资本维持观的根本问题所在。[2]这也是对赌协议在《九民纪要》下难以实际履行的深层次原因所在。

二、对赌协议再考察：一种投资工具创新

将目光从繁复的法律条文拉回到对赌协议身上，对其本质加以探求，便会发现对赌协议通过契约安排解决了经济学长期难以攻克的不确定性难题，同时它还是一种有别于传统股债投资工具的新型投资工具。张巍教授通过考察域外经验，得出"硅谷无对赌"的结论，[3]这种新型的投资工具可以说是中国投资人在波云诡谲的商事实践中进行的工具创新。公司制度形成和发展的主导因素是商人们以营利为目的的自发行动，是人们行动的成就，并非法律的逻辑展

---

〔1〕 刘燕：《"对赌协议"的裁判路径及政策选择——基于 PE/VC 与公司对赌场景的分析》，载《法学研究》2020 年第 2 期。

〔2〕 张保华：《资本维持原则解析——以"维持"的误读与澄清为视角》，载《法治研究》2012 年第 4 期。

〔3〕 张巍（清澄君）：《资本的规则》，中国法制出版社 2017 年版，第 4 页。

开。[1]因此，法律制度的革新应当服务于各种交易工具的创新，包容此种创新，需要促进创新工具与法律制度之间的良性互动。其逻辑起点就在于把握好这种创新工具的本质。

（一）对赌协议：解决投资不确定性的新工具

现代公司控制权与经营权相分离的治理结构，引发了股东与管理层之间的信息不对称问题。信息不对称则可能引发道德风险，于是，《公司法》又通过各种制度安排试图来抑制这些道德风险，结果却又进一步导致制度成本上升。于是，"代理人成本"被提了出来，[2]成为困扰经济学家的一道难题。私募股权投资以股权为买卖标的，而对股权价值的判断则以各种信息为基础。这些信息不仅包括历史的信息，也包括对公司未来的收入预期，前者的获取较为容易，后者则取决于投融资双方各自的经验和信息优势。[3]而公司未来的收入预期具有很大的不确定性，对该不确定信息，目标公司与其控股股东显然具有信息优势。即使融资方愿意将该信息分享给投资方，投资方也会对该信息的真实性产生合理怀疑。一旦此种怀疑无法消除，那么融资方就会面临要么股权被低估，要么交易无法达成的局面。[4]于是，信息不对称引致的代理成本上升问题在私募股权投资领域展现得淋漓尽致。

当经济学家试图在公司金融领域研究出各种估值模型以打破这种局面时，对赌协议横空出世。对赌协议约定未来某一时间点的经营业绩指标，如果在该段时间内公司不能实现该指标，则对投资方进行一定的补偿；而如果公司达到了业绩指标，则投资方对公司进行相应补偿。其本质是，将未来的不确定性暂时搁置，待到不确定

---

[1] 蔡立东：《公司制度生长的历史逻辑》，载《当代法学》2004 年第 6 期。

[2] See Jensen, Michael C., and Meckling William H., "Theory of the Firm: Managerial Behavior, Agency Costs and Ownership Structure", *Journal of Financial Economics*, Vol. 3, No. 4, 305, 306, 1976.

[3] 彭冰：《对赌协议：未来不确定性的合同解决》，载《中国社会科学报》2012 年 11 月 28 日，第 A07 版。

[4] 彭冰：《对赌协议：未来不确定性的合同解决》，载《中国社会科学报》2012 年 11 月 28 日，第 A07 版。

性消失以后再行结算，从而消弭了不确定性问题，实现了科斯定理所要求的通过制度设计以降低交易成本的目的。[1]

（二）对赌协议：股债"光谱"上的一点

伴随着金融实践的不断创新，投融资双方在追逐利润、消弭风险和规避监管等多重目标驱动下，相继创造出复杂多样、突破传统的投融资工具，如广为人知的类别股、可转换票据、夹层融资、"明股实债"等，[2]体现出股债融合的显著特征。有学者指出，在金融创新的冲击之下，股和债不再是完全独立的两个品种，而是呈现在一个权益"光谱"上的两个点，在这两点之间甚至两点之外，都有无限种安排的可能。[3]笔者认为，对赌协议不是单纯的股权投资抑或债权投资，而是这个权益"光谱"上的一点。

对赌协议对投融资双方来说，不过是一种投融资方式。事实上，投资方未必真想成为目标公司的股东，其看重的是投资的回报；而融资方也未必真心想吸收新的股东，其看重的也是投资方的资金。[4]一方面，投资人享有的权利并非典型的股权。投资人进入公司后，其投资款并非全部作为股款，有很大一部分会作为资本公积金，其持有的股份比例与其投入的资金不成比例；投资时长较短，投资人选择对赌的根本目的不是进入，而是方便退出；投资人的收益来自约定目标的成就，而非公司的盈余，这意味着即使公司没有盈余，投资人也可主张分配。另一方面，我们也难以得出投资人享有的权利为债权的结论。投资人将投资款注入公司后，便丧失了其所有权；

---

〔1〕符望：《对PE估值调整协议效力的再思考——从甘肃世恒"愿赌不服输"案看估值调整协议的"堵"与"疏"》，载《证券法苑》2013年第1期。

〔2〕陈明：《股权融资抑或名股实债：公司融资合同的性质认定——以农发公司诉通联公司股权转让纠纷案为例》，载《法律适用》2020年第16期。

〔3〕曾思：《金融创新下股权与债权界限的模糊化与区分标准——以公司治理与融资制度为中心》，载中国证券法学研究会、北京大学经济法研究所、北京大学法学院：《承前启后 继往开来：中国资本市场法治化20周年纪念论坛暨中国证券法学研究会2013年年会会议论文集》，第431页。

〔4〕周游：《对赌协议纠纷处理中"履行可能性"问题之省思》，载《证券法苑》2020年第1期。

投资人可能获得收益，也可能丧失收益，这要取决于业绩目标是否实现，也即投资人不享有保底性权利；投资人得到的收益也是不固定的。[1]因此，对赌协议本身并非纯粹的股权投资或债权投资，笔者以为，对赌是投融资双方在追求较高收益较低风险的过程中达致的一个妥协和平衡，是打破传统股债二元结构的一种工具创新，是处于股债权益"光谱"中的一种组合。因此，如果固守公司资本制度上传统股债二元结构的思路，就难以准确把握对赌协议的本质，更谈不上对其进行适当的调整。

三、公司资本制度理念的转换——一个制度经济学分析

法学界对对赌协议的认识，经历了一个曲折的过程。对赌协议作为商事实践中的一个创新工具，出现在毫无准备的法律面前，导致了异常尴尬的局面，它从诞生那天起就遭遇了合法性问题。那么，在公司法领域，商业实践为什么要避开现有制度而打造出一个全新的契约安排？这种制度创新又会对公司法律制度的变迁造成什么样的影响？从制度变迁的视角出发，也许可以得出答案。

（一）公司制度变迁的逻辑

首先，制度变迁的主体是经济人，制度变迁的动力来自经济人理性以及对私利的追求。同时，美国学者道格拉斯·C.诺斯认为，制度变迁是制度不均衡时人们追求潜在获利机会的过程，即制度变迁是对制度非均衡的反应，从非均衡到均衡的制度结构的演变过程就是制度变迁的过程。[2]"制度非均衡就是人们对现存制度的一种不满意或不满足，之所以会出现此种情况，是由于现行制度安排和制度结构的净效益小于另一种可供选择的制度安排和制度结构，也就是出现了一个新的盈利机会，这时就会产生新的潜在的制度需求和制度供给，并造成潜在制度需求大于实际制度需求，潜在制度供

---

〔1〕 王延川：《规范对赌协议不宜"削足适履"》，载《证券法苑》2020年第1期。
〔2〕 〔美〕道格拉斯·C.诺斯：《制度、制度变迁与经济绩效》，刘守英译，上海三联书店1994年版，第36页。

给大于实际制度供给。人们为了捕捉这种新的盈利机会，就会力图改变原有的制度安排和制度结构，选择和建立一种新的更有效的制度。"[1]其次，在制度变迁的方式上，存在诱致性制度变迁与强制性制度变迁之分。所谓诱致性制度变迁，是指由个人或一群人在响应获利机会时自发倡导、组织和实行的新制度创造，具有盈利性、自发性和渐进性的特点。相反，强制性制度变迁是由政府命令和法律引入实现的，并不完全是对成本—收益变动的自发反应，它一方面具有降低组织成本和实施成本的优势，一方面也面临着有限理性和意识形态刚性的牵制。[2]

具体到公司制度上，其变迁逻辑仍然处于制度变迁的逻辑框架内。学者对公司制度形成的历史进行一番考察之后，认为私人是公司制度的主要供给者，公司制度生成的路径是公司自治，就公司制度与法律生成的关系来看，公司制度是人们行动的成就，并非法律的逻辑展开。[3]而打破传统股债二元结构，解决投融资不确定性的对赌协议，作为商人们在商业实践中的一项创新，与公司制度的变迁逻辑一脉相承。它是商事主体以较高效率、较低成本的制度取代较低效率、较高成本的制度的自发行为，它并非遵循法律提供的路径，也非政府的意志反映。对赌协议不仅降低了股权交易的交易成本，同时通过股债融合巧妙地实现了较高收益与较低风险的组合，从总体上增加了社会福利。

那么，公司法应该如何回应这种制度创新？中国的公司法律制度更多由国家自上而下地推动而成，而非由商事实践自发形成，[4]这种强制性的制度变迁自然难以逃避其有限理性和意识形态刚性的缺陷，使得公司资本制度在面临新的融资实践时自乱阵脚，无所适

---

〔1〕 张曙光：《论制度均衡和制度变革》，载《经济研究》1992年第6期。

〔2〕 ［美］道格拉斯·C.诺斯：《制度、制度变迁与经济绩效》，刘守英译，上海三联书店1994年版，第49页。

〔3〕 蔡立东：《公司制度生长的历史逻辑》，载《当代法学》2004年第6期。

〔4〕 王妍：《公司制度研究：以制度发生学为视角》，载《政法论坛》2016年第2期。

从。我国公司法除了具有融资的商事逻辑之外，还存在着监管的逻辑，[1]这使得它并不具备宽松的创新环境。这也解释了阿里、腾讯、美团等一帮科技巨头为何选择离岸结构与境外上市。当今，法律推进公司制度创新的正确途径，不是给定一个自以为优越的模式，迫使公司向其靠拢，而应当是提供一个框架，兼顾公司各当事方的利益，对于其逐利行为给予鼓励，同时有效平衡当事方的利益冲突，使得其利益在公司发展中得到均衡实现。[2]

（二）回应创新：公司资本制度理念之转换

1. 摒弃以债权人保护为中心的理念

如上文所述，《九民纪要》下的对赌协议之所以履行起来障碍重重，是因为立法者和司法者混淆了减资与回购的逻辑关系，而其深层次原因则在于我国公司资本制度一直以来秉持着以债权人利益保护为重的理念。诚如赵旭东教授所言，现行公司法表现出偏重和强化对债权人保护和对社会秩序的维护，却忽略和弱化对公司，尤其是对股东利益的保护的状态。而这种基于对债权人的保护和交易安全的需要，却又不必要地限制和约束了公司和股东的行为与选择。[3]对赌协议是外部投资人与目标公司及其股东之间的自由契约安排，其不仅通过特殊的契约安排解决了股权交易中的不确定性难题，从而大大地降低了商事交易的交易成本，同时又通过打破股债二元结构，创造性地实现了在追求更高收益的同时相应地降低风险。无论如何，对赌协议的形成逻辑不外乎是商人在追求高收益低成本的制度时自发的创新行为。公司法对于此种制度创新的回应，应当是着力提升其回应实践需求的能力[4]，着眼于服务交易模型的创新，而不是强

---

〔1〕 缪若冰：《公司融资对公司基本法律制度建构的证成》，载《经贸法律评论》2020 年第 5 期。

〔2〕 蔡立东：《公司制度生长的历史逻辑》，载《当代法学》2004 年第 6 期。

〔3〕 赵旭东：《公司法修订的基本目标与价值取向》，载《法学论坛》2004 年第 6 期。

〔4〕 李安安：《股债融合论：公司法贯通式改革的一个解释框架》，载《环球法律评论》2019 年第 4 期。

行让交易模型跟着法律走。[1]因此，公司法应当尊重商人之间在自发创新中孕育的对赌协议，回应最新的商业实践，促进商事效率的提高，拨正向债权人倾斜的天平，公司资本制度的理念应当转向平衡债权人与公司及股东之间的权利保护。

公司资本制度以债权人保护为核心理念，集中体现于法定资本制，而法定资本制的核心制度之一又是资本维持。在 Wood v. Dummer 一案中，美国斯托里法官指出"公司的资产是债权人的信托基金"，资本维持的核心是将公司资本作为债权人的担保。但这种法学思维却没有跟上今天的商业逻辑，难以在复杂的商业环境下实现保护债权人的目标。[2]债权人确定公司信用真正考虑的是公司的净资产价值，以及它将来创造现金流的能力。[3]而在今天，专业金融市场上的债务融资已然更多地依靠评级机构的动态评级而非躺在登记文件上的资本数额。[4]因此，有学者甚至提出了债权人究竟值不值得保护的质疑。[5]但至少笔者认为，债权人保护不应是公司资本制度的首要价值。

2. 打破股债二元结构

公司资本制度坚守的股债二元结构，显然与今日涌现出来的诸如对赌协议等大量股债融合的投融资产品格格不入。股债区分的主要意义在于解决股东与债权人的权利保护问题。[6]但是，当股债二元面对日益普遍的股债融合实践，便会出现无所适从的局面。以对赌协议为例，司法实践中对投资人的性质认定就出现了分歧。《九民

---

〔1〕 王延川：《规范对赌协议不宜"削足适履"》，载《证券法苑》2020 年第 1 期。

〔2〕 刘燕：《公司法资本制度改革的逻辑与路径——基于商业实践视角的观察》，载《法学研究》2014 年第 5 期。

〔3〕 清澄君：《维持资本还是维持资产？再论回购型对赌的条件》，载微信公众号"比较公司治理"，2019 年 8 月 10 日发布。

〔4〕 缪若冰：《公司融资对公司基本法律制度建构的证成》，载《经贸法律评论》2020 年第 5 期。

〔5〕 清澄君：《南橘北枳话回购——二评〈九民纪要〉》，载微信公众号"比较公司治理"，2019 年 11 月 29 日发布。

〔6〕 陈明：《股权融资抑或名股实债：公司融资合同的性质认定——以农发公司诉通联公司股权转让纠纷案为例》，载《法律适用》2020 年第 16 期。

纪要》中将投资人认定为股东，因此法院在审查投资人与股东约定的对赌条款能否履行时，基于投资人保护的基调，首先审查此种契约安排是否会损害外部债权人的利益。投资人在投入大笔的资金后，换来的却是劣后于债权人和股东的权益。[1]相反，"海富案"二审法院将投资人认定为债权人，[2]却又只能将其审判进路引向合同法路径。由于对赌协议属于非典型合同，法院基于股债二元的结构将其简单认定为"名为联营实为借贷"，进而直接认定合同无效。显然，无论是股权说，还是债权说，对赌协议都无法在现行公司法中找到合适的位置。因此，公司资本制度在应对股债融合等制度创新上，不应当再固执地追求股债的区分，而应更加尊重合同背后的商事安排，让公司法为股债融合提供应有的制度创新空间。

四、对赌协议再思考：履行障碍与制度环境

（一）履行障碍：走向新模式？

1. 偿付能力测试/持续经营标准

意识到在资本维持的规制下，公司资本制度不仅不能起到实质保护债权人的作用，同时还不必要地束缚了公司和股东的行为选择，国内学者开始探讨美国法上的偿付能力测试/持续经营标准的可行性[3]。所谓偿付能力测试（insolvency test），包括衡平法上的偿付能力，即公司不能清偿到期债务（equity insolvency），也包括资产负债表意义上的偿付能力，即资不抵债（balance sheet insolvency）。[4]简单来说，如果将偿付能力测试作为对赌协议的履行障碍，意味着公司在回购后必须满足：①公司资产大于负债；②公司能够清偿到期债务。

---

〔1〕 王延川：《规范对赌协议不宜"削足适履"》，载《证券法苑》2020 年第 1 期。

〔2〕 苏州工业园区海富投资有限公司与甘肃世恒有色资源再利用有限公司等增资纠纷上诉案，甘肃省高级人民法院（2011）甘民二终字第 96 号。

〔3〕 刘燕：《"对赌协议"的裁判路径及政策选择——基于 PE/VC 与公司对赌场景的分析》，载《法学研究》2020 年第 2 期；冯兴俊：《美国公司盈余制度及变迁的启示：法律与会计关系处理、债权人保护》，载《河北法学》2019 年第 7 期。

〔4〕 刘燕：《"对赌协议"的裁判路径及政策选择——基于 PE/VC 与公司对赌场景的分析》，载《法学研究》2020 年第 2 期。

2015 年特拉华州衡平法院在 TradingScreen 一案中，更进一步地在公司股份回购中提出了公司持续经营能力的重要性。[1]公司必须确保自身具有足够的资源使其在可预见的未来能够保持正常经营的能力，以免遭遇不能清偿债务的局面。与资本维持对公司注册资本的关注不同，美国法上的偿付能力测试和持续经营标准显然更加注重公司的净资产、现金流甚至是更为模糊的公司整体财务与经营能力表现。随着商事实践的不断发展，债权人事实上已经不再依赖于注册资本来判断公司的信用能力，而是更多地着眼于净资产与现金流等更加具有商业意义的数值。同时，外部评级机构的动态评级日益成为债权人评估公司信用的重要信息来源。从这个维度讲，偿付能力测试或持续经营标准是对商事实践的一个更好的回应。传统的资本维持要求公司进行利润分配时必须征得债权人同意，而一旦债权人提出异议，则必须通过债权的加速到期或提供担保来实现对债权的保护，但如此一来公司现金流在面对所有债权加速到期时势必无能为力，从而间接地否定了公司通过调整资本结构获得融资的可能性。而偿付能力测试则将债权人的此种决定权移交给对公司事务更加了解的董事，并对董事施以责任约束以保护债权人。因此，偿付能力测试从本质上讲并没有改变资本维持中债权人的分配顺位，并且其还能在债权人的偿付预期不受威胁的情况下实现公司融资的灵活性。[2]而由偿付能力测试到持续经营能力标准的强调，则带来了一个微妙的转变，即法律上判断、评估公司财务状况的目的，从单纯的债权人保护开始转向公司整体利益，甚至是股东利益的保护。[3]在偿付能力测试外对持续经营能力标准的强调，背后隐含的法益转换正契合了公司资本制度理念的转换趋势——从压倒性地保护债权人到实现债权人与股东的利益平衡。

---

[1] See 2015 WL 1598045, at 19-20, Del. Ch. Feb. 26, 2015.

[2] 朱慈蕴、皮正德：《公司资本制度的后端改革与偿债能力测试的借鉴》，载《法学研究》2021 年第 1 期。

[3] 刘燕：《"对赌协议"的裁判路径及政策选择——基于 PE/VC 与公司对赌场景的分析》，载《法学研究》2020 年第 2 期。

　　当然，在奉行法定资本制及股东会中心主义的中国公司法语境下，单纯地引入偿付能力测试/持续经营标准并不具备可操作性。公司资本制度理念的转换，偿付能力测试/持续经营标准的建立，需要走贯通式的体系化改革路径，确立其他制度予以配套。首先是引入董事的商业判断规则。相比于资本维持简单地将注册资本作为规制底线，偿付能力测试/持续经营标准关注的信息则更为复杂，在波云诡谲的商业市场中，公司内部的不确定性因素日益增多，这导致真正意义上的公司持续经营能力具有模糊性、不可知性[1]。相比于法院，董事会才是对公司经营状况和财务信息更有发言权的主体，因此，司法商业判断让位于董事商业判断是引入偿付能力测试/持续经营标准之下的必由之路。其次是完善董事的信义义务，拓展董事信义义务的边界。董事成为履行障碍判断主体，解决了违法分配情况下责任主体的识别问题。[2]此时，通过信义义务机制来解决识别和追究董事责任的问题便显得尤为重要。董事信义义务指向的是公司的整体利益，而不涉及对债权人的特殊考量。综上，董事会成为履行障碍的判断主体，在商业判断规则和信义义务的框架之下，将在是否批准回购之时更多地衡量公司的整体利益，债权人也将在此种模式之下丧失原来对公司资本结构改变所拥有的重要的发言权。当然，并不是要彻底摒弃对债权人的保护。股债融合的冲击下，股东与债权人身份模糊化，将公司视为一个实体而非股东的比例利益加总，[3]股东和债权人都对公司产生的收益享有"剩余"的索取权[4]。因此，我国可适当借鉴域外经验，规定破产清算时董事对债权人应负信义义务。同时，公司法回归组织法逻辑，弱化债权人保护理念，构建一套公司法外的债权人保护机制成为当务之急。这一

　　〔1〕 开家将、余晓晖：《消除不确定性因素，提高持续经营能力》，载《华东经济管理》2002年第5期。
　　〔2〕 潘林：《股份回购中资本规制的展开——基于董事会中心主义的考察》，载《法商研究》2020年第4期。
　　〔3〕 邓峰：《普通公司法》，中国人民大学出版社2009年版，第286~287页。
　　〔4〕 See Frank H. Easterbrook & Daniel R. Fischel, "Close Corporations and Agency Costs", 38 *Stan. L. Rev.* 271, 1986.

系列配套制度表明，公司资本制度的实质性突破有赖于董事会决策权力、董事信义义务等组织法规则的确立和逻辑的贯通，[1]以及公司法外的债权人保护机制的加强。在此基础上，董事会中心主义的立法理念也需要我们认真思考。

2. 次优解抑或更优解——基于路径依赖的视角

采纳偿付能力测试/持续经营标准，虽然具有商业逻辑上的合理性，但却面临着牵一发而动全身的局面，重构公司资本制度及完善其他配套制度需要高昂的操作成本。采纳新标准还是修复资本维持，面临着现阶段下是以更高成本获得更优解还是以低成本获取次优解的难题。

我国公司法的一个突出问题是"防弊重于兴利"。[2]根据道格拉斯·C.诺斯的路径依赖理论，如果初始制度选择了一个好制度，那么沿着既有的路径，经济和政治制度的变迁可能进入良性的循环轨道并迅速优化；反之，则也可能沿着原来错误的路径往下滑，陷入一种无效率的制度循环。而制度变迁极易陷入路径依赖的原因在于：初始制度建设的投入很大；制度体系内部的人们在不断自我学习完善，从而修补原有的缺陷；基于原有制度基础上的互补性制度和设施投入导致交易成本的降低，进而引发更大范围的交易深入；人们也会对这种制度产生适应性的预期。[3]这也意味着，后期打破路径依赖的难度和成本都较大。资本维持不仅不利于债权人保护，也不必要地损害了公司及股东的自由，在两方面都体现出制度本身的低效率，对资本维持进行改革已经成为学界的共识。以路径依赖为借镜审视资本维持的改革，便会发现这样的难题：究竟是基于路径依赖的解释力量选择修复资本维持，从而避免打破路径依赖带来的高昂制度成本，还是破釜沉舟跳出无效率的制度循环，以阵痛换

---

〔1〕 潘林：《股份回购中资本规制的展开——基于董事会中心主义的考察》，载《法商研究》2020年第4期。

〔2〕 傅穹：《路径依赖与最低资本额安排》，载《法制与社会发展》2002年第6期。

〔3〕 [美]道格拉斯·C.诺斯：《制度、制度变迁与经济绩效》，刘守英译，上海三联书店1994年版，第36页。

取更具长远利益的选择？同属大陆法系的德国在引入偿付能力测试时就遭遇了路径依赖的问题。而我国的资本维持制度同样来源于大陆法系，更加注重股东会话语权的法律土壤与强调董事会中心主义的英美法系存在巨大的差异。后者相应地确立了完善的董事信义义务制度，我国公司法则围绕股东会中心主义的理念进行建构，公司资本制度也围绕资本维持不断进行大量的制度建设。因此，在这片法律土壤上进行全面的偿付能力测试移植必将面临高昂的立法与执法成本。但是，这并不意味着大陆法系国家无法进行偿付能力测试的改革。例如日本便在结合自身国情的基础上进行了折中的偿付能力测试改革，选择在利润分配和股份回购两方面引入偿付能力测试，[1]这对我国来说不失为一种改革借鉴的范本。美国公司法学者Eisenberg教授曾说过的一句话也许能对这个问题有所启迪：美国的公司系统是一台复杂的商业机器，而公司法是这台机器赖以运作的子系统之一，这一子系统的一部分零件已经损坏而需要维修。现代化意味着当下成本的付出，但毫无疑问这些成本远比过时制度引起的将来成本要小得多。[2]

（二）对赌协议在股债融合视角下的新出路

在打破股债二元的传统公司资本理念之下，将对赌协议单纯认定为股权投资抑或债权投资显然都是不准确的。实务界人士指出，在股债融合的趋势下，可以借鉴会计实践中对可转债等金融工具的操作，实现对赌协议在法律中的妥善处理。例如，公司发行一股股票，面值为1元，发行价则为10元，附带一个9元的现金补偿安排。第一笔会计分录为借计银行存款10元，贷记实收资本1元，资本公积金9元；第二笔分录处理现金补偿，如果按照9元确认负债，那么就是借记资本公积金9元，贷记负债9元。此时相当于公司通过对赌获得10元现金，增加1元实收资本，9元的负债。当对赌业

---

〔1〕 朱慈蕴、皮正德：《公司资本制度的后端改革与偿债能力测试的借鉴》，载《法学研究》2021年第1期。

〔2〕 See Melvin Aron Eisenberg, "The Modernization of Corporate Law: An Essay for Bill Cary", 37 *U. Miami L. Rev.* 187, 1983.

绩实现时，9 元便可以调整为资本公积金而成为权益；当对赌业绩部分完成，则 9 元中的一部分可以按照协议约定调整为公积金。[1]通过这样的操作，作为股权部分的资金自然受到公司资本制度中资本管制的约束，而作为负债的部分则无需受到资本管制的约束。

国内的对赌协议本质上是投资人将创始人作为一条最后的退出通道，[2]同时具有解决投融资不确定性的功能。而诸如以优先股为投资工具，采取控制权分配、领售权、分期融资、对赌以及回购优先股等都具有相似的功能，且已经在美国的风投领域中成长为较为成熟的风投条款。"硅谷无对赌"也许与这个原因相关。而因为落后的融资工具和保护债权人的基调，中国的私募投资基金为了保障资金安全的交易需求，只能通过对赌协议来完成以上的目标，但这一协议安排却又触动了公司法的资本管制。[3]现行公司资本制度坚守股债二元结构，显然无法回应商业实践中股债融合的冲击，也最终造成了投融资工具的落后局面。因此，让我们从对对赌协议本身的探讨中跳脱出来，思考如何从改进制度环境方面去解决由对赌协议引发的一系列法律问题。首先是在打破股债二元结构的理念下，引入更多的投融资工具，如类别股、可转换票据等境外成熟的投融资工具，以满足外部投资人的不同需求。

五、结语

具体的法律规则应以其背后的法律价值取向为依托。关于《九民纪要》下对赌协议效力构造的理论探讨，不仅仅是一个法律技术问题，最终要回归到对公司资本制度理念的讨论之上。而公司资本制度理念的取向，又不仅仅是一个停留在案牍之前的法律逻辑推导过程，更应该是一个回应商事实践的过程。从对赌协议出发，可以

---

[1] 秦悦民：《优化营商环境视角下私募股权投资对赌安排的"股+债"法律定性》，载《通力法律评述丨争议解决》，2020 年 11 月。

[2] 张巍（清澄君）：《资本的规则》，中国法制出版社 2017 年版，第 8 页。

[3] 缪若冰：《公司融资对公司基本法律制度建构的证成》，载《经贸法律评论》2020 年第 5 期。

看到企业家的"破坏者"天性——破坏旧的制度、旧的习惯、旧的规范[1]，其通过一系列契约安排实现了更有效率的制度安排。而当这种契约安排进入到公司法领域时，却受到了资本管制的束缚，资本管制背后的逻辑则是债权人保护中心及股债二元的立法理念。因此，为促进公司资本制度与商事实践的良性互动，构建一种融资能力更强的公司制度，适时转换公司资本理念值得我们认真思考。当然，立法理念的转换必然需要一系列崭新制度的配套，其中立法成本与立法效率的矛盾，也是对公司法前进的一次巨大考验。

（初审：李书颖　熊海涛）

---

[1] 张维迎、盛斌：《论企业家：经济增长的国王》，生活·读书·新知三联书店2004年版。

>>>>>>>>>> 法金前沿 <<<<<<<<<<

论作为份额权利的证券
——基于马克思虚拟资本理论的解读

张崇胜[*]

◆ --

内容提要： 传统证券界定以物和权利一体化为切入点，将证券界定为记载并代表权利的凭证，难以涵射无纸化证券、证券化产品、比特币等事物。作为马克思眼中的虚拟资本，证券具有物质和价值双重属性，"收入资本化"是其核心。法释义学视角下，"收入"为获取财产权益之权利；"资本化"为权利作为"商品"可"自由流通"。换言之，索取收益的权利成为可以流通的商品，权利成了物。这契合现代物权法重视无体物的新近发展。为此，建议《证券法》于总则部分增设如下条款：证券是基于投资而享有的取得一定收益且能自由流转的份额权利。此外，相关证券法学理论和规范文本要进行良性革新。

关键词： 马克思虚拟资本理论 资本证券 份额权利 无体物 资本商品

2019 年 12 月 28 日，《中华人民共和国证券法》（以下简称《证券法》）经第十三届全国人大常委会第十五次会议审议通过，并于 2020 年 3 月 1 日起施行。自 1998 年《证券法》通过至今，经历了三次修正和两次修订。本次修订回应了我国资本市场发展和经济体制改革的需求，亮点颇多：全面推行证券发行注册制、创设存托凭证、显著提高证券违法违规成本、完善投资者保护制度、完善证券交易

---

* 张崇胜，中国民航大学法学院助理教授，法学博士，注册会计师，会计与法律研究中心执行主任。

制度、设投资者保护专章、压实中介机构"看门人"职责、建立健全多层次资本市场体系，等等。标志着我国资本市场在市场化、法治化和国际化的道路上又迈出了关键的一步。

但是，与之前《证券法》相比，证券的概念界定未有实质性突破；较《中华人民共和国证券法（修订草案二次审议稿）》［以下简称《证券法（修订草案二次审议稿）》］[1]更是一种"保守"。证券法上"证券"的定义问题是证券法的第一问题，[2]其"关涉证券法的调整范围问题"[3]，并非仅仅"属于认识论和观念方面的事情"[4]。科学、合理的证券定义是证券法学理研究和证券法体系构建的基石。但是，证券的定义"难以捉摸"。

一、问题的提出：混乱的证券概念界定

目前学界对证券的界定较为混乱，范式不同，结论各异。

一是规范法学。据学者考证，"证券"一词是清末从日文翻译而来的。[5]"证"，取证明、证实之意；"券"，取契约、凭证之意。"证"与"券"两个词合用，初始于"券证"，意指契据。[6]故证券为记载并代表一定权利的凭证。依照权利与凭证的结合程度进行区分，又将证券分为金券、资格券和有价证券；后者又可以进一步划分为商品证券、货币证券和资本证券。

这一开拓性研究的代表学者是谢怀栻先生[7]，经济法学界大多

〔1〕《证券法（修订草案二次审议稿）》第3条第1款规定：本法所称证券是指代表特定的财产权益，可均分且可转让或者交易的凭证或者投资性合同。

〔2〕邢会强：《我国〈证券法〉上证券概念的扩大及其边界》，载《中国法学》2019年第1期。

〔3〕李飞：《关于如何确定证券法的调整范围问题》，载《中国法学》1999年第2期。

〔4〕吴志攀：《〈证券法〉适用范围的反思与展望》，载《法商研究》2003年第6期。

〔5〕参见王健：《沟通两个世界的法律意义——晚清西方法的输入与法律新词初探》，中国政法大学出版社2001年版，第219~220页。

〔6〕范中超：《证券之死——从权利证券化到权利电子化》，知识产权出版社2007年版，第10~12页。

〔7〕参见谢怀栻：《外国民商法精要》（第3版），法律出版社2014年版，第343~351页。

沿用此界定。例如"商品证券，诸如提单，代表对商品享有权利；货币证券，代表对一定数额的货币享有权利；资本证券，代表一定资本所有权益与一定收益分配请求权"〔1〕，又如"证券是设定并证明一定的权利或事实的凭证"〔2〕。后续证券法学者多以上述界定为基础提炼证券概念的特征：其一，证券是一种记载于某类介质上的权利凭证；其二，证券是财产权利的凭证。〔3〕其公因式为：证券是……的凭证。受投资合同概念的影响，有学者主张"证券是投资者为了获取利润而取得的代表投资性权利的凭证或合同"〔4〕，且《证券法（修订草案二次审议稿）》采取类似的规定。

二是社科法学。从证券法律现象和实践经验出发，遵循从个别到一般的理念，侧重对现象和问题而非法律条文的解释。最具代表性的是对美国 Howey 案件的研究。将投资合同抽象出来的要素转用作证券的界定：证券是因投资于一项共同的风险事业而取得的主要通过他人的努力而赢利的权益（凭证）。〔5〕其公因式为：证券是……的权益。此外，还有学者主张用"金融商品"〔6〕的概念统一整个金融市场的产品，继而规避证券的内涵界定问题。

第一种界定面临实践的挑战。随着证券非移动化和无纸化的发展，证券已经不是凭证形式，证券的流转变动过程已经不需要"凭

〔1〕 参见杨紫烜主编：《经济法》（第3版），北京大学出版社、高等教育出版社2008年版，第354页。

〔2〕 史际春主编：《经济法》（第3版），中国人民大学出版社2015年版，第289页。

〔3〕 参见顾功耘：《证券法》，人民法院出版社1999年版，第2页；叶林：《证券法》，中国人民大学出版社2000年版，第2页；万国华主编：《证券法学》，中国民主法制出版社2005年版，第3~4页；曾宛如：《证券交易法原理》，元照出版公司2006年版，第13页。

〔4〕 邢会强：《我国〈证券法〉上证券概念的扩大及其边界》，载《中国法学》2019年第1期。

〔5〕 参见朱锦清：《证券法学》（第3版），北京大学出版社2011年版，第35~36页。作者指出"凭证"一词可有可无。

〔6〕 参见陈洁：《日本〈金融商品交易法〉中的集合投资计划》，载《法学》2012年第10期；郭锋：《呼吁制定金融商品交易法》，载《法制日报》2015年1月21日，第10版。金融商品是一个描述性的、上位概念，包括基金、期货、银行理财等产品，其与马克思"资本商品"的内涵相类似且学界缺乏对金融商品概念准确的内涵界定。故比较证券概念界定时，未将其作为比较对象。

证/合同"这一载体。而且，凭证和合同并非同一法律范畴上的概念，导致一个事物的界定落脚于两个相异的事物上。故，将证券定义落脚在凭证或合同不可取。

第二种界定貌似是对第一种界定面临困境的回应，实则存在难以解决的问题。例如，股权也符合"因投资于一项共同的风险事业而取得的主要通过他人的努力而赢利的权益"的定义。问题是，股权是证券吗？放大观之，向合伙企业投资获取的权益是证券吗？诚如学者所言，美国证券之界定实则是一种"类型描述、类型归属"[1]。解读1933年《美国证券法》第2条，"证券"一词，系指任何票据、股票……投资合同、股权信托凭证……任何股票的出售权、购买权、买卖选择权或者优先购买权。权利、凭证和合同等都可以作为"证券"，实非一个可通过涵射加以运用的简便性、明确性、结论唯一性的概念。

有学者认为"证券是一种财产性权益，证券实物券和电子证券账户上的电子簿记信息是证券上权益的载体"[2]。该观点存在逻辑上的混乱与矛盾。证券是权益，"证券上权益的载体"，表明权益上有权益。那证券到底是什么？看似是对证券概念的重新解读，实则仍然没有跳出证券"权利和物"二元结构的桎梏。

证券界定之困难源自证券呈现出的二重性。证券具有物质形态和价值形态，作为财产价值，权利是研究的重点，但是自由流动（辅以技术手段）的交易客体之权利具有了物的属性。这种二重性根源于资本的二重性，准确来说是虚拟资本的二重性。作为一种资本商品，证券是收入资本化的产物。故，以马克思虚拟资本理论为分析工具，对证券进行界定。

二、虚拟资本理论：收入何以资本化？

虚拟资本的概念最早是由威·里瑟姆提出。其在《关于通货问题的通信》（1840年）写到"空头汇票，是指人们在一张流通的汇

---

[1] 于莹、潘林：《概念抑或类型——雷维斯案界分本票与证券的启示》，载《甘肃政法学院学报》2009年第1期，第93~101页。
[2] 参见王静：《无纸化证券与证券法的变革》，中国法制出版社2009年版，第71页。

票到期以前又开出一张代替它的汇票，这样，通过单纯流通手段的制造，就制造出虚拟资本"[1]。

马克思在《资本论》中对虚拟资本进行了大篇幅的解读。虚拟资本具有两种形态：一是股票、债券等有价证券；二是基于信用产生的包括商业汇票、银行汇票等。商业汇票反映商品流通过程中让渡所有权产生的债权债务关系。商品购买者没有现实货币支付，只能用货币替代物或者未来收入流进行支付，便形成了以信用为基础的买卖关系。汇票等证券本身是作为支付的中间媒介，区别于股票、债券等有价证券。[2]

（一）虚拟资本的产生

第一，物质基础。"虚拟资本是在生息资本的基础上形成的，生息资本在运动过程中产生了虚拟资本"[3]。生息资本与产业资本不同，反应的是一种借贷关系。生息资本反映出借贷资本家和职能资本家之间两权分离的关系。职能资本是对剩余价值的生产和实现，是实际发挥了职能作用的资本。生息资本对于借贷资本家是拥有所有权的资本，对于职能资本家是作为职能的资本。

因此，同一资本取得了双重存在，借贷资本家手中的所有权资本和职能资本家手中的使用权资本。[4]前者使股东可以获得剩余价值，后者创造剩余价值。从使用价值的角度来看，生息资本也是一种商品，由职能资本家使用，从而产生利润。利息是职能资本家为了取得资本使用权付给借贷资本家的一部分平均利润，是剩余价值

---

〔1〕［德］马克思：《资本论》（第3卷），中共中央马克思恩格斯列宁斯大林著作编译局译，人民出版社2004年版，第451页。

〔2〕本文主要研究的是股票、债券等证券法中的资本证券，区别于票据等民法中的证券。关于马克思虚拟资本理论的论述也主要集中于前者，但并不局限。如无特别说明，后文中的证券单指股票、债券等资本证券。

〔3〕孙妍：《马克思虚拟资本理论研究》，知识产权出版社2014年版，第30页。

〔4〕该观点在公司法理论中体现为法人财产权"经营权说"，认为法人财产权不是所有权，而只能是经营权。"公司财产权利三重结构说"的提出是该学派新近的发展。要义是，股东对公司资产拥有所有权，而且是一种按份共有，公司法人对公司资产享有经营权。但是在公司运作的外部关系上，公司代表全体股东与第三人交易，在这个意义上，也可以说公司的资产为股东所有。"三重结构说"具有"物权二元结构论"的影子。

的转化形式，来源于工人创造的剩余价值。详言之，放贷出去的货币不是为了交换商品，是作为资本支出的，即"资本作为资本，变成了商品"[1]。

紧接着马克思以国债为实例进行了阐述。"资本本身已经由国家花掉了、耗费了……这种资本，即把国家付款看成是自己的幼仔（利息）的资本，是幻想的虚拟的资本……一旦债券不能卖出，这个资本的假象就会消失"[2]。换言之，虚拟资本只是代表取得收益的要求权，并不是代表资本本身。"这种复本之所以会成为生息资本的形式，不仅因为它们保证取得一定的收益，而且因为可以通过它们的出售而得到它们的资本价值的偿付。……尽管它们可以作为商品来买卖，因而可以作为资本价值来流通"[3]。

第二，制度基础。随着资本主义的发展，社会信用制度不断完善，"商品不是为了取得货币而买卖，而是为了取得定期支付的凭据而卖……这种票据直到它们期满，支付日到来之前，本身又会作为支付手段来流通……正是票据的流通为虚拟资本的产生提供了基础"[4]。换言之，商业汇票在到期前可以作为支付手段和流通工具进行流转，具备了交易功能和增殖功能。这种流通有赖于信用机制。

"信用，在它最简单的表现上，是一种适当的或不适当的信任，它使一个人把一定的资本额，以货币形式或以估计为一定货币价值的商品形式，委托给另一个人，这个资本额到期后一定要偿还"[5]。证券正是一种典型的"信任"商品。基于资本的投入，投资者获得证券，得以索取利息、股息和红利；"商品的内在品质难以通过勘查

---

〔1〕［德］马克思：《资本论》（第3卷），中共中央马克思恩格斯列宁斯大林著作编译局译，人民出版社2004年版，第524页。

〔2〕［德］马克思：《资本论》（第3卷），中共中央马克思恩格斯列宁斯大林著作编译局译，人民出版社2004年版，第527页。

〔3〕［德］马克思：《资本论》（第3卷），中共中央马克思恩格斯列宁斯大林著作编译局译，人民出版社2004年版，第540页。

〔4〕［德］马克思：《资本论》（第3卷），中共中央马克思恩格斯列宁斯大林著作编译局译，人民出版社2004年版，第450~451页。

〔5〕［德］马克思：《资本论》（第3卷），中共中央马克思恩格斯列宁斯大林著作编译局译，人民出版社2004年版，第452页。

或使用来指示，而只能依赖于出售者提供的信息"[1]，故而才有反证券欺诈机制的需求，其根本就是为了维护信用制度，保护投资者利益。

(二) 收入资本化

马克思虚拟资本理论的核心观点是收入资本化。"虚拟资本的形成叫做资本化。人们把每一个有规律的反复取得的收入按平均利息率来计算，把它算作是按这个利息率贷出的一个资本会提供的收益，这样就把这个收入资本化了"[2]。

所谓的"资本化"，是指"收入"具有了资本的特性，故其解读需要从资本的特性入手。

第一，资本具有增值性。[3]资本是马克思主义政治经济学中的一个基础性的概念，[4]是"能够带来剩余价值的价值"。换言之，资本是一种价值，具有增值性。在流通过程中，货币体现出"作为货币的货币"以及"作为资本的货币"两种职能。前者主要是指货币在商品交换中的交换媒介作用，即经典的流通公式：

W (商品) —G (货币) —W (商品)　　　　　　　(公式1)

据此公式，"商品转化为货币，货币再转化为商品，为买而卖"。而"作为资本的货币"流通公式为：

G (货币) —W (商品) —G' (更多的货币)　　　　(公式2)

此时"买进"商品是为了"卖出"以获得货币的增值额。以原预付货币额 G 开始，又以含有一定增值额即利息或利润的货币额 G'

---

[1] 于莹：《证券法中的民事责任》，中国法制出版社 2004 年版，第 2~3 页。

[2] [德] 马克思：《资本论》(第 3 卷)，中共中央马克思恩格斯列宁斯大林著作编译局译，人民出版社 2004 年版，第 528 页。

[3] 马克思使用的是"增殖性"一词。但是，在我国社会主义市场经济的发展过程中，中央文件以及学术著作逐渐开始将"增殖"演化为"增值"使用，现在"增值"已成为普遍用法。

[4] 周德海：《论马克思资本概念的本质——兼评学术界对马克思资本本质的研究》，载《管理学刊》2015 年第 6 期。

回归，最后从流通中取出的货币多于起初投入的货币，[1]此时，资本产生。马克思明确指出，"在运动中通过这后一种流通的货币转化为资本，成为资本，而且按它的使命来说，已经是资本。"[2]马克思将这个增值额称为"剩余价值"。

第二，资本具有流动性。如上分析可见，资本的增值性决定了其必须具备运动性。与之对应，资产是一种能够带来利益的经济资源，具有稀有性和有用性。两者之间存在如下关系：资本是资产的价值形态，是一个动态的表述；资产是资本的物质表现，是一个静态描绘。如学者所言，"停止运动的价值（资本——笔者注）以使用价值的形式出现后，即为资产"[3]。

但是现实中资本实现增值必须借助于形态的转化，即从"G（货币）到W（商品），然后从W（商品）到G'（更多的货币）"。虽然收入自身就是一种收益，但是根据劳动价值理论，虚拟资本自身不存在无差别人类劳动的凝结，所以没有价值。而"股票之所以成为虚拟资本，在于股票的买卖"[4]，也就是说，其并未经历"W（商品）"这一转换媒介。换言之，"收入"实现资本之"增值性"是直接从G到了G'。如下公式：

G（W）—G'（W）   （公式3）

进一步解读，就"收入"作为可能的资本，作为生产利润的手段的这种属性来说，它成了商品，不过是一种特别的商品。该商品的价值与其所代表的现实资本的价值无关，而是由预期得到的收益决定的，与货币供给和利率变化相关联。这种独特的运动和决定法

---

〔1〕 参见［德］马克思：《资本论》（第1卷），中共中央马克思恩格斯列宁斯大林著作编译局译，人民出版社2004年版，第176页。

〔2〕 参见［德］马克思：《资本论》（第1卷），中共中央马克思恩格斯列宁斯大林著作编译局译，人民出版社2004年版，第172页。

〔3〕 章军荣：《资产与资本关系新探》，载《四川会计》1996年第3期。

〔4〕 郑千千：《马克思虚拟资本理论及其当代价值》，山东大学出版社2016年版，第33页。

则，源自"收入"本身变成了一种特殊的商品。[1]

综上可以看出，作为法律人创造的一个技术工具，仅仅是关于事实的抽象化和类型化描述的索取收益的权利，在虚拟资本理论中成了商品（W），变成了一种物。这对我们从法学的视角解读证券极具启发意义。

三、作为物的证券权利

将权利视为权利标的意义之物件，这是一种开放的财产观[2]。这一理念不仅契合现代物权法重视无体物的新近发展，更与证券法中证券权利结构的变革相契合。

（一）证券权利结构的变革

证券上存在一个二元权利结构，证券所有权和证券权利。前者是指证券持有人对凭证这个"物"享有的所有权；后者是指凭证这一载体所代表的权利。这种二元权利结构是传统证券法理念和制度构建的基础。证券的发行和交易，都是伴随着凭证的流转变动而实现；投资者也是基于对凭证的占有从而取得证券权利。证券所有权是一种物权，其产生、变动和消灭要遵从物权法的基本原则，证券权利借助凭证得以公示。

在这种二元结构模式下，证券权利和证券所有权统一于证券，二者几于相同[3]，密不可分。换言之，传统证券法将证券视为一个"物"，根源于证券权利必须借助于"凭证"这个物予以公示，从而省却了权利转让中的交易成本，实现了权利的自由转让[4]。

但是，证券交易制度的变革导致证券二元权利结构消解。众所

---

〔1〕 该种商品具有矛盾的双重存在：一是作为投入的资本的存在；二是股票的资本价值的存在。

〔2〕 吴汉东：《罗马法的"无体物"理论与知识产权制度的学理基础》，载《江西社会科学》2005年第7期。

〔3〕 参见 [日] 松波仁一郎：《日本商法论》，秦瑞玠、郑钊译述，中国政法大学出版社2005年版，第142页。

〔4〕 李庆海：《论债权物权化趋势》，载《当代法学》2005年第4期。

周知，证券交易分为前台和后台〔1〕，前者指证券买卖合同的缔结（交易阶段），后者指证券交割和资金交付（交付阶段）。建立在纸质证券基础之上的交易规则，导致交易与交收环节严重脱离，大量成交的交易不能在约定时间交付，导致连锁性违约，即"后台危机"。因此，证券交易开始实行"非移动化"〔2〕。后来随着信息技术的发展，证券市场开始实行"无纸化"运动，证券发行人不再印制及交付实物证券，不再通过凭证对权利进行记载，而是直接通过账户以电子媒介的形式登记权利及其变动情况。

证券所有权随着证券无纸化的运动消失了，但是证券权利仍然存在。证券交易的标的呈现为单一的证券权利。这种权利，其经济实质就是马克思虚拟资本理论下"收入资本化"中的"收入"。"这些所有权证书——不仅是国家证券，而且是股票——的价值的独立运动，加深了这种假象，好像除了它们可能有权索取的资本或权益之外，它们还构成现实资本"〔3〕。"所有的这些证券实际上都只是代表已积累的对于未来生产的索取权或权利证书"。〔4〕

（二）作为物的证券权利

证券权利成了商品，成了物。这是否与物权法相关理论冲突？传统物权理论认为"物是指除人体之外，能为人力所支配，独立满足人类社会生活需要的有体物及自然力"〔5〕，基于上述理念，有证券法学者认为"证券所代表的财产权利不同于物权……物权上的物是可以触摸的有形的物体"〔6〕。的确，证券权利不是物权。但是，

---

〔1〕 参见屠光绍主编：《结算系统：运作与趋势》，上海人民出版社2000年版，第1~2页。

〔2〕 非移动化是指将实物证券集中存放于一个集中保管机构，然后由该集中保管机构通过计算机系统开立证券账户予以记录，即所谓的"簿记交割"。相关论述参见万国华、张崇胜：《互联网时代证券权利结构的嬗变与反思》，载《财经法学》2018年第4期。

〔3〕 [德] 马克思：《资本论》（第3卷），中共中央马克思恩格斯列宁斯大林著作编译局译，人民出版社2004年版，第529页。

〔4〕 [德] 马克思：《资本论》（第3卷），中共中央马克思恩格斯列宁斯大林著作编译局译，人民出版社2004年版，第531~532页。

〔5〕 参见王泽鉴：《民法总则》（增订版），中国政法大学出版社2001年版，第208页。

〔6〕 王静：《无纸化证券与证券法的变革》，中国法制出版社2009年版，第70页。

物权的客体绝不都是有形的物,《民法典》第 115 条已经将物的范围扩大到权利。[1]

其实,权利作为物由来已久。罗马法中的物 (res) 不限于有体物。"罗马法即以财富作为物的主要标准,原则上必然将物视为可用金钱估价的东西。但具有金钱价值的东西,不一定是有体物,如地役权、用益权、债权等权利,在罗马法上被称为无体物"[2]。日耳曼法中,法律观念都是基于具体的事实关系,并无多少抽象概念[3],"凡能满足吾人生活需求者,皆赋予排他的直接支配力。故不限于自然的有体物,即产业上、封建上之诸权利,亦皆认许其有物权的效力"[4]。是故,存在有体物和无体物之区分。[5]

随着时代的发展,虚拟货币、比特币、区块链、知识产权[6]等一系列无体物的出现对传统观念提出挑战。无体物属于财产已经得到了多数学者的赞同。[7]换言之,证券权利是无纸化时代证券交易的标的物,传统证券二元权利结构中的证券权利就是现在交易的证券。对此,法国金融学者提出了"债权财产说",要义是"财产具有了转让和流通等新的物之属性"[8]。

(三) 证券权利的支配

将证券权利视为物,需要解决其如何支配的问题,因为权利是抽象的。倘若难以对作为物的权利予以支配与控制,那么这种权利

---

〔1〕 参见《民法典》第 115 条规定,物包括不动产和动产。法律规定权利作为物权客体的,依照其规定。

〔2〕 周枏:《罗马法原论》(上册),商务印书馆 1994 年版,第 276~277 页。

〔3〕 李秀清:《日耳曼法研究》,商务印书馆 2005 年版,第 259 页。

〔4〕 李宜琛:《日耳曼法概说》,中国政法大学出版社 2003 年版,第 52~53 页。

〔5〕 物原则上为有体物的规定是受《德国民法典》影响。参见孟勤国:《物的定义与〈物权编〉》,载《法学评论》2019 年第 3 期。

〔6〕 知识产权是否属于无体物的范畴,学界存在争议。相关观点梳理参见董炳和:《无体物、知识产权与民法典——关于民法典中知识产权问题的"另类"思考》,载《法商研究》2004 年第 3 期。

〔7〕 陈烨:《无体物的概念溯源及其刑法意蕴》,载《时代法学》2015 年第 5 期。

〔8〕 参见胡军:《法国"电子化证券改革"对现代金融财产权的影响及其评述——从传统物权法模式出发思考证券无形财产保护》,载《改革与战略》2010 年第 3 期。

物化的观点便因缺乏可行性而不具有意义，只会沦为"空想主义"。

传统证券法是借助"权证一体化"将证券权利特定化。纸张，记载着权利内容，从而将抽象的法律关系固定化，便利权利流通和权利行使。[1]"股份以股票形式有价证券化，以股票的交付作为股份转让的公示，从而保障其流通性。"[2]但是逻辑上，权利还是权利，物（凭证）还是物（凭证）。分析其原因，盖因早期缺乏统一的公示登记体系，也无其他途径实现权利的表征，实属无奈之举。故此，证券的界定总是落脚于"证券是……的凭证"。

现代证券法中，证券持有者是通过证券账户实现对成为物的证券权利的支配（区域性股权交易市场、股权众筹平台等均是通过证券账户进行支配）。现代物权法强调支配性实物形态与价值形态的财产并存。支配性源自财产的自然属性或技术属性，形体支配不是物权支配的唯一形式[3]，"指向物的任一种类请求权均可经由占有或登记而具有物权性"[4]。如图1所示，通过证券账户体系，这种基于占有或登记构建的支配机制成为现实。

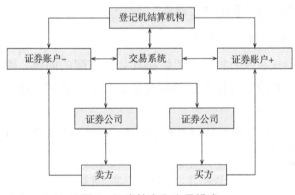

图1 证券持有和交易模式

---

〔1〕 参见楼建波：《金融商法的逻辑：现代金融交易对商法的冲击与改造》，中国法制出版社2017年版，第77页。

〔2〕 ［韩］李哲松：《韩国公司法》，吴日焕译，中国政法大学出版社2000年版，第230页。

〔3〕 参见孟勤国：《物的定义与〈物权编〉》，载《法学评论》2019年第3期。

〔4〕 参见冉昊：《对物权与对人权的区分及其实质》，载《法学研究》2005年第3期。

　　证券持有人的账户一般位于登记结算机构的簿记系统。其一，账户是投资者持有财产、管理财产的一种工具，非投资者指令证券账户不会被其他主体所更改，证券账户号的唯一性，使得投资者与证券权利之间有着一一对应的关系。其二，证券的买卖显示为证券账户中数据的"增减"记录。现行 2019 年《证券法》第 151 条规定，证券登记结算机构应当向证券发行人提供证券持有人名册及其有关资料。证券登记结算机构应当根据证券登记结算的结果，确认证券持有人持有证券的事实，提供证券持有人登记资料。换言之，簿记系统具有权属变动登记的职能。

　　综上可以看出，证券持有人通过证券登记结算机构的簿记系统进行证券权利登记、公示，通过证券账户实际上支配其名下的证券权利，从而排除任何其他人之干涉，契合物权"对该物的权利行使以及对其不同程度的享用均独立于同一定人的关系"[1]之内涵。

　　诚如学者所言，"证券权利的公示实际上是以物权公示的方式进行的"[2]。这也契合"准占有"即"权利占有"的构成要素：①标的物为财产权；②标的物不因物之占有而成立；③事实上行使财产权。准占有的价值在于"在不发生有形控制的情况下，对作为客体看待的权利之管领，也视为法律上的占有"[3]。占有不是物权本身，却为物权表现之形式。借由证券账户实现的证券权利的支配与占有，一定程度上回应了"是否存在权利上的所有权"[4]的争议。

　　将证券视为权利（界定为份额权利更为合理，后文详细论述——笔者注），作为一种无体物的观点也有比较法的支持。在英国财产法上，证券称为无体动产，是一种无体物，证券的凭证只是

---

〔1〕　[意] 彼德罗·彭梵得：《罗马法教科书》，黄风译，中国政法大学出版社 1992 年版，第 183 页。

〔2〕　参见陈甦主编：《证券法专题研究》，高等教育出版社 2006 年版，第 11 页。

〔3〕　吴汉东：《罗马法的"无体物"理论与知识产权制度的学理基础》，载《江西社会科学》2005 年第 7 期。

〔4〕　参见方新军：《盖尤斯无体物概念的建构与分解》，载《法学研究》2006 年第 4 期。

"享有证券权利的一种证据"〔1〕。换言之，凭证在英国只是发挥证据的功能〔2〕，而非"物化权利"之凭证。

其实，马克思关于资本和资产关系的界定在一定程度上可以解释这个问题。资产和资本仅仅是同一事物的不同表现形式——静态与动态。一直以来，权利总是被作为法律关系的内容进行研究，作为一种描述意志或者利益的动态过程。但是权利也有静态的一面。权利质押时，权利便是作为一种有价值的、静态的客观状态呈现的。作为物的证券权利亦是如此，从而才能作为证券法律关系的客体，实现从 G（W）到 G'（W）的转化。

四、证券概念的再界定

传统证券界定固守"凭证"之根源，在于借其物化证券权利，便利证券权利的流转。把最开始发给股东的收款收据和给债权人出具的借条标准化、格式化，"使每个凭证代表固定的股份数或者固定的债权额"〔3〕，从而实现"权证一体化"。其实，无论是凭证还是电子数据〔4〕的证券界定落脚点，都是为证券权利找寻一个载体，从而构造权利和物的结合。未曾设想，证券权利自身也可以作为一个物，成为证券法律关系的客体。

但是，权利作为一个集合概念存在诸多类型，什么样的权利可以被视为无体物？就本文研究的主题来说，问题可以限缩为作为物的证券权利具备什么特征？结合虚拟资本"收入资本化"以及资本

---

〔1〕 参见［英］F. H. 劳森、B. 拉登：《财产法》（第 2 版），施天涛等译，中国大百科全书出版社 1998 年版，第 25 页。

〔2〕 与权利有关的契据、凭证划分为两类：证书和证券。仅仅用于证明法律事实发生的文书称之为证书，与其所表示的权利义务关系无直接联系，诸如合同、结婚证等。与证书不同，证券不仅仅记载一定的权利，其本身就代表一定的权利。参见谢怀栻：《票据法概论》（增订版），法律出版社 2006 年版，第 3 页。

〔3〕 范中超：《证券无纸化的法律问题》，中国政法大学出版社 2009 年版，第 1 页。

〔4〕 有学者主张无纸化证券背景下，证券权利的载体变成了电子数据。参见楼建波、刘燕：《证券持有结构对投资人证券权利法律定性的影响——一个新的分析框架》，载《商事法论集》2009 年第 1 期。其实将凭证换成电子数据，仍然面临对数据进行属性界定的问题，即数据或者电子账簿能否作为物化权利的"物"。

增值性、流动性等特性，我们可以将作为物的证券权利的主要特征归纳为收益性、流通性和份额化。

（一）收益性

依照虚拟资本理论，资本化的"收入"之核心在于取得收益。投资者投入资本从而获得在未来期间索取利息、股息或红利的权利。明晰证券的这一特征，有助于划定证券和非证券以及不同类型证券之间的界线。例如，以期货为例，学界通说"期货为期货交易的标的，期货性质上是一种合约"[1]，且为规范所确认。[2]但是，期货交易的标的本质上是权利。"合约持有者具有了支配合约上利益的能力……通过期货交易，交易者得以支配的权利类型是债权而非所有权"[3]。分析可以得知，交易标的"合约说"与证券"合同/凭证说"如出一辙，都是为了将无形的权利有形化。

在交易标的同为权利的情形下，权利特征便是区分证券和期货的关键。证券投资是为获取收益，目的特征为索取收益。与之不同，期货投资是为规避风险，目的特征为转嫁风险。搞清楚这一区分之后，我们可以划定相关金融衍生品的调整规范，以促进资本形成为目的，以投资为基础的市场和产品由证券法规制；以促进价格风险转移为目的，以套期保值和价格发现为基础的市场和产品由期货法规制。依此逻辑，饱受争议的信用违约互换（CDS）具有期货特征，是以债券为基础资产的契约型证券衍生品，[4]应当纳入期货法调整范畴。

又如，针对实践中存在的购买房屋分时度假权、美容院会员卡"充值"等行为，倘若是以消费为目的购买某种产品，而非期待获取

---

〔1〕 参见杨永清：《期货交易法律制度研究》，法律出版社 1998 年版，第 46~52 页。

〔2〕 《期货交易管理条例》第 2 条第 2 款规定：本条例所称期货交易，是指采用公开的集中交易方式或者国务院期货监督管理机构批准的其他方式进行的以期货合约或者期权合约为交易标的的交易活动。

〔3〕 叶林、钟维：《核心规制与延伸监管：我国〈期货法〉调整范围之界定》，载《法学杂志》2015 年第 5 期。

〔4〕 参见万国华、张崇胜：《信用违约互换监管的学理基础与制度变革》，载《金融理论与实践》2018 年第 7 期。

投资收益，消费者应当对产品的基本功能有比较确定的认知——基于住宿购买房屋、基于美容购买会员卡。换言之，消费投入之目的是换取具有价值的使用功能，而非获取未来收益。倘若会员卡之"充值"目的在于按照一定比例获取美容院的未来经营收益，则可能会被视为证券发行，需要受证券法调整。

另外，收益性这一目的特征有助于将证券与其他有价证券相区分。例如，货币证券是对一定数额的货币享有的权利；实物证券的目的是索取实物（提单），是对货物享有的权利；而证券这种权利之收益源于现实资本的增值，针对的是未来的收益。

（二）流通性

作为一种物，一种资本商品，证券权利除了具有资本的收益性特征，还具有商品的流通性，可以在市场上反复交易。马克思指出，"虚拟资本是在生息资本的基础上形成的，生息资本在运动过程中产生了虚拟资本"[1]。资本化之基础便是信用制度上的自由流通。因为"买卖和流转能够使财产增值，不能流通的财产权利，其价值是有限的，经济越发达，对权利流转的速度和质量的要求就越高"[2]。流通性是作为物的证券权利区别于静态的股权和债权的重要特征。流通性有助于权利从 G（W）向 G'（W）转化。换言之，同样是索取收益的权利，其流通性可能存在差异。例如，学理上一般将有限责任公司的股权交易称之为转让，受股东优先购买权的限制；债权的转让受合同相对性的限制。然而与之类似的证券权利（股权证券、债权证券）却可以在市场上反复交易。

或许，流通性的差异正是"为中小微企业证券非公开发行、转让及相关活动提供设施与服务的场所"被称为"股权交易市场"的部分原因。[3]如下文所言，股权也是份额制的，但是仅仅被称为股权，因其是"转让"这一流通性程度极低状态下的称谓。当其达到

---

〔1〕 孙妍：《马克思虚拟资本理论研究》，知识产权出版社 2014 年版，第 30 页。

〔2〕 张舫：《证券上的权利》，中国社会科学出版社 1999 年版，第 7 页。

〔3〕 区域性股权市场受投资者准入以及交易机制的限制，不得采取连续竞价交易机制。换言之，份额权利不能自由流转，但是流动性大于有限责任公司。

自由流通时候，权利的自由转让突破了其原本状态下的限制，便会涉及公众性交易问题，需要特别规制，否则便会产生风险。例如，美国次贷危机中，CDS 持有者索取"价差"的权利被证券化，衍生出 CDO，突破了合同相对性的限制，但是缺乏证券法相关信息披露的监管，最终"异化"为风险源。[1]

问题在于，流通性应该如何进行评判？基于"具有流通性（因）——在公众中反复交易（果）"的因果关系，立法者采取了一种"行为+结果"的认定标准，即面向公众交易，导致人数超过200 人[2]，受证券法规制；同时，采取广告、公开劝诱以及变相公开的行为，也受到证券法规制。笔者认为，从"行为+结果"两个维度进行界定有扩大公开范围之嫌疑，建议仅仅从结果上进行认定，因为广告、劝诱等行为并非实质性交易行为，只要最后交易人数限制在 200 人之内，便足以控制风险。

（三）份额化

权利是抽象的，需要通过制度设计使其标准化、格式化，如此才能作为商品自由流转。这就涉及权利的份额化，其在证券市场广泛存在。例如，我国规定债券的每张面值为 100 元人民币。有纸化时代，每一个投资者持有的同一种类的任何一份债券对应的权利都是支付 100 元本金和相应利息的请求权。在交易所流通的每股股票的面值也均为 1 元，用来表明每一张股票所包含的资本数额（唯一的例外是紫金矿业，每股面值 0.1 元）。

股票的纸质凭证消失了，但是份额制度却未受影响，因其与资本制度紧密相关。资本以股份为单位构成份额。股票则是股份的表现形式，两者形同表里。[3]资本分割为小额的固定单位，易于筹集

---

〔1〕 万国华、张崇胜：《信用违约互换监管机制：分析、比较与构建》，载《金融发展研究》2017 年第 3 期。

〔2〕 关于为什么将公开性的认定限制在 200 人，是一个立法政策问题，其合理性与否不属于本文讨论的范畴。

〔3〕 参见赵旭东主编：《公司法学》（第 3 版），高等教育出版社 2012 年版，第 324页。

资金。在此基础上，股份以股票的形式证券化，易于自由流转。借由股份的份额制实现权利的份额制，或许这也是公司发行证券之前必须进行"股改"的原因之一。

可以看出，份额化就是标准化、格式化，从而将大多数的交易对象抽象为一般物品，使之同质或可以均分拆细。例如，信贷资产证券化的目的是将流通性不足的信贷债权转化为可流通的资本商品，从而形成债权证券。由此展开，向合伙企业投资获取的权利，当其实现份额化时，每一份权利具有相同的经济实质，便有可能构成证券。但是实践中，不同合伙人之间通常借助合伙协议条款对未来收益分配进行差异化的安排，故此除非全体合伙人一致同意，否则难以实现标准化，自然就不可能具有流通性。

综上，笔者将证券的概念归纳为"证券是基于投资而享有的取得一定收益且能自由流转的份额权利"[1]。诚如学者所言"证券是一种投资工具，证券交易本质上是权利的交易"[2]。其实，证券本身就是一种权利，一份一份的权利。揭开"凭证、合同、计划"等面纱，采取法律虚拟的形式，将证券界定为份额权利，是一种无体物。继而需要对《证券法》中证券权利归属、流转变动、登记结算等相关规范进行修正，以达体系自洽和逻辑周延。

当然，证券概念的界定包括内涵与外延两个部分。证券外延的界定涉及证券法的调整范畴，需要在基金法、票据法等多个部门法之间予以协调。笔者建议，在上文归纳、抽象出的证券内涵的基础上，以核心要素"权利"为标准将证券分为股权证券、债权证券和衍生证券三类，作为证券法中证券的元分类。对于符合证券内涵界定但是不适宜由证券法调整的"证券"（存在替代监管机制、无监管必要性等），可于证券法确立"豁免证券"规范。

---

〔1〕 此处的"权利"可替换成"权益"，即权利+法益。因为法律所保护的利益未必都表现为权利，从而使得证券内涵具有开放性，囊括区块链、比特币、大数据等新兴事物下的法益。

〔2〕 罗培新：《黄金交易合约具备证券属性》，载《证券日报》2012年8月24日，第C1版。

五、结语

证券作为证券交易的标的，是民事法律关系中的客体，其内涵界定需要物权法的理论支撑。传统证券界定以物和权利一体化为切入点，将证券界定为记载并代表权利的凭证，难以涵射无纸化证券、证券化产品、比特币等事物。对马克思虚拟资本理论的核心"收入资本化"命题进行解读可知，"收入"为获取收益之权利，"资本化"为权利作为"物"可以进行自由流转。换言之，索取收益的权利成为可以流通的商品，权利成了物。这契合现代物权法重视无体物的新近发展。证券权利本身就是证券，是以无体物的形式存在的。作为物的证券权利需要满足收益性、流通性和份额化的特性。证券持有者是通过证券账户机制实现对作为物之证券权利的支配。

（初审：熊海涛　李书颖）

从"东芝案"论存托凭证下我国《证券法》第2条域外适用规定的适用及其国际法限制

余遵琼*

◆ ···

内容提要： 2020 年 1 月 28 日，美国加州法院在东芝案中支持了购买东芝"非参与型存托凭证"的美国投资者提起的证券集体诉讼，认定存在"关联"要素且东芝公司参与了该等证券销售，美国证券交易法"反欺诈条款"可以域外适用。此外，"国际礼让"与"不方便法院"原则并不排除原告基于日本法的主张。东芝案的新判决将潜在扩大外国发行人在美国的证券责任，即使外国发行人股票仅在外国证券市场交易，或仅在很小程度上涉及美国存托凭证的发行。目前，中国存托凭证仍处于起步阶段，境外发行主体在各方面均设有较高门槛和监管限制，少有因中国存托凭证产生的纠纷。然而，随着外国投资者不断进入中国资本市场，中国企业境内的上市股票仍可能经外国银行购买后在外国发行存托凭证，发行人同一违法行为可能引发中国与外国的平行管辖和双重追责。尤其是在美国不断扩大其国内法域外适用的背景下，有必要对其就存托凭证交易的法律适用和司法实践进行研究。本文将从东芝案出发，论述美国证券交易法"反欺诈条款"域外适用之理论与实践，从国际法角度探讨域外管辖之正当性基础及其限制，积极争取国际法话语权，为我国企业权益的保护、我国《证券法》第 2 条关于域外适用规定的适用及存托凭证今后之发展汲取经验。

关键词： 存托凭证　东芝案　域外适用　国际法

---

* 余遵琼，女，华东政法大学国际法学院硕士研究生。

一、存托凭证的特殊性及其对证券法域外适用研究之试验意义

存托凭证（Depository Receipts, DR）是由存托银行签发的代表外国公司证券的可转让凭证。[1] 根据发行国别或地域，可以分为美国存托凭证（American Depository Receipt, ADR）、全球存托凭证（Global Depository Receipt, GDR）和中国存托凭证（Chinese Depository Receipt, CDR）等。DR 作为一种特殊证券，其固有的"国际性"和"多类型"特征极易引发跨国纠纷，也使得证券法域外适用的问题尤其具有学术研究价值。

（一）存托凭证的特殊性及其实践意义

首先，DR 基础证券的外国发行人与持有 DR 的国内投资者往往位于两个不同国家，DR 与基础证券也分别位于两个不同国家，故 DR 具有国际性。当外国发行人在外国的侵权行为损害国内投资者时，基于行为和结果等连接因素，各国相应的主观领土管辖权或客观领土管辖权[2]更易产生管辖权冲突。

其次，根据发行主体不同。存托凭证可分为参与型 DR（sponsored DR）与非参与型 DR（unsponsored DR）。[3]顾名思义，参与型 DR 是由公司参与推动发行，而非参与型 DR 则以方便大众投资为目的，由公司之外的券商和银行推动发行，公司并不参与其中。此等区分的意义在于：参与型 DR 中公司是存托凭证法律关系的一方主体，需与其他主体签订合同并承担相应的权利义务。但在非参与型 DR 中，由于公司并未参与 DR 设立，DR 的发行也不必得到公司的同意，公司并不属于凭证法律关系的主体。因此，在非参与型 DR

---

〔1〕 朱锦清：《证券法学》（第 4 版），北京大学出版社 2019 年版，第 39 页。

〔2〕 James Crawford and Martti Koskenniemi, *The Cambridge Companion to International Law*, Cambridge University Press, 2012, p. 136.

〔3〕 朱锦清：《证券法学》（第 4 版），北京大学出版社 2019 年版，第 41 页。美国将参与型 DR 根据发行公司参与度和披露等要求分为三种层次：第一层次要求最低，无需登记和披露，但不得在交易所和纳斯达克挂牌交易；第二层次必须登记和遵守部分会计规则，可在交易所及纳斯达克挂牌上市；第三层次披露和守法层次与国内上市股票相似，可在交易所和达斯达克自由上市。

中，外国发行人与投资者间缺乏直接法律关系，并可能产生直接阻断因果关系的效果。存托凭证法律关系的"相对性"，将限制承担责任的主体范围和影响侵权行为因果关系的认定。此时，若投资者所在国再主张域外管辖或将国内法适用于外国发行人，将不合理地增加外国发行人的可预见义务，扩大其责任承担范围。

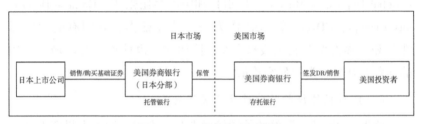

图 1　ADR 发行程序示意图

（二）中国存托凭证（CDR）实践及证券法域外适用讨论之意义

中国存托凭证（CDR）是指存托人签发的以境外证券为基础在中国境内发行、代表境外基础证券权益的证券。[1]目前我国的 CDR 仍处于试点阶段，试点企业主要是具有相当规模的创新类"红筹企业"，即注册地在境外、主要经营活动在境内的企业。此外，我国还设置了"金额门槛"，即已在境外上市的，市值不低于 2000 亿元人民币；尚未在境外上市的，最近一年营业收入不低于 30 亿元人民币且估值不低于 200 亿元人民币。

我国目前试点的 CDR 属于"参与型 DR"。基础证券发行人必须参与 CDR 的发行，并符合证券法关于股票等证券发行基本条件和履行披露义务。具备在国内发行 CDR 条件的红筹企业仅能在境内证券交易所上市交易并集中登记存管、结算。CDR 的分红派息需符合我国外资、外汇管理的相关规定，同时 CDR 的发行、上市和交易等行为均适用我国证券法及相关规范。存托协议当事人包括基础证券发行人、存托人和投资者，必须约定因 CDR 产生的纠纷应适用中国法并由中国法

---

〔1〕《国务院办公厅转发证监会关于开展创新企业境内发行股票或存托凭证试点若干意见的通知》（国办发〔2018〕21 号）。

院管辖，从而排除了适用其他外国法和受外国法院管辖的可能。中国 CDR 为投资者提供了较大保护，不但可以帮助红筹企业筹集更多国内资本，还可以扩大投资者群体，提升国际影响力，增强其股份流动性。

2018 年证监会《关于开展创新企业境内发行股票或者存托凭证试点的若干意见》、《存托凭证发行与交易管理办法（试行）》（后于 2023 年修订）和《关于上海证券交易所与伦敦证券交易所互联互通存托凭证业务的监管规定（试行）》（已失效）等上位规则出台。同年 6 月，深圳证券交易所发布了《深圳证券交易所试点创新企业股票或存托凭证上市交易实施办法》；11 月，上海证券交易所正式发布其与伦敦证券交易所互联互通存托凭证业务（"沪伦通存托凭证业务"）相关配套业务规则，对在伦敦证券交易所上市的境外发行人在上海证券交易所上市 CDR、上海证券交易所的 A 股上市公司在伦敦证券交易所发行上市 GDR 进行了制度安排。目前国投电力、长江电力、中国太保和华泰证券均成功在伦敦证券交易所发行 GDR[1]，促进了国际资本流动和全球资本市场的整合。

DR 为企业提供了更多融资渠道，也为投资者提供了更多投资机会。目前，由于仅特定红筹企业可在中国发行参与性 CDR 并受到中国证券法的严格监管，且基于中国一贯保守的法律域外适用立场，很少涉及域外适用过度扩张的争议。然而，随着中国资本市场的开放，中国上市公司却可能面临来自国外的诉讼以及不断增加的合规义务。基于中国公司股票的非参与型 DR 的外国持有人仍可能在外国法院基于同一违法行为对中国公司提起巨额证券集体诉讼，导致中国公司陷入繁重的诉讼程序，并可能因为被推定参与外国证券销售而承担证券欺诈责任。下文将通过"Stoyas 诉东芝公司案"（Stoyas v. Toshiba Corp.，以下简称"东芝案"）和"莫里森诉澳大利亚中央银行案"（Morrison v. National Australia Bank Ltd.，以下简称"Morrison 案"）论述美国证券交易法"反欺诈条款"的域外适

---

〔1〕 参见上海证券交易所网站，http://www.sse.com.cn/assortment/stock/slsc/home/，最后访问日期：2021 年 1 月 28 日。

用理论与实践，介绍联邦第九巡回法院与联邦第二巡回法院的立场冲突局面，并从国际法角度探讨国内法域外适用的正当性基础与限制，围绕 DR 交易为《中华人民共和国证券法》（以下简称《证券法》）第 2 条的域外适用汲取经验。

二、东芝案与《美国证券交易法》第 10（b）条——"反欺诈条款"的域外适用标准

（一）东芝案案情介绍

东芝公司（Toshiba Corp.）是根据日本法注册的日本公司，仅在日本证券交易所上市，受到日本金融服务机构（FSA）和日本证券交易与监督委员会（SESC）的监管。东芝公司一直未进入美国资本市场，未在美国发行和销售任何证券，也不具有任何向美国证券交易委员会（SEC）报告的义务。

东芝公司在 2015 年被曝出会计报告欺诈，FSA 对其进行了调查并处以有史以来最严厉的惩罚。此外，很多投资者以其违反日本证券法为由在日本起诉东芝公司。尽管可以在日本获得救济，3 名美国原告仍于 2015 年 6 月在美国加利福尼亚州中央街区法院（以下简称"加州法院"）提起集体诉讼[1]，原告在第一次起诉中称东芝公司违反了《美国证券交易法》第 10（b）条、第 20（a）条和《日本金融工具与交易法》（Japan's Financial Instruments and Exchange Act）的规定。集体诉讼中的原告包括所有在美国 OTC 交易市场取得东芝公司非参与型 DR 的投资者和在特定期间内取得普通股票所有权的美国公民和居民。原告认为东芝公司故意采取错误的审计方式夸大其税前利润、掩盖数十亿的亏损，且日本政府正在进行的内部调查显示东芝证券价格下跌超过 40%，致使美国投资者蒙受高达数十亿美元的损失。值得注意的是，东芝公司的基础股票仅在日本证券交

---

[1] Stoyas v. Toshiba Corp., 191 F. Supp. 3d 1080, 2016 U. S. Dist. LEXIS 67581, Fed. Sec. L. Rep. (CCH).

易所进行公开交易，仅非参与型 ADR 在美国 OTC 市场进行交易。东芝公司提出了两个抗辩理由：①东芝公司的证券未在美国证券交易所上市或销售；②根据"国际礼让"和"不方便法院"原则，应驳回基于日本证券法的起诉。

美国投资者的诉请基于《美国证券交易法》第 10（b）条（"反欺诈条款"）和第 20（a）条及 SEC 的 10b-5 规则。其中第 20（a）条是对违反美国证券法的行为追究公司控制人、公司及行为人的责任。第 10（b）条则规定："任何人直接或间接通过各种方式或州际商业机构或邮件或其他国内证券交易所设施实施的下列行为构成违法……（b）在购买或销售任何在国内证券交易所登记的证券、其他未登记证券或证券互换协议时，违反美国证券交易委员会为公众利益或保护投资者而规定的必要或适当的规则和条例的任何操纵或欺诈手段或行为。"[1]根据 SEC 的 10b-5 规则，购买或销售任何证券的下列行为将被认定为违法："利用任何设备、计划或手段进行的欺诈；虚假陈述重要事实或过失地遗漏必要的重要事实；参与任何对其他人进行欺诈的行为或计划。"东芝公司认为其并未在美国证券交易所上市，且未参与任何美国境内证券交易，根据 Morrison 案[2]，《美国证券交易法》并不适用于未在美国证券市场上市的外国发行人，因此《美国证券交易法》反欺诈条款不能适用。

（二）Morrison 案中美国证券法域外适用的认定标准——"交易标准"

Morrison 案推翻了美国此前采取的"行为标准"和"效果标准"。[3]在 Morrison 案中，美国联邦最高法院解决的问题是：1943

---

〔1〕 15 U. S. C §78j（b）.

〔2〕 Morrison v. Nat'l Australia Bank Ltd. , 561 U. S. 247, 130 S. Ct. 2869, 177 L. Ed. 2d 535（2010）.

〔3〕 在 Morrison 案之后，美国国会通过的《多德-弗兰克法案》［Dodd-Frank Act, Pub. L. No. 111-203, 124 Stat. 1864（2010）］第 929P（b）节明确规定了法院有权审理由 SEC 和 DOJ 根据反欺诈条款提起的诉讼，说明由美国政府提起的证券欺诈诉讼应当继续适用"行为标准"和"效果标准"。See Raphael G. Toman, *Student Note*：*The Extraterritorial Reach of the U. S. Securities Laws and Nonconventional Securities*：*Recent Developments After Morrison and Dodd-Frank*, 14N. Y. U. J. L. & Bus, p. 657.

年《美国证券交易法》第 10（b）条是否为外国原告就外国证券市场股票交易起诉外国发行人提供了诉因。Morrison 案中，虽然澳大利亚中央银行的 ADR 在纽约证券交易市场上市，但该银行 ADR 所代表的基础证券（即股票）仅在外国证券交易市场上市，而并未在任何美国证券交易所上市。澳大利亚原告从外国证券市场购买了澳大利亚中央银行的股票，因此法院处理的是外国原告在国外购买的股票是否能在美国提起诉讼的问题。Morrison 案中，美国联邦最高法院认为美国证券交易法并不具有域外效力，原告则认为联邦最高法院关于域外效力的判决并未解决该案的问题，因为欺诈行为实际发生在美国境内。然而联邦最高法院认为："在我们看来，仅有在美国国内证券交易所上市的证券交易和其他证券的国内交易，才能适用《美国证券交易法》第 10（b）条。"[1]并因此建立了美国证券法域外适用的新标准——"交易标准"，将反欺诈条款的适用限定于：①在美国证券交易所上市；或②在国内交易的其他证券。从而避免与外国法律、程序之间的冲突。其认为外国有权调整其领土范围内的国内证券交易市场和证券交易，而其他国家关于欺诈认定、披露要求、损害赔偿、证据要求、诉讼加入、律师费及承担等事项的监管规则均与美国不同。因此，Morrison 案认为《美国证券交易法》第 10（b）条仅适用于销售或购买在美国国内证券交易市场上市的证券或其他证券的行为。

（三）东芝案中对 Morrison 案"交易标准"两个维度的检验

Morrison 案中建立的第一个维度是在国内证券交易所（exchange）交易的证券。在东芝案中，东芝公司认为其股票并未在美国证券交易所上市，也未参与美国其他任何证券的销售，美国 OTC 市场销售的 ADR 并不属于 Morrison 案中认定的国内证券交易所上市的证券。联邦第三巡回法庭在 Georgiou 案[2]中曾认为美国证券交易法单独提

---

〔1〕 Morrison v. Nat'l Australia Bank Ltd., 561 U. S. 247, 130 S. Ct. 2869, 177 L. Ed. 2d 535（2010），"it is in our view only transactions in securities listed on domestic exchanges, and domestic transactions in other securities, to which §10（b）applies."

〔2〕 United States v. Georgiou, 777 F. 3d 125, 134-35（3d Cir. 2015）.

到了"证券交易所"和"OTC 市场",这意味着两者相互独立而并不包含。Morrison 案中,美国联邦最高法院仅提到"国内证券交易所"和"美国证券交易所",第三巡回法院因此认定 OTC 市场并不满足国内证券交易所交易的要求。故而在本案中,东芝公司认为 ADR 未在美国国内证券交易所上市,在 OTC 市场销售的 ADR 不能满足 Morrison 案中的适用标准。

法院认为 Morrison 案中联邦最高法院关注了证券交易法的目的,以及国会并没有赋予第 10(b)条域外效力的意图。美国证券交易法的立法目的明确提及了 OTC 市场和证券交易市场:"二者均影响国内公共利益,因而有必要对其交易、实践等问题进行监管和控制。"[1]证券交易法承认了证券交易市场和 OTC 市场的区别。因此,OTC 市场并不等同于 Morrison 案中定义和调整的证券交易市场。Ficeto 案中认为 Morrison 案事实与 OTC 市场无关,[2]虽然最终认定 ADR 属于外国交易,并认为 OTC 市场属于证券交易法案中调整和保护的一部分,但证券交易法保护两种市场交易并不意味着两个市场是相同的。Morrison 案区分了国内证券交易市场的上市股票和美国境内的其他证券交易,表明销售未在证券交易所上市的国内证券应当在第二个维度内进行分析。因此,法院认为东芝案中的 OTC 市场并不属于 Morrison 案中所指的国内证券交易市场。

Morrison 案中建立的第二个维度是在美国购买或销售其他证券。东芝公司认为由于本案中 ADR 是非参与型 DR,东芝公司并未参与设立,存托银行才是美国国内交易的唯一主体。东芝公司股票是由存托银行在外国证券交易所购买后,将股票转化为 ADR 在美国销售,美国国内交易发生在存托银行与 ADR 购买人之间,而并非东芝公司与 ADR 购买人之间,故 ADR 持有人与东芝公司没有直接关系。此外,东芝公司认为非参与型 DR 与 Parkcentral 案[3]中的证券互换

---

〔1〕　15 U. S. C. §78b.

〔2〕　839 F. Supp. 2d at 1108–09, 1112–14.

〔3〕　Parkcentral Global Hub Ltd. v. Porsche Auto. Holdings SE, 763 F. 3d 198, 207 n. 9 (2d Cir. 2014); Pinker v. Roche Holdings Ltd., 292 F. 3d 361, 367 (3d Cir. 2002).

协议（security-based swap agreement）一样均属与基础证券不同的单独金融工具，故和 Parkcentral 案一样并无适用《美国证券交易法》第 10（b）条之余地。

法院认为东芝案中的交易不满足 Morrison 案的第二维度。表面上看，ADR 的销售和购买发生在美国国内，但原告并未证明东芝公司参与了该等交易。Morrison 案中也并未认定仅在外国证券交易市场上市销售其股票的外国公司的 ADR 如果被美国存托银行购买并销售则将适用《美国证券交易法》第 10（b）条。如果不加以限制，将在实质上无限扩大《美国证券交易法》第 10（b）条的适用。即使外国发行人避免在美国销售证券，存托银行在 OTC 市场擅自销售证券的行为也会导致其承担责任，这与 Morrison 案和证券法的宗旨不符。不同于东芝案中的非参与型 ADR，Morrison 案中涉及的 ADR 已在纽约证券交易所上市，因此 Morrison 案并没有解决未在美国国内证券市场上市的 ADR 交易问题。重要的是，第 10（b）条调整的是在销售或购买在美国证券市场上市证券或其他证券时采取操纵或欺诈手段的行为。本案中，东芝公司在销售美国境内证券时并未采取操纵或欺诈手段，虽然东芝公司在日本实施了审计欺诈行为并虚假陈述其公司收益，但是该等欺诈行为与东芝公司在美国销售其证券不具关联性。因此，《美国证券交易法》第 10（b）条不能适用于东芝公司。

综上，东芝公司既没有在美国国内证券交易所上市，也没有参与美国 ADR 交易，不满足 Morrison 案的"交易标准"，《美国证券交易法》第 10（b）条不能适用于东芝公司。

（四）"国际礼让"与"不方便法院"原则的适用对证券法域外适用的限制

各国在彼此交往中，不仅遵守有法律拘束力和具有惯例性质的规则，而且也遵守礼貌、便利和善意的规则。[1]2020 年《最高人民

〔1〕［英］詹宁斯、瓦茨修订：《奥本海国际法》（第 9 版），王铁崖等译，中国大百科全书出版社 1995 年版，第 30~31 页。

法院关于适用〈中华人民共和国民事诉讼法〉的解释》（已被修改）第 532 条（2022 年修正后为第 530 条）对于"不方便法院"原则的规定也体现了我国在坚持司法主权的前提下，愿意适度进行国际礼让，并希望能够避免平行诉讼的司法立场。[1]国际礼让原则旨在尊重国际社会中其他国家的法律体系，从而避免国家间不同法律之间的国际冲突。美国联邦第九巡回法院曾提出国际礼让的三个维度：涉及美国利益的强度、外国政府利益评估及其他法院审理的适当性。[2]

Morrison 案中，美国联邦最高法院将国际礼让作为美国证券交易法不具有域外适用效力的主要考虑因素，并明确了谨慎在域外适用美国证券法的原则。[3]在美国和其他国家的利益权衡方面，外国政府同美国政府一样，在涉及其国民、公共利益、外交政策和强制性规范时，具有监管在其领土范围内发生的事件与行为的合法权力。因此均应考虑行为发生地、当事人国籍、行为特点、外交利益和其他公共政策利益。关于外国法院审理的适当性，则应参考外国法院审理案件的判决情况，并考虑该判决是否认定欺诈、是否由适当的法院适用正当程序审理、是否适用文明社会的法理学、是否有悖公平正义的法律基础原则。[4]

东芝案中，东芝公司认为根据国际礼让和不方便法院原则，法院应驳回原告基于日本证券法的诉讼请求。其认为该案涉及日本的重大利益，相关虚假陈述等行为均发生在日本，而涉及美国利益的范围有限。东芝证券 75%的投资者为日本籍，而购买基础股票的外国

---

〔1〕 沈红雨：《我国法的域外适用法律体系构建与涉外民商事诉讼管辖权制度的改革——兼论不方便法院原则和禁诉令机制的构建》，载《中国应用法学》2020 年第 5 期。

〔2〕 Mujica v. AirScan Inc. , 771 F. 3d 580, 605, 9th Cir. 2014（quoting E. E. O. C. v. A-rabian Am. Oil, 499 U. S. 244, 248, 111 S. Ct. 1227, 113 L. Ed. 2d 274, 1991）.

〔3〕 Morrison v. Nat'l Australia Bank Ltd. , 561 U. S. 247, 130 S. Ct. 2869, 177 L. Ed. 2d 535（2010）.

〔4〕 Mujica v. AirScan Inc. , 771 F. 3d 580, 605, 9th Cir. 2014.

投资者也可合理期待在日本获得救济。在"丰田汽车公司证券案"[1]中，丰田汽车公司（以下简称"Toyota 公司"）的 ADR 在纽约证券交易所上市并向 SEC 递交了披露文件，其在美国被私人投资者起诉时加州法院就基于国际礼让原则驳回了起诉 Toyota 公司的请求。相应地，东芝案中有关日本法下的诉请也应当由日本法院审理。

东芝案中，加州法院认为原告基于日本证券法对仅在日本上市的日本公司的证券欺诈行为提起诉讼，日本是欺诈行为发生的主要地点，故应适用国际礼让原则。原告在美国国内购买 ADR 而无法在日本起诉东芝公司，是正确适用日本证券法的结果，不能说明法院应当支持其诉讼请求。根据 Morrison 案，美国法院在决定美国证券法的域外适用时应认真考虑国际礼让的问题，在决定是否审理基于日本证券法的诉请时也应考虑国际礼让。由于东芝公司并未参与 ADR 在美国的销售和其他美国国内交易，法院已驳回原告在美国证券法的诉因，故法院最终基于国际礼让原则驳回了原告基于日本证券法的诉请。

三、联邦第九巡回法院对东芝案之"反转"及其与联邦第二巡回法院的"不同立场"

（一）东芝案中联邦第九巡回法院上诉判决与第二次起诉情况

在加州法院作出上述判决驳回原告的诉请后，原告在 2018 年上诉至联邦第九巡回法院，该法院认为加州法院错误适用了 Morrison 案。联邦第九巡回法院采纳了联邦第二巡回法院在解释 Morrison 案"交易标准"时适用的"不可撤销责任测试"标准，即证券交易在美国发生或所有权在美国转移时，才会引发证券交易的不可撤销责任，但拒绝适用联邦第二巡回法院在 Parkcentral 案[2]中采取的其他

---

〔1〕 Toyota Motor Corp. Securities Litigation, No. CV 10－922 DSF（AJWx），2011 U. S. Dist. LEXIS 75732, 2011 WL 2675395, at 6-7, C. D. Cal. July 7, 2011.

〔2〕 Parkcentral Global Hub Ltd. v. Porsche Auto. Holdings, SE, 763 F. 3d 198, 207 n. 9 （2d Cir. 2014）; Pinker v. Roche Holdings Ltd. , 292 F. 3d 361, 367, 3d Cir. 2002.

标准。联邦第九巡回法院认为在适用美国证券交易法时，国内交易仅为必要条件而并非充分条件，只要存在美国国内交易，就已满足 Morrison 案中的"交易标准"，至于外国公司是否实质参与涉案交易并承担责任，应根据证券法下的欺诈要件进行认定。在 Morrison 案中的"交易标准"下，联邦第九巡回法院认为，原告未能证明其属于国内证券交易市场交易或东芝公司参与了 ADR 在美国的发行，但原告第一次起诉中的问题可以"治愈"，故推翻了加州法院的判决并允许原告修改诉请后重新起诉。

在第二次重新起诉中，原告重新提供了东芝公司对于 ADR 交易的作为和不作为的证据，加州法院在 2020 年作出判决，没有支持东芝公司要求驳回原告起诉的动议。[1]其认为原告符合了联邦第九巡回法院提出的两个问题，充分证明了：①东芝公司在国内交易引发了"不可撤销责任"；②东芝公司参与了 ADR 的发行。

首先，关于非参与型 ADR 的交易问题，原告证明了东芝公司在美国引发了不可撤销责任。原告的购买指令、支付、证券所有权转移等均发生在美国管辖范围内，原告在纽约投资管理人的指导下购买该等证券，而在 OTC 市场购买证券的行为以及 OTC 使用的链接交易平台均位于纽约，购买指令及交易确认也是通过 OTC 链接的服务器发出的。本案存托银行在纽约分行发行了 ADR，原告也从位于纽约的银行汇出付款且所有权转移记录也在纽约。其次，在涉及"关联"要求时，加州法院认为原告已经充分证明了"东芝公司 ADR 的性质、OTC 市场、东芝公司 ADR 项目，包括提供东芝公司 ADR 的存托机构、形式、交易量、合同条款"，由于东芝公司最大的股东之一就是本案存托机构，在没有东芝公司参与的情况下不可能从公开市场获得如此多的股票，因此认定东芝公司同意将其股票在美国作为 DR 出售。此外，东芝公司使用错误审计方法隐瞒公司实际情况和股票风险，其行为与本案 ADR 的销售与购买具有关联性。最后，关于"国家礼让原则"，加州法院认为原告及其代表的投资者国籍均

---

[1]　Stoyas v. Toshiba Corp. , 2020 U. S. Dist. LEXIS 64570.

为美国籍，其监管并不涉及特别的外国利益或公共政策利益，而美国对调整发生在美国国内的证券交易具有重大利益责任，故足以支持在美国的诉讼。

（二）联邦第九巡回法院与联邦第二巡回法院对国内法域外适用的"不同立场"

在 Morrison 案中，美国联邦最高法院认为在涉及非美国上市证券的诉讼请求时，国内交易是适用美国证券法的必要条件，但由于 Morrison 案实际并未涉及任何国内交易，法院没有解决相关具体问题，如国内交易是否需要满足"充分条件"才能适用美国证券交易法。换言之，Morrison 案并未明确是否只要证券发行人未参与该交易或未在美国上市，就可以根据基础事实的"域外属性"和干涉国外证券监管的可能性排除美国证券交易法的适用。在司法实践中，美国联邦第二巡回法院和联邦第九法院就此采取了完全冲突的做法。

联邦第九巡回法院认为"交易发生地点"是决定性的，只要涉及国内证券交易，美国证券交易法均可域外适用，而不论行为的主要发生地、对外国证券交易的影响以及对外国证券监管的干涉。[1]这与联邦第二巡回法院在 Parkcentral 案和 Prime International 案中的立场截然相反。联邦第二巡回法院认为 Morrison 案"未将交易地点作为域外适用的决定性因素"，即并非存在国内交易就一定导致美国证券法的域外适用。[2]在 Parkcentral 案中，法院认为"如果原告的诉讼基于一项国内交易，且无论所指控的违规行为事实是否具有涉外性，只要存在任何项规则导致美国证券交易法的适用，就会严重削弱 Morrison 案关于第 10（b）条不具有域外适用效力的原则"。[3]法院认为互换协议（swap）中涉及的基础股票并未在美国证券市场交易，而仅在外国证券市场交易。被告作为基础股票的发行人没有

---

〔1〕 Stoyas v. Toshiba Corp., 896 F. 3d 933, 9th Cir. 2018.

〔2〕 Prime Int'l Trading, Ltd. v. BP P. L. C., 937 F. 3d 94, 2d Cir. 2019.

〔3〕 Parkcentral Global Hub Ltd. v. Porsche Auto. Holdings SE, 763 F. 3d 198, 2d Cir. 2014.

参与相关互换交易，并非该互换交易的当事人。即使将互换交易认定为国内交易，但由于欺诈行为主要发生在德国，故不能适用《美国证券交易法》第 10 （b）条，以符合 Morrison 案"反域外适用推定"的原则。

可见，对于美国证券交易法的域外适用和 Morrison 案的理解，联邦第二巡回法院采取了较为保守的"反域外适用推定"立场，而联邦第九巡回法院则采取了较为激进的"域外适用扩张"的做法。随着涉及外国发行人仅在外国证券市场上市的外国基础证券的案件增多[1]，联邦第九巡回法院和联邦第二巡回法院对于美国证券交易法域外适用的不同态度，不仅影响了 Morrison 案的效力，还将导致诉讼实践分化，甚至出现"挑选法院"（forum selection）现象，即美国原告可能仅向联邦第九巡回法院对外国发行人提起证券集体诉讼以寻求更有利的判决，从而避免在联邦第二巡回法院起诉。值得注意的是，Morrison 案应当如何适用这一核心问题，不仅涉及美国证券交易法或商品交易法，也涉及美国其他法律（如版权法、存储通信法、RICO、外国人侵权法案、网络欺诈法令、破产法、反海外腐败法等）的反域外适用推定的问题。[2]

四、国内证券法域外适用的国际法正当性基础及其限制

从国际法角度观察，国内法的域外适用实际上涉及了两个国家在行使管辖权方面的竞争与冲突。联邦第九巡回法院在东芝案中采取的"域外适用扩张"立场是具有重要国际意义的国内问题。而英国认为其对于外国证券市场及其监管的干涉威胁是实际的，尤需警惕干涉外国法律体系的问题。因为联邦第九巡回法院的判决将立即

---

[1] DalPoggetto v. Wirecard AG, No. 2：19 - cv - 00986, C. D. Cal. Feb. 14, 2020; Hashem v. NMC Health Plc, No. 2：20 - cv - 02303, C. D. Cal. Mar. 10, 2020; Gabbard v. PharmaCielo Ltd. , No. 2：20 - cv - 02182, C. D. Cal. Mar. 6, 2020, Lavdas v. Metro Bank PLC, No. 2：19-cv-04739, C. D. Cal. Jan. 10, 2020.

[2] See *Brief for the Chamber of Commerce of The United States of America as Amicus Curiae in Support of Petitioner*, p. 19-20, Toshiba Corp. v. Auto. Indus. Pension Tr. Fund, No. 18-486, U. S. Sup. Ct. Dec. 6, 2018.

导致美国私人原告减损外国政府对其国内市场的一般监管秩序，特别是当在外国注册的公司对于美国的交易活动并没有任何实际联系因素时。[1]日本也表示了类似关注，其认为联邦第九巡回法院的判决对于日本公司、股东和经济的影响是极大的。[2]联邦第九巡回法院的系统性判决不仅引起了东芝公司这类外国公司的重点关注，[3]也极大地增加了美国市场参与者因为外国法律的"互惠性"适用而被卷入全球诉讼的风险，其他国家也将倾向于拒绝承认和执行美国判决并可能采取相应的反制措施。[4]

在处理管辖权竞争的过程中，国家是否具有国际法上的权力对外国人在外国的所作行为行使管辖权？依据国际习惯，外国对本国国民受到其他国家管辖时是否有默许的义务？实践中，普通法法院通常考虑司法克制和正当性，通过非司法审查、不方便法律原则、国际礼让或"利益平衡"测试以及"合理性"标准进行论证。[5]因此并非所有国内法的域外适用和域外管辖均违反国际法。如果国内法旨在实施的相关国际条约或执行联合国安理会的决议符合国际法上的"合理性"限制[6]和"最低联系"标准[7]，并考虑了国际礼

---

〔1〕 *Brief of the Government of The United Kingdom of Great Britain and Northern Ireland as Amicus Curiae in Support of the Petitioner in its Petition for a Writ of Certiorari*, p. 2, Toshiba Corp. v. Auto. Indus. Pension Tr. Fund, No. 18-486, U. S. Sup. Ct. Dec. 4, 2018.

〔2〕 *Brief of the Ministry of Economy, Trade and Industry of Japan as Amicus Curiae in Support of Petitioner*, p. 2, Toshiba Corp. v. Auto. Indus. Pension Tr. Fund, No. 18-486, U. S. Sup. Ct. Nov. 2, 2018.

〔3〕 See *Supplemental Brief for Petitioner*, p. 12, Toshiba Corp. v. Auto. Indus. Pension Tr. Fund, No. 18-486, U. S. Sup. Ct. June 3, 2019.

〔4〕 *Brief of The Securities Industry and Financial Markets Association and The Competitive Enterprise Institute as Amici Curiae Supporting Petitioner*, pp. 18-19, Toshiba Corp. v. Auto. Indus. Pension Tr. Fund, No. 18-486, U. S. Sup. Ct. Dec. 6, 2018; *Brief of the Government of The United Kingdom of Great Britain and Northern Ireland as Amicus Curiae in Support of The Petitioner in Its Petition for A Writ of Certiorari*, p. 10, Toshiba Corp. v. Auto. Indus. Pension Tr. Fund, No. 18-486, U. S. Sup. Ct. Dec. 4, 2018.

〔5〕 Timberlane Lumber Co. v. Bank of America case, 549 F2d 597, 9th Cir. 1976.

〔6〕 肖永平：《"长臂管辖权"的法理分析与对策研究》，载《中国法学》2019 年第 6 期。

〔7〕 美国联邦最高法院将最低联系作为确立民事诉讼审判权的标准，参见霍政欣：《国内法的域外效力：美国机制、学理解构与中国路径》，载《政法论坛》2020 年第 2 期。

让原则，遵从正当程序及适当性要求，则并不违反国际法。

（一）国际法与国内法的"互动"：国家域外管辖权的国际法正当性基础

管辖权的基本原则是属地性，是领土主权的体现，也是 1966 年《公民及政治权利国际公约》和《经济、社会及文化权利国际公约》中的自决权的体现，即国家和公民有权追求其自身的经济、社会和文化发展，选择支持其发展的法律体系。[1]管辖权与国家主权在范围上并不相同，但二者关系密切：一个国家行使管辖权的权力是以其主权为依据的。主权有不同表现形式：作为国家对于国家领土内的一切人和物行使最高权威的权力，主权就是属地权威；作为国家对于国内外本国人民行使最高权威的权力，主权就是属人权威。[2]基于对外独立和属地权威，国家可以采取任何自己愿意采取的宪法，制订自己所要制定的法律等。但是，这样的自由并不是不受限制的，每一个国家都有国际义务——不侵犯另一国的独立、领土完整和属人权威，并在某种情况下防止本国国民做出此种行为。这种义务是与国家所享受的权利相对应的。国际法院在"荷花号案"（1927 年）中称："国际法对国家所设定的第一个和主要限制是，除有相反的规则准许外，国家不得以任何形式在他国领土上行使它的权力。"[3]国际法院在"科孚海峡案"（1949 年）中指出："在独立国家之间，尊重领土主权是国际关系的一个主要基础。"[4]

国家管辖权主要涉及国家对行为和事件后果进行调整的权力范围。[5]实践中管辖权并非单一概念，国家管辖权可以有各种形式，

---

〔1〕 Vaughan Lowe, *International Law: A Very Short Introduction*, Oxford University Press, 2015, p. 86.

〔2〕 ［英］詹宁斯、瓦茨修订：《奥本海国际法》（第 9 版），王铁崖等译，中国大百科全书出版社 1995 年版，第 292 页。

〔3〕 刘家琛主编，陈致中编著：《国际法案例》，法律出版社 1998 年版，第 39 页。

〔4〕 刘家琛主编，陈致中编著：《国际法案例》，法律出版社 1998 年版，第 185 页。

〔5〕 ［英］詹宁斯、瓦茨修订：《奥本海国际法》（第 9 版），王铁崖等译，中国大百科全书出版社 1995 年版，第 327 页。

如立法、司法和行政，而领土、国籍或者国家利益、普遍管辖原则均成为所接受的最重要的管辖权基础。[1]管辖权涉及国内法与国际法之间的互动，国内法规定国家在事实上行使其管辖权的范围和方式，国际法则决定国家行使管辖权的许可限度。由于法院通常倾向于从本国利益的立场来看待发生的问题，适用其本国法律而不问是否符合国际法，故国内司法判决可能产生许多管辖权含糊而不清的问题。

（二）国际法对于国家管辖权的限制——合理性要求与价值保护

在国际法领域，许多事例表明国际法的灵活性和功能主义在日益增长，抽象性遭到摒弃，如国际体系中不再强调"承认"的作用，转而将事实上已经是国家的实体作为国家对待，将事实上已是政府性统治的政权作为政府对待。在国际法发展的过程中，其自身也从概念主义向功能主义演进。[2]随着国家间交往日益频繁，国际活动复杂性不断增加，传统的绝对属地统治模式已经过时。国家管辖权的基础也从传统的属地原则、属人原则、保护原则和普遍管辖原则扩展到"效果原则"。

在调整立法管辖权之前，调整审判管辖权的国际法就开始超越属地性和国际性的僵化范畴，引入了"合理性"的考量因素，如行使民事审判管辖权时，被告是否在本国内成为主要决定因素。然而实践中也确立了其他规则，如确认被告与法院地存在"基本联系"则足以成为对被告行使管辖权的理由。美国联邦最高法院在"国际鞋类公司诉华盛顿案"中第一次宣布关于属人管辖权的管辖行使"最低限度联系"的标准。[3]然而原告的所在地或者国籍通常不是民事管辖权的充足理由。如果以原告在某国"过境"为由，或以与诉讼程序无关的该国财产存在为由实施管辖，则可能是过分和不合

---

[1] James Crawford and Martti Koskenniemi, *The Cambridge Companion to International Law*, Cambridge University Press, 2012, p. 136.

[2] [美]路易斯·亨金:《国际法:政治与价值》,张乃根等译,中国政法大学出版社 2005 年版, 第 331 页。

[3] International Shoe Co. v. Washington, 326 U. S. 310, 1945.

理的。

此外，由于调整立法管辖权的国际法通常为习惯法且尚未被国际协定编纂，因此管辖权行使的正当性在实践中无法统一解释。故讨论国家行使管辖权的限制时，也应更多关注理论基础及其服从于何种利益或价值。在学界中对管辖权的域外适用存在两种观点[1]：一种观点将属地国的管辖权视为原则上具有"排他性"，从原则上禁止他国实施域外管辖权，例外情况需要得到属地国的同意；另一种观点认为属地国的管辖权不能构成对其他"国家自治"（包括任意行使管辖权）的限制，即一国有权实施域外管辖权，除非该等行使属于国际法的禁止性例外。虽然两种理论均为管辖权的域外适用提供了空间，但不同的逻辑起点会产生不同的举证责任和判断结果，对确立哪一国可以行使管辖权、哪一国有权反对行使管辖权具有重要意义。此外，由于限制立法管辖权的国际需要反映了对国家价值的尊重，即各国反对领土侵犯，反对对他国公民和企业进行过度管制，反对干涉正常贸易活动。各国也逐渐开始尊重其国民人权、尊重其公司享有的一些相似权利，如正当法律程序。

五、东芝案对我国《证券法》第2条域外适用规定的实际意义与国际法启示

（一）东芝案对美国证券交易法"反欺诈条款"域外适用的实际意义

第一，在外国发行人可能对美国非参与型 ADR 的国内交易承担责任的情况下，外国发行人的特定行为可能对其是否实际参与 ADR 设立产生"明示同意"或"默示同意"的效果，东芝案为判断外国公司的何种作为或不作为将导致该责任提供了指导。东芝案中，法院根据存托银行的商业实践和行业惯例，认为在设立非参与型 ADR

---

[1] [美]路易斯·亨金:《国际法：政治与价值》，张乃根等译，中国政法大学出版社 2005 年版，第 339~340 页。

项目时存托银行通常会提前联系外国公司，而且东芝公司也根据在美国销售非参与型 ADR 的要求（无论是否自愿）公布了其英文版本的季度报告、年度报告和监管文件。以上事实表明：东芝公司要么明确表示了同意，要么可以推定其默示同意。不仅如此，东芝案中存托银行为东芝公司的大股东之一的事实，也对判断东芝公司对 ADR 项目的"事实参与度"具有重要意义。值得注意的是，东芝案是对所有事实和法律进行综合分析和价值判断后的结果，上述任何因素单独并不足以认定外国发行人参与了"国内交易"。这给所有认为只要是"非参与型 DR"就可"高枕无忧"的外国发行人敲响了警钟，参与和非参与并非泾渭分明，DR 的名义种类并不完全排除外国发行人的责任。如果不想被卷入外国证券诉讼，或已面临美国诉讼时，可以从上述因素出发切断对外国 DR 的参与度。

第二，联邦第九巡回法院在东芝案中明确允许非参与型 DR 的诉讼在美国证券交易法下推进，引发了与联邦最高法院 Morrison 案、联邦第二巡回法院"反域外适用推定"等判决的冲突。东芝案中的 DR 与 Morrison 案如出一辙，即美国券商在 OTC 市场发出 ADR 要约，美国投资者接受要约，该交易指令将最终购买在外国交易市场上发行的股票，股票交易在外国证券交易市场进行交割和结算。东芝案后，美国可能成为集体诉讼聚发地甚至出现"挑选法院"现象，美国律师将对外国证券市场欺诈行为提起代表诉讼，即使外国实际上并不承认此类集体诉讼判决。

（二）东芝案对我国《证券法》第 2 条域外适用规定的国际法启示

如前所述，美国联邦第九巡回法院与联邦第二巡回法院对于 Morrison 案的国内法"反域外适用推定"的冲突性解读，已体现出美国在证券交易法域外适用方面的混乱局面。国际社会对美国"长臂管辖""反托拉斯法""经济制裁法"等国内法的过度扩张声讨不断，谴责其干涉他国独立的立法管辖权、司法管辖权及行政管辖权，这也说明了从国际法层面论证主权国家的管辖权适用范围及其正当性的必要。由于国家管辖权这一问题涉及国际社会的共同利益，必须适用国际法的话语来论证和审查一国国内法域外适用的合法性及合理性。

当涉及在外国发生的行为和外国主体时，无疑会产生不同国家基于领土行使属地管辖权与其他国家基于"效果原则"行使管辖权的管辖冲突，而以"效果原则"为国际法基础的管辖权进行域外适用时必须保持克制并具有充分的正当性与合理性，从而避免侵犯其他国家的领土主权。国内法的域外适用涉及司法管辖权和法律适用这两个方面[1]，司法（审判）管辖权涉及一国法院依据国内诉讼法确认其是否具有管辖权的问题。当被告系在外国行为的外国主体时，行使管辖权应当考虑"最低联系"标准及其合理性。而法律适用的问题虽然通常与国际私法中的冲突规范适用问题相联系，但在涉及一国强制性立法规范或普通法时，法院则必须对其国内立法范围进行解释。解释涉及对规范的条文解释和"遵循先例"原则，在立法者没有明确国内法具有域外适用效力时则不应扩张域外适用。此外，国内法的域外适用必须考虑国际礼让原则和合理性要求，避免对其他国家管辖权的正当行使和法律秩序造成冲击。

目前，我国已明确证券法的域外效力。根据 2019 年修订的《证券法》第 2 条规定，在中国境内的股票、公司债券、存托凭证和国务院依法认定的其他证券的发行和交易适用本法；在中国境外的证券发行和交易活动，扰乱中华人民共和国境内市场秩序，损害境内投资者合法权益的，依照本法有关规定处理并追究法律责任。这是以保护原则和效果原则为基础的管辖权规定，在判断外国人的境外行为对国内投资者权益的损害时也应保持司法克制，考虑国际礼让

---

〔1〕 沈红雨：《我国法的域外适用法律体系构建与涉外民商事诉讼管辖权制度的改革——兼论不方便法院原则和禁诉令机制的构建》，载《中国应用法学》2020 年第 5 期；肖永平、焦小丁：《从司法视角看中国法域外适用体系的构建》，载《中国应用法学》2020 年第 5 期；廖诗评：《国内法域外适用及其应对——以美国法域外适用措施为例》，载《环球法律评论》2019 年第 3 期。也有部分中国学者区分域外效力与域外适用，认为域外适用系指一国基于对外国的武装占领或在其他类似情况下，由其权力机关在域外行使权力而适用国内法，如霍政欣：《国内法的域外效力：美国机制、学理解构与中国路径》，载《政法论坛》2020 年第 2 期。

与合理性原则。在东芝案的情况下，若面临美国法院对中国公司的证券集体诉讼判决，国家不仅要通过法院拒绝承认和执行来表明司法主权，也应从国际法语境指出外国管辖权域外过度扩张的非法性和不合理性，谴责其对于本国国家主权的侵犯和本国国民人权、公司权利的侵犯，表明我国在国际法上坚持合法、合理行使国家管辖权的立场，从而获得国际社会的关注与支持。

（初审：李书颖 何思璇）

上市公司社会责任信息披露制度研究[*]

张 妍[**]

内容提要：上市公司社会责任信息披露制度是落实我国《民法典》及《公司法》要求公司承担"社会责任"的重要手段。从证券法角度，我国上市公司社会责任内涵结合了"利益相关者"理论和"三重底线"理论，基本形成了从"利益相关者"和"环境、社会、治理"（ESG）这两个角度进行定义的基本框架。发布社会责任报告是该信息披露制度的主要手段。该制度先后经过了自愿披露阶段以及自愿和强制披露相结合阶段，目前已与国际接轨，进入ESG披露制度。社会责任报告制度的主要难点在于要不要强制企业披露、企业应该披露什么以及披露应该遵循什么样的标准。为了完善我国上市公司社会责任信息披露制度的框架，应当强调董事会/管理层对公司ESG及披露承担责任，并激活证券法虚假陈述的追责制度。

关键词：上市公司　社会责任　信息披露　虚假陈述

社会问责与社会透明方案主张，上市公司应就其在社会责任方面做出的努力予以披露，包括人力、财力投入状况等。[1]社会责任信息披露将使公司和管理者面临压力，促进企业对自己的行为负责，

---

 * 本文为国家社会科学基金重大资助项目"中国企业社会责任立法重大问题研究"（16ZDA067）第三子课题"企业社会责任的立法模式与立法体例研究"下阶段性研究成果。

 ** 张妍，女，华东政法大学国际金融法律学院硕士研究生。

 〔1〕 See Douglas M., "Progress in the Art of Social Accounting and Other Arguments for Disclosure on Corporate Social Responsibility", 539 *Vanderbilt Law Review*, 1937；Cynthia A. Williams, Williams, "The Securities and Exchange Commission and Corporate Social Transparency", 112 *Harvard Law Review* 1197, 1999.

迫使其考虑非股东成员的利益，有助于投资者和社会公众利用这样的信息关注公司社会责任政策的执行情况[1]。因而，构建上市公司社会责任信息披露制度得到了广泛的呼应和支持，是落实《中华人民共和国民法典》及《中华人民共和国公司法》（以下简称《公司法》）要求公司"承担社会责任"并"接受社会（公众）监督"的重要手段。

我国证券交易所要求上市公司进行社会责任信息披露就是落实这一要求的具体体现。本文将从上市公司社会责任的法律内涵以及上市公司社会责任信息披露的主要手段以及框架完善等方面展开。在梳理我国公司社会责任信息披露制度的发展、现状及困境的基础上，借鉴国际经验，同时考察我国香港交易所（以下简称"港交所"）对《环境、社会及管治报告指引》的修订过程，以期对内地上市公司社会责任信息披露制度的完善有所裨益。

一、上市公司社会责任内涵的理论基础与法律定义[2]

公司社会责任（Corporate Social Responsibility，CSR）既是一个法学命题也是一个管理学命题，通说认为法学界关于公司社会责任的讨论起源于 20 世纪 30 年代伯利与多德的论战[3]。此后，关于其内涵的争论及相关理论不断涌现，至今仍没有一个统一的概念。本文主要从我国证券法的规定出发，梳理公司社会责任法律定义的发展及其背后体现的理论基础。

笔者发现，我国证券法对公司社会责任内涵的理解是在结合"利益相关者"理论和"三重底线"理论的基础上增加了符合我国国情的独特内容，并且其对上市公司社会责任的定义越来越具体和丰富。

---

〔1〕 See Alexandrea L. Nelson, "The Materiality of Morality: Conflict Minerals", 2014 *Utah Law Review* 219, 2014; Dodd-Frank Wall Street Reform and Consumer Protection Act § 1502.

〔2〕 本文主要介绍证券法下"社会责任"内涵的定义及演变过程。本文所有"证券法"的表述应做广义理解，包括证监会及交易所颁布的各种规则，等等。

〔3〕 参见翟冠慧：《谢尔顿与公司社会责任起源有关问题研究》，载《前沿》2011年第 2 期。

"利益相关者"理论（Stakeholder Theory）诞生于20世纪80年代，该理论说明了企业会受到行业和社会的多重影响，应该重视除股东外其他利益相关者的利益，尤其是员工、供应商、消费者等[1]。"三重底线"理论（Triple Bottom Line）由英国学者约翰·埃尔金顿（John Elkington）于1997年提出，他认为企业社会责任可以分为经济责任、环境责任和社会责任，一个企业想要持续发展不能仅追求利润，即经济责任，也要关注社会责任和环境责任的承担。[2]

上市公司社会责任于我国证券法的首次亮相是在2002年中国证券监督管理委员会（以下简称"证监会"）、国家经济贸易委员会（已变更）颁布的《上市公司治理准则》（后于2018年修订）中，其第六章"利益相关者"规定上市公司应尊重利益相关者的合法权利并关注环境保护、公益事业等问题。利益相关者包括银行、其他债权人、职工、消费者、供应商、社区等。深圳证券交易所（以下简称"深交所"）于2006年专门单独发布《深圳证券交易所上市公司社会责任指引》，从股东和债权人权益保护、职工权益保护，供应商、客户和消费者权益保护，环境保护与可持续发展、公共关系和社会公益事业方面作了更具体的规定；上海证券交易所（以下简称"上交所"）于2008年[3]从社会可持续发展、环境及生态可持续发展、经济可持续发展这三个角度做出相关规定。可见，两大交易所的规则尽管维度有所不同，但都使上市公司社会责任的内涵得到进一步丰富。2017年证监会在修订年度报告和半年度报告的内容与格式[4]时，特别增加了精准扶贫的社会责任，具有中国特色。距

---

〔1〕 参见冯梅、魏均主编：《企业社会责任概论》，经济科学出版社2017年版，第10页。

〔2〕 参见冯梅、魏均主编：《企业社会责任概论》，经济科学出版社2017年版，第10页。

〔3〕 参见《上海证券交易所关于加强上市公司社会责任承担工作暨发布〈上海证券交易所上市公司环境信息披露指引〉的通知》（已失效）。

〔4〕 参见《公开发行证券的公司信息披露内容与格式准则第2号——年度报告的内容与格式》（2017年修订，已失效），中国证券监督管理委员会公告〔2017〕17号，2017年12月26日发布；《公开发行证券的公司信息披露内容与格式准则第3号——半年度报告的内容与格式》（2017年修订，已失效），中国证券监督管理委员会公告〔2017〕18号，2017年12月26日发布。

上市公司社会责任首次亮相 16 年之后，2018 年证监会修订《上市公司治理准则》时单设"利益相关者、环境保护与社会责任"一章，从不同维度展现了上市公司社会责任的内涵，可谓是对上交所、深交所在该方面经验及规则的集大成者。2019 年科创板上市规则〔1〕单设"社会责任"一节，并结合科创板公司的独特性特别强调了其保障生产及产品安全和遵守科学伦理规范的社会责任。

以上，就是上市公司社会责任内涵在我国证券法领域的发展历程。目前其内涵已基本形成了从"利益相关者"和"环境、社会、治理"（ESG）这两个角度对上市公司社会责任进行定义的基本框架，并结合我国突出问题（如精准扶贫）及法律规制主体的特征（如科创板公司）增设新内容。

二、上市公司社会责任信息披露的主要手段：社会责任报告

深交所于 2006 年颁布的《深圳证券交易所上市公司社会责任指引》中首次规定了上市公司披露社会责任报告的制度，并被后续上交所以及证监会的规则所吸收。自此，社会责任报告成为上市公司社会责任信息披露的主要手段，且根据联合国责任投资原则组织（UN PRI，以下简称"PRI"）、责任银行原则（UNEP FI）及世代基金会于 2019 年所作的技术报告，在中国，企业社会责任报告是获取社会责任相关信息的主要来源〔2〕。本文将从我国社会责任报告披露制度的发展沿革、目前的制度困境以及相应的国际经验等方面来进行论述。

（一）制度沿革

笔者认为，自 2006 年至今，我国上市公司社会责任报告披露制度先后经过了自愿披露阶段以及自愿披露和强制披露相结合阶段，

---

〔1〕 参见《上海证券交易所科创板股票上市规则》（已失效），上证发〔2019〕53 号，2019 年 4 月 30 日发布。

〔2〕 参见 PRI、UNEP FI 及世代基金会（Generation Foundation）：《中国的 ESG 数据披露：关键 ESG 指标建议》，载商道融绿网，http://www.syntaogf.com/Uploads/files/ESG%20Disclosure%20in%20China-Chinese（Webpage）.pdf，最后访问日期：2021 年 1 月 31 日。

未来可能向 ESG 披露制度过渡。

1. 自愿披露阶段（2006 年至 2008 年）

2006 年深交所在《深圳证券交易所上市公司社会责任指引》中鼓励公司自愿披露社会责任报告并确立了社会责任报告和年度报告同时对外披露的制度。该阶段对社会责任报告的要求比较笼统，主要在于内容上应当包括上市公司社会责任制度的建设和执行情况、社会责任履行情况以及改进措施和具体时间安排。

2. 自愿披露和强制披露相结合阶段（2008 年至今）

自 2008 年上交所发布《上海证券交易所上市公司环境信息披露指引》之后，我国上市公司社会责任信息披露进入了自愿披露和强制披露相结合的阶段。在以鼓励上市公司自愿披露社会责任报告为原则的同时，对环境信息以及特定上市公司适用强制披露制度。

就强制披露环境保护相关信息而言，上交所和深交所都有所规定。上交所于 2008 年明确：上市公司应当披露与环境保护相关且可能对其股票及衍生品种交易价格产生较大影响的重大事件；从事对环境影响较大行业的公司（如火力发电、钢铁、水泥等）只要发生重大环境事件就要披露，不论其对股票及衍生品交易价格是否产生影响；被列入环保部门污染严重企业名单的上市公司应当披露相关的污染物指标和环境信息。深交所于 2015 年修订上市公司规范运作指引时增加上市公司出现重大环境污染问题时应当披露相关环境信息的规定。可见，目前对环境信息的强制披露主要关注那些"重大"环境污染事件以及重点污染企业，但对"重大"的标准以及具体披露信息的内容和指标仍不够明确。值得注意的是，证监会于 2017 年引入"不遵守就解释"（comply or explain）的准强制性披露制度，在《企业事业单位环境信息公开办法》（已失效）的基础上对非重点排污单位的环境信息披露做出进一步要求，要求如果不披露的，应当充分说明原因。[1]

---

〔1〕 参见《公开发行证券的公司信息披露内容与格式准则第 2 号——年度报告的内容与格式》（2017 年修订）第 44 条。

强制披露的主体主要是那些样本公司以及科创板公司。2008年，深交所与上交所分别在《深圳证券交易所关于做好上市公司2008年年度报告工作的通知》《上海证券交易所关于做好上市公司2008年年度报告工作的通知》中分别规定了纳入"深证100指数"的上市公司、"上证公司治理板块"样本公司以及发行境外上市外资股的公司应当披露社会责任报告，此外上交所还规定了金融类公司的披露义务。2019年科创板上市规则规定科创板公司应当披露社会责任年报以及重大事故或负面事件的具体情况及其影响。可见，强制社会责任报告披露已经在一些样板企业和重点企业进行试验。

3. ESG披露阶段（2018年以后）

ESG是英文Environmental（环境）、Social（社会）和Governance（治理）的缩写，是一种关注企业环境、社会、治理绩效的投资理念和企业评价标准。[1]2006年，PRI提出ESG框架。此后，以联合国为代表的一系列国际机构于2009年共同发起可持续证券交易所倡议（SSE），致力于推动交易所、投资公司、监管机构共同参与到ESG信息披露体系之中，促进金融市场的长期可持续发展。以港交所为例，其于2012年首次发布了《环境、社会及管治报告指引》作为上市公司自愿性披露建议，至2016年将部分建议上升至半强制披露层面，后又于2019年确定新版《环境、社会及管治报告指引》内容，进一步扩大强制披露的范围，将披露建议全面调整为"不披露就解释"，持续提升对我国香港上市公司的ESG信息披露要求。正如时任中国证券投资基金业协会党委书记、会长洪磊指出，在国际资产管理行业，ESG已经成为一种主流投资理念和投资策略，随着我国A股被纳入明晟（MSCI）、富时罗素（FTSE Russell）相关指数，ESG原则将对我国资本市场的自愿配置活动产生实质性影

---

〔1〕 参见中国证券投资基金业协会、国务院发展研究中心金融研究所：《中国上市公司ESG评价体系研究报告》，载http://www.amac.org.cn/aboutassociation/gyxh_xhdt/xhdt_xhgg/201811/P020191231541717475024.pdf，最后访问日期：2021年1月31日。

响。[1]

在这一国际背景下，证监会于 2018 年修订的《上市公司治理准则》正式确立了环境、社会责任和公司治理（ESG）信息披露的基本框架[2]，上交所和深交所于同年发布了上市公司环境、社会和公司治理信息披露指引并征求意见。我国的上市公司社会责任信息披露制度已经进入 ESG 披露阶段。

（二）制度困境及国际经验

上市公司社会责任报告的披露制度自 2006 年开始已经施行了十余年，存在不少问题。其中讨论最多的在以下三个方面：一是社会责任报告要不要披露，即上市公司的披露责任是自愿性还是强制性；二是社会责任报告要披露什么，即当上市公司面对广泛的 ESG 主题时如何识别其应当披露的信息；三是社会责任报告怎么披露，即如何提高披露信息的质量。本文将从这三个争议焦点展开论述，并结合国际经验，同时考察我国港交所的《环境、社会及管治报告指引》，展开分析。

1. 要不要披露：全面实行"不遵守就解释"（comply or explain）的准强制性披露原则

对于是否强制要求上市公司披露社会责任报告存在一个价值两难的问题。一方面，在目前中国以自愿披露原则为主的制度下，上市公司披露社会责任信息的情况并不乐观。根据一份 2019 年针对联合国会员国证券交易所的调查报告，在拥有至少 10 家收入超过十亿美元公司的 47 家证券交易所中，上交所和深交所的 ESG 披露比例只有 24.2% 和 18.1%，分别位列第 41 名和第 44 名。[3]若采用强制性

---

［1］ 参见中国证券投资基金业协会、国务院发展研究中心金融研究所：《中国上市公司 ESG 评价体系研究报告》，载 http://www.amac.org.cn/aboutassociation/gyxh_xhdt/xhdt_xhgg/201811/P020191231541717475024.pdf，最后访问日期：2021 年 1 月 31 日。

［2］ 参见《证监会发布修订后的〈上市公司治理准则〉》，载 http://www.gov.cn/xinwen/2018-10/08/content_5327899.htm，最后访问日期：2021 年 1 月 31 日。

［3］ See Corporate Knights, *Measuring Sustainability Disclosure: Ranking the World's Stock Exchanges* 2019, https://www.corporateknights.com/reports/2019-world-stock-exchanges/, accessed January 31, 2021.

披露要求可以显著提高上市公司的披露率。而且世界可持续发展工商理事会（WBSCD）研究认为，公司根据强制性规定所提供的数据更可能是依据公认标准准备的，也更可能被认证。[1]但是另一方面，强制要求上市公司披露社会责任信息势必会提升企业经营成本，而且社会责任本身的内涵比较模糊，很难制定一个适合所有企业的披露标准，很可能给企业造成不必要的监管负担。为了解决这个问题，多家证券交易所[2]对于企业社会责任报告采用了"不遵守就解释"的准强制性制度。也就是说，首先，要求所有上市公司必须披露社会责任报告，对于披露企业社会责任信息这一行为做出强制要求；其次，对于具体披露的指标和事项，企业可以选择不披露，但应当解释不披露的原因。

"不遵守就解释"最早作为实施公司治理准则的一种方法在1992年的Cadbury报告中被采用。该报告的核心是提出公司治理的"最佳行为准则"，要求上市公司在年度报告中陈述他们是否遵守了准则，并就任何不遵守之处说明理由。这种准强制性的制度安排是考虑到不可能存在一个适合所有公司以及市场环境的治理结构，因此要提供给公司更大的灵活性以及对市场变化做出调整的空间。[3]同理，也不可能存在一个适合所有公司的社会责任报告，甚至社会责任这个概念本身也在不断变化，社会责任报告的披露制度同样需要强制性和灵活性的平衡。

因此，我们有必要将"不遵守就解释"原则作为上市公司披露社会责任的制度基础，即在强制要求企业披露社会责任报告的同时，对于具体披露事项则赋予企业灵活调整的空间。"不遵守就解释"旨在鼓励公司专注于自身业务领域对利益相关者、环境及社会有何潜

---

〔1〕 See World Business Council for Sustainable Development, *ESG Disclosure Handbook*, https://docs. wbcsd. org/2018/10/The_ESG_disclosure_judgement_handbook. pdf, accessed January 31, 2021.

〔2〕 如港交所、新加坡证券交易所（以下简称"新交所"）以及欧盟的证券交易所。

〔3〕 参见伍坚：《公司治理准则实施中的"遵守或解释"方法探析》，载《北京工业大学学报（社会科学版）》2010年第1期。

在影响，从而制定最符合自身情况的社会责任报告。假以时日，公司可以逐渐加深对履行社会责任的理解并积累所需的专业知识，逐步提高信息披露质量。这也是港交所于 2015 年将企业 ESG 披露责任由"自愿"提升至"不遵守就解释"的主要理由。[1] 同时，该种方式相比全面的强制性披露极大地降低了企业的成本。最后，该原则在我国已经有了一定的制度基础和实施经验。证监会最早于《公开发行证券的公司信息披露内容与格式准则第 2 号——年度报告的内容与格式》（2012 年修订，已失效）时于第 44 条引入了该原则，规定上市公司应当说明公司治理与《公司法》和中国证监会相关规定的要求是否存在差异；如有差异，应当说明原因。在社会责任信息披露方面，如前文所述，证监会首次于 2017 年在环境信息披露领域引入该原则。

　　结合国内外的实践，"不遵守就解释"原则实行时的难点在于如何防止出现解释不足以及被迫遵守的情况，这尤其需要我们关注。2010 年以前针对英国公司治理的多项研究表明，不遵守"最佳治理准则"的公司中有很大比例没有说明不遵守的原因，或者即使说明了也只是套用"模板化""僵尸化"的官话敷衍了事，违背了制度设计的初衷，"灵活性"则被当作规避监管的工具。[2] 为了解决这个问题，英国于 2012 年专门出台了何谓充足解释的指引性文件，试图指导公司在不遵守"最佳治理准则"的情况下如何进行充分且有

---

〔1〕　参见香港联合交易所有限公司 2015 年 12 月发布的《有关检讨〈环境、社会及管治报告指引〉的咨询总结》。

〔2〕　See Sridhar Arcot, et al., "Corporate Governance in the UK: Is the Comply or Explain Approach Working?", 30 Int'l Rev. L. & Econ. 193, 2010; Ian MacNeil & Xiao Li, "Comply or Explain: Market Discipline and Non-Compliance with the Combined Code", 14 *Corp. Governance* 486, 2006; David Seidl et al., "Applying the 'Comply - or - Explain' Principle: Discursive Legitimacy Tactics with Regard to Codes of Corporate Governance", 17 *J. Mgmt. & Governance* 791, 2013; Financial Reporting Council, 2009 *Review of the Combined Code: Final Report* 31, Dec. 2009, https://www.frc.org.uk/getattachment/31de1771 - 1020 - 4568 - 9b22 - ab95796a1da5/2009-Review-of-the-Combined-Code-Final-Report1.pdf, accessed January 31, 2021.

意义的解释。[1]该文件认为有意义解释（meaningful explanation）由三个要素构成：①不遵守行为的背景；②对不遵守行为给出令人信服的理由；③描述应对额外风险以及确保与相关最佳治理原则保持一致的措施。[2]之后比较近期的研究发现，上市公司解释的详细程度有所改善，特别在大型上市公司该原则得到了很好的执行，但是小公司仍存在不足解释的情况。[3]因此为了解决解释不足的问题，我们有必要仿照英国的方式对解释的标准制定具体指引，同时法律条文可以仿照我国港交所相关规定[4]，在目前"说明理由"的表述上增加"经过审慎考虑"，以强调解释的重要性。对于第二个"被迫解释"的情况主要出现在中国的实践中。有学者研究发现，证监会在上市公司治理中引入的"不遵守就解释"原则并没有得到很好的实施，"不遵守"案例比例极低（0.19%），与我国上市公司治理实质上强烈的定制化需求不符。[5]其原因在于上市规则存在有规必守的逻辑惯性，导致任何对规则的"不遵守"都很有可能会被直接认定为公司治理质量较差。因此，上市公司往往尽最大限度满足各种规则的官方要求而不敢做出"不遵守"的安排。这种情况是普遍存在的，为了打消投资者的顾虑，港交所在《企业管治守则》中

---

〔1〕 See Financial Reporting Council, *What Constitutes an Explanation Under 'Comply or Explain'*? *Report of Discussions Between Companies and Investors*, https://www.frc.org.uk/getattachment/a39aa822-ae3c-4ddf-b869-db8f2ffe1b61/what-constitutes-an-explanation-under-comply-or-exlpain.pdf, accessed January 31, 2021.

〔2〕 *Id.* at p. 6. "Three elements were proposed for a meaningful explanation. It should set the context and historical background, should give a convincing rationale for the action it was taking, and describe mitigating action to address any additional risk and to maintain conformity with the relevant principle."

〔3〕 See David Seidl et al., "Applying the 'Comply-or-Explain' Principle: Discursive Legitimacy Tactics with Regard to Codes of Corporate Governance", 17 *J. Mgmt. & Governance* 791, 2013.

〔4〕 参见港交所《主板上市规则》13.91（3）及《GEM上市规则》17.103（3）规定："若发行人偏离「不遵守就解释」条文，其须于环境、社会及管治报告中提供经过审慎考虑的理由。"

〔5〕 参见薛前强：《公司治理"遵守或解释"法规则的移植空间质疑——来自深交所三个板块上市公司的实证回应》，载《商业研究》2018年第12期。

"什么是'不遵守就解释'?"一节特别说明股东不应该将不遵守行为当作违规行为,而应审慎考虑及评估上市公司在"不遵守就解释"的过程中所给予的理由是否符合良好企业管治的目的。另一些交易所,如荷兰和南非,通过对用语进行修改,把"遵守"(comply)替换成"适用"(apply)的方式来强调解释的重要性,降低上市公司离规时产生的心理负担。[1]这两种方法都很有借鉴意义。

2. 披露什么:重申"重大性"(materiality)披露原则

社会责任涵盖的主题非常宽泛,要求企业就所有 ESG 议题进行披露显然不可行,因此企业如何识别应当充分披露的内容尤为重要。笔者认为,首先,应该重申《中华人民共和国证券法》(以下简称《证券法》)信息披露的"重大性"原则,作为证券信息一部分的社会责任报告应当披露对投资者决策有用、对企业长期发展产生重大影响的 ESG 风险,而不是沦为企业宣传形象的工具;其次,在《证券法》对"重大性"定义的基础上增加利益相关者的参与,以体现社会责任的特殊性。同时,可参考港交所 2019 年对《环境、社会及管治报告指引》的修订以及新交所 2018 年的《可持续发展报告指引》,要求公司进一步披露识别"重大"ESG 因素的过程和标准。

证券法信息披露之所以引入"重要性"标准,是基于这样一个基本理念:既让投资者知道所有对投资决策有用的信息,同时又避免投资者受到过多的琐细信息的干扰,尽量减轻信息披露义务人的信息披露成本。因此,多数国家对"重大性"存在两种判断标准,即是否对证券交易价格产生重大影响以及是否对投资者决策产生重大影响,[2]我国兼采这两种标准。[3]那么何种社会责任信息符合该

〔1〕 参见薛前强:《公司治理"遵守或解释"法规则的移植空间质疑——来自深交所三个板块上市公司的实证回应》,载《商业研究》2018 年第 12 期。

〔2〕 参见孟翔:《证券信息披露标准比较研究》,中国政法大学 2009 年博士学位论文,第 11 页。

〔3〕 参见《上市公司信息披露管理办法》(2021 年修订)第 12 条、《上海证券交易所股票上市规则》(2023 年 8 月修订)第 2.2.11 条及《深圳证券交易所股票上市规则》(2023 年 8 月修订)第 2.1.3 条。

重大性标准呢？结合港交所、新交所的相关指引〔1〕以及时任美国证券交易委员会（以下简称"SEC"）主席威廉·欣曼（William Hinman）于 2019 年 3 月的演讲〔2〕，严重影响价格或投资者的社会责任信息主要指那些会对企业中长期的商业目标、财务表现以及企业的可持续发展产生重大影响的 ESG 风险。看似与经济收益无关的 ESG 因素实际上会影响企业的长期财务表现已经是个不言自明的事实。以环境因素为例，根据牛津大学的搁浅资产研究项目，〔3〕在全球低碳转型的大背景下，监管趋严以及清洁技术成本不断降低等环境风险会造成高污染资产的减值甚至变成负债的情况。在我国，淘汰落后产能以及新环保法出台后高污染的"小作坊"型企业纷纷整改关停的现象可以印证这一研究。因此，企业根据自身业务情况，识别对其长远发展以及未来回报具有重要影响的 ESG 风险并进行披露是十分必要的，这与目前只能反映短期收益且缺乏前瞻性信息的财务报表形成互补。时任国际会计准则理事会（IASB）主席汉斯·胡格沃斯特（Hans Hoogervorst）认为，这种两相结合的可持续性报告（Sustainability Reporting）模式是最有前景的。〔4〕

　　以上传统的证券信息披露主要面向投资者/股东，力求上市公司披露对投资者决策重要的信息。这也是传统企业理念追求股东利益最大化，即所谓"股东至上原则"（Shareholder Primacy Principle）的体现。而社会责任的特殊性在于其不仅面向股东，还面向利益相关者。20 世纪 80 年代公司在经济上获得巨大成功的同时也带来了许

---

〔1〕 港交所：《环境、社会及管治报告指引》；Singapore Exchange, Sustainability Reporting Guide.

〔2〕 See William Hinman, *Applying a Principles-Based Approach to Disclosing Complex, Uncertain and Evolving Risks*, https://www.sec.gov/news/speech/hinman-applying-principles-based-approach-disclosure-031519, accessed January 31, 2021.

〔3〕 See Caldecott, B., J. Tilbury and C. Carey, *Stranded Assets and Scenarios: Discussion Paper*, https://www.smithschool.ox.ac.uk/research/sustainable-finance/publications/Stranded-Assets-and-Scenarios-Discussion-Paper.pdf, accessed January 31, 2021.

〔4〕 See The International Financial Reporting Standards Foundation, *Speech: IASB Chair on What Sustainability Reporting Can and Cannot Achieve*, https://www.ifrs.org/news-and-events/2019/04/speech-iasb-chair-on-sustainability-reporting/, accessed January 31, 2021.

多社会问题，"利益相关者"理论应运而生，成为社会责任理论的基石。正如2015年版二十国集团/经合组织《公司治理原则》（G20/OECD Principles of Corporate Governance）[1]所指出的那样，一个公司的竞争力和最终成功是众多不同资源提供者联合贡献的结果，包括投资者、员工、债权人、客户和供应商，以及其他利益相关者，应承认利益相关者的利益及其对公司长期成功的贡献。正是基于这一理念，港交所、新交所以及使用最广的GRI报告[2]都要求社会责任信息的"重大性"标准还应当包括是否对利益相关者产生重大影响，并且公司应提供渠道保障利益相关者可以参与识别重要ESG因素的过程，以使公司可以深入了解利益相关者的合理期待和利益。我国于2002年发布的《上市公司治理准则》中首次引入利益相关者理论并单独设章，体现了对利益相关者的重视，但是一直没有具体的制度加以落实。因此，强调利益相关者参与上市公司识别"重大"ESG信息的过程，不失为一个好办法。

3. 怎么披露：建立量化可比的标准化规范

在上市公司确定了应当披露的重要ESG要素后，需要解决的就是如何披露的问题了，尤其是在内容上应当遵循怎样的标准使得社会公众可以明确判断一个公司是否履行了社会责任，履行得怎么样，并且可以和同行业其他公司进行比较。基于此，我们有必要借鉴国际经验，建立量化可比的标准化规范。首先，要明确衡量社会责任履行情况的具体指标并要求企业进行披露；其次，还应当对披露信息的定量分析做出一定要求，并鼓励企业提供可供横纵向比较的数据以及未来将达成的目标。以港交所2019年发布的《环境、社会及管治报告指引》[3]为例，该指引建立了从主要范畴、层面到绩效指标的三重披露框架，环环相扣。具体而言，港交所将社会责任分成

[1] 为2018年证监会修订《上市公司治理准则》所对标的国际准则。

[2] See KPMG, *The Road Ahead: The KPMG Survey of Corporate Responsibility Reporting*, https://home.kpmg/xx/en/home/insights/2017/10/the-kpmg-survey-of-corporate-responsibility-reporting-2017.html, accessed January 31, 2021.

[3] 很大程度上借鉴了最广泛使用的GRI《可持续发展报告指引》。

环境和社会两个主要范畴[1]，每个主要范畴下设多个层面，每个层面设置了供上市公司汇报社会责任绩效的一般披露及关键绩效指标（KPI）。一般披露属于描述性质，要求企业披露关于某一议题采取的政策以及遵守相关法律法规的情况。关键绩效指标则以定量数据为主，如对于环境范畴下面的排放物层面要求企业披露排放物种类及相关排放数据，又如社会范畴下面的雇佣层面要求企业披露按性别、年龄组别及地区划分的雇员流失比率。这种指标统一、结合了定性描述与定量数据的标准化披露规范显然有助于构建社会责任报告的跨公司可比性并保障合适定量数据的获得，从而提高社会责任报告的质量，使之发挥实际效力。[2]此外，为进一步提高社会责任报告的透明度，港交所于 2019 年的修订中进一步要求上市公司应披露计算有关排放量/能源耗用时所用的标准、方法、假设以及计算工具。因此，在披露框架上，内地可以建立从宽泛的 ESG 议题层层落实到具体定性定量绩效指标的标准化规范。但是对于具体的指标设计，我们在主要参考港交所《环境、社会及管治报告指引》、GRI《可持续发展报告指引》等具有国际影响力的 ESG 指引框架之外，应当结合内地实际进行调整。首先，尽量与国际标准靠拢是必要的，因为社会责任报告的核心要素是可比性，使我们的上市公司和境外公司在 ESG 方面有可比的数据基础有利于吸引境外投资者并提升国际声誉。其次，考虑到我国内地公司接触 ESG 披露并不久，且企业发展也不如上述提及地区[3]成熟，官方指引应当起到兜底的作用，仅规定 ESG 披露的最低要求。最后，应结合具体国情设置相关内容，主要在于增加扶贫的指标以及环境方面要与《企业环境信息依法披

---

〔1〕 企业治理问题由《企业管治守则》加以规范。

〔2〕 根据 PRI/CFA 调研，限制投资者使用 ESG 数据的主原因有：①缺少合适的定量信息（55%）；②缺少跨公司可比性（50%）；③数据质量低下、缺少认证（45%），载 https://www.cfainstitute.org/-/media/documents/survey/esg-survey-report-2017.ashx，最后访问日期：2021 年 1 月 31 日。

〔3〕 尽管 GRI 发布的《可持续发展报告指引》全球使用最广，但是 GRI 的会员构成以欧美国家居多，尤其是北欧。因此在标准的制定方面，不可避免地会体现发达国家、成熟市场的特点。

露管理办法》等已有的环境信息披露规定对接。

三、上市公司社会责任信息披露的框架完善

以上主要对我国社会责任报告披露制度的不足之处进行分析，并结合国际经验对如何细化并改善披露要求提出了建议。但是为了要让社会责任信息披露可以发挥最大的效果，仅仅对报告本身的披露要求进行完善是不够的，还需要与其他制度相配合，其中笔者认为最重要的就是强调董事会/管理层对公司 ESG 治理及披露承担责任，并激活证券法虚假陈述的追责制度。

（一）ESG 治理和披露：董事会/管理层负责

正如世界领先的国际金融服务公司摩根士丹利（Morgan Stanley）[1] 和知名国际会计师事务所毕马威（KPMG）[2] 的研究报告指出，社会责任信息披露的意义不仅在于报告的行为，更在于激励企业把社会责任纳入企业战略，将 ESG 议题整合到日常业务中，以实现长期可持续发展。因此，让负责制定企业发展战略并监督经营业务的董事会/管理层负责公司的 ESG 治理以及披露事宜显然更有利于将 ESG 理念真正融入企业的策略以及业务流程中。

基于上述理念，几乎所有交易所以及国际指引都强调董事会/管理层对 ESG 治理的参与并要求其对 ESG 披露承担最终责任。值得注意的是，与目前倾向制定细节化 ESG 披露准则的趋势不同，美国 SEC[3] 始终坚持灵活且原则性（flexible and principles-based）的披

---

〔1〕 See Morgan Stanley, *Sustainable Value: Communicating ESG to the 21st Century Investor*, https://www.morganstanley.com/auth/content/dam/msdotcom/ideas/investor-relations/1910712-Sustainable-Value-Communicating-ESG.pdf, accessed January 31, 2021.

〔2〕 参见毕马威：《环境、社会及管治：顶层观点》，载 https://home.kpmg/cn/zh/home/insights/2018/09/esg-a-view-from-the-top.html，最后访问日期：2021 年 1 月 31 日。

〔3〕 关于 SEC 对社会责任信息披露问题的态度，可参见 SEC 主席的演讲，*Applying a Principles-Based Approach to Disclosing Complex, Uncertain and Evolving Risks*, March 15 2019, https://www.sec.gov/news/speech/hinman-applying-principles-based-approach-disclosure-031519#:~:text=Applying%20a%20Principles-Based%20Approach%20to%20Disclosing%20Complex%2C%20Uncertain, of%20Corporation%20Finance%2C%20London%2C%20England

露要求，且从来没有专门针对社会责任制定新的监管规则。他们始终强调信息披露的重要目的是让投资者通过管理者的眼光来审视公司的现状和前景，这尤为适合社会责任这种复杂且在不断发展的领域，因为过去的实践表明这项要求的灵活性可以在无需不断修改规则的情况下，使信息披露与商业趋势的不断变化保持同步。

审视我国目前就 ESG 治理方面的规定，存在以下不足：首先，缺少提倡将 ESG 议题融入公司发展战略及治理的条款，只有环境方面[1]有所要求；其次，董事会/管理层责任不明，所有社会责任方面的要求都是以"上市公司"为义务主体并未提及董事会应当发挥的作用，只规定了社会责任报告应当经公司董事会审议通过。

基于此，笔者认为有必要借鉴国际上原则化以及细节化两种监管路径进行 ESG 治理的完善。首先，对于原则性条款，要求企业重视将 ESG 议题融入公司发展战略及治理框架中，使社会责任报告提供一个窗口，让社会公众得以通过管理者的眼光审视 ESG 议题对公司发展的影响以及公司是如何应对的。其次，对于具体的披露规定可以参考 TCFD[2]的建议，要求企业披露公司内部具体的 ESG 治理体系并由董事会对社会责任报告负最终责任。结合港交所 2019 年对《环境、社会及管治报告指引》的修订以及 TCFD 的建议，完整的 ESG 治理体系包括三个层面：①对 ESG 事宜的监督；②评估和管理（重要）ESG 事项；③制定 ESG 相关目标并检讨进度。董事会应当承担最终的监督职能，其他两个层面可以由公司指定具体负责的部门。

（接上页）%2C%20March%2015%2C%202019；以及对气候变化披露事宜的指引，*Commission Guidance Regarding Disclosure Related to Climate Change*，February 2 2010，https：//www.sec. gov/rules/interp/2010/33-9106.pdf。

〔1〕《上市公司治理准则》（2018 年）第 86 条规定，上市公司应当积极践行绿色发展理念，将生态环保要求融入发展战略和公司治理过程，主动参与生态文明建设，在污染防治、资源节约、生态保护等方面发挥示范引领作用。《上海证券交易所科创板股票上市规则》第 4.4.2 条规定，上市公司应当将生态环保要求融入发展战略和公司治理过程，并根据自身生产经营特点和实际情况，履行下列环境保护责任……

〔2〕 即气候相关财务信息披露工作组，为 G20 成员组成的金融稳定理事会牵头成立的工作组。

（二）问责机制：激活虚假陈述追责

鼓励或强制上市公司披露社会责任报告，其实施效果很大程度上取决于如果不披露或者披露不实将有怎样的问责机制。事件的后续处理将对企业社会责任的履行产生有效约束，如果没有问责或责任追究机制，企业披露社会责任报告的推进效果将大打折扣。企业不披露社会责任报告的问责较为明确，可参照企业不披露年度报告的处罚处理，这里主要讨论披露不实的问题。按照我国现行法律法规，如果上市公司披露的社会责任报告存在我国《证券法》规定的虚假记载、误导性陈述或者重大遗漏等属于虚假陈述的情况，则信息披露人、直接责任人员以及从事上述不实披露行为的发行人控股股东、实际控制人会遭受行政处罚，投资者因此遭受损失的也可通过提起民事诉讼等途径要求发行人等责任主体赔偿。[1]但是目前为止并没有相关的案例发生，如果证券法原本的虚假陈述追责制度可以激活并适用于社会责任报告的披露上，势必会大大约束如今饱受诟病的企业"漂绿"行为，使得社会责任报告的宣传功能下降而内容真实性得到提升。

美国存在类似我国的虚假陈述追责制度[2]并且已经有判例支持社会责任报告的可诉性（actionable）。这些案子往往发生在上市公司因发生重大公共事件导致股价大幅下跌后，具体指投资者起诉社会责任报告没有披露企业的内部管理问题而是一味宣传企业履行社会责任的不实信息，因而存在虚假陈述/误导性陈述的情况，要求赔偿股价下跌造成的损失。[3]法官的裁判重点在于上市公司的实际行为是否足以证明其披露的信息不真实。如在 Massey Energy 案中，法官认为被告矿业企业极高的安全生产违规数量、事故率以及死亡率足

---

〔1〕 参见《证券法》第78条、第197条以及《最高人民法院关于审理证券市场因虚假陈述侵权引发的民事赔偿案件的若干规定》。

〔2〕 See Sections 10（b）and 20（a）of the Securities Exchange Act of 1934.

〔3〕 See *In re BP plc*, *Sec. Litig.*, No. 4：12-cv-1256, 2013 WL 6383968, S. D. Tex., Dec. 5, 2013; *In re Massey Energy Sec. Litig.*, 883 F. Supp. 2d 597, S. D. W. Va. 2012.

以证明其在安全管理方面存在严重的疏漏，与该公司社会责任报告中把安全生产放在第一位的企业理念且自称是安全生产行业领导者的陈述严重不符，因此相关陈述具备可诉性。

（初审：熊海涛　李书颖）

>>>>>>>>>> **法经监管** <<<<<<<<<<

金融监管中的比例原则：以"穿透式"监管为分析对象

胥国一　沈　伟*

◆ --

内容提要："穿透式"监管滥觞于互联网金融和理财产品领域，旨在通过向上披露股东和投资者，向下穿透产品以及资金的流向来保护金融消费者权益。然而，随着"穿透式"监管被部门规章层层放大，其适用范围已扩展到保险、证券、金融，甚至互联网平台整体性监管领域，其内容也从金融产品监管转向对市场主体、行为、产品"三位一体"的监管，逐渐显现出背离政策主旨的趋势。本文以作为互联网新业态的股权众筹为例，以比例原则为评价原则，剖析"穿透式"监管的不同方面，分析"穿透式"监管的合理性，进而反思"穿透式"监管的合理边界。

关键词："穿透式"监管　比例原则　股权众筹　金融监管

"穿透式"监管在 2017 年成为经济规制中高频出现的监管术语，甚至成为金融监管部门的指导性政策，[1]因此亟需对此进行相应的学理分析。学界对待"穿透式"监管有两种不同的观点，支持者强调促进资产管理业务乃至金融市场健康发展需要转变监管理念，应当采用新型监管工具，按照业务属性确定行为规则和监管主体，强

---

　　* 胥国一，上海交通大学凯原法学院博士生。沈伟，上海交通大学特聘教授，博士生导师。

　　[1]《健全穿透监管框架 银监会加强商业银行股权管理》，载国家金融监督管理总局网，http://www.cbirc.gov.cn/cn/view/pages/ItemDetail_gdsj.html?docId=23782&docType=0，最后访问日期：2023 年 8 月 5 日。

化监管的统筹协调，实施"穿透式"监管。[1]反对者则认为，为了形式上的统一，将原本适用于互联网金融的监管工具扩张到整个金融监管体系，会产生严重的副作用。[2]

本文试图对"穿透式"监管现状的合法性及合理性进行分析，首先，介绍"穿透式"监管的内涵、演化和概念纬度，透视"穿透式"监管的形成路径。其次，通过银保监会和证监会有关"穿透式"监管的规定，分析"穿透式"监管是如何进行扩张的。最后，本文运用比例原则对"穿透式"监管及其扩张至金融新业态的股权众筹的适当性进行分析，并对全文进行总结归纳。

一、"穿透式"监管的内涵、演化和概念纬度

本小节首先介绍"穿透式"监管的内涵，即"实质大于形式"的监管；接着介绍"穿透式"监管概念在主要文件中发生的变化；最后从三个维度对"穿透式"监管概念进行分析。

（一）"穿透式"监管的内涵

"穿透式"监管这一概念并不始于金融监管领域，在管理学、税收以及会计学中都有论述，现在甚至已经蔓延至个人数据、隐私保护以及网络安全等前沿领域[3]。在管理学中，由于命令的传达往往受制于管理机构内部的层级，"穿透式"监管的说法便应运而生，旨在从上至下、由里及外地进行有效管理，发现问题，最终做到"治本"又"治标"。[4]税收穿透式原则强调通过"刺破公司的面纱"找到最终受益人，旨在解决跨境企业采取不合理的手段规避在中国

---

〔1〕 参见苟文均：《穿透式监管与资产管理》，载《中国金融》2017 年第 8 期；张凌寒：《平台"穿透式监管"的理据及限度》，载《法律科学（西北政法大学学报）》2022 年第 1 期。

〔2〕 参见邓峰：《对资本市场滥用"穿透式"监管，可能形成更严重系统损害》，载《财经》年刊 2018：预测与战略。

〔3〕 See Ilia Kolochenko, *Penetration Testing in the Modern Regulatory and Legal Landscape*, https://www.securitymagazine.com/articles/95477-penetration-testing-in-the-modern-regulatory-and-legal-landscape, last visited on August 5, 2023.

〔4〕 肖吉良：《管理穿透分析法》，载《企业管理》2015 年第 5 期。

境内的税务缴纳问题，这也是最直接地防止滥用税收协定的方法。"穿透式"监管在会计学中的本意是"实质大于形式"，意在穿透复杂的资产嵌套和中间环节，分析金融产品的本质属性，保证监管的真实有效。[1]

在法学领域，"穿透式"监管的核心是"实质大于形式"，功能在于"事实发现"。[2]"穿透式"原则包括两个层面："一是从资产端考虑，即识别产品底层资产，最终投向应符合监管规定和合同约定，将相关信息向投资者充分披露。二是从资金端考虑，即识别合格投资者是否为最终风险的承担者，防止风险承担和资产类别错配以及私募产品公众化。"[3]总之，"穿透式"监管就是要达到向上穿透最终投资者、向下穿透底层资产的目的。

（二）"穿透式"监管的演化

"穿透式"监管的概念最早出现在 2014 年，随后作为一种政治概念于 2016 被正式提出，并于 2017 年年末大规模进入"一行两会"的监管体系。[4]

证监会于 2014 年 8 月 21 日发布的《私募投资基金监督管理暂行办法》（以下简称《暂行办法》）第 13 条提到对合格投资者的穿透核查。虽然《暂行办法》提到了穿透合格投资者，但这一文件的重点不在"穿透式"监管，而是在《中华人民共和国证券投资基金法》的基础上确立私募基金管理机构登记和私募基金备案制度，建立合格投资者制度、资金募集及投资运作制度，明确对创业投资基金的区别监管。[5]第 13 条强调的内容主要在于区分穿透对象，但"穿透式"监管的理念本身并不具有普遍适用性，还只停留于具体的产品

---

〔1〕 袁达松、刘华春：《论穿透式金融监管》，载《证券法律评论》2017 年卷。

〔2〕 叶林、吴烨：《金融市场的"穿透式"监管论纲》，载《法学》2017 年第 12 期。

〔3〕 袁达松、刘华春：《论穿透式金融监管》，载《证券法律评论》2017 年卷。

〔4〕 董新义：《略论穿透式金融监管》，载《经济法研究》2018 年第 2 期。

〔5〕 参见《【财经】一篇文章读懂私募投资基金监管》，载搜狐网，https://www.sohu.com/a/302101065_509953，最后访问日期：2020 年 06 月 30 日。

规制层面，不同于如今频繁大规模的扩张解释和扩大适用。

2016 年 4 月 12 日发布的《国务院办公厅关于印发互联网金融风险专项整治工作实施方案的通知》（以下简称《通知》），其中明确将"穿透式"监管方法作为纲领性要求提出。相较于 2014 年颁布的《暂行办法》，"穿透式"监管在互联网金融中明显具备了普遍适用性，从对某一具体事项的规定上升为指导性原则。《通知》扩大了"穿透式"监管的范围，不仅要对互联网企业从事的金融业务本身进行穿透，还包括私募变公募的金融产品以及金融机构依托互联网开展的资产管理业务。因此，"穿透式"监管的目的是识别业务的本质属性，根据业务的本质属性执行相应的监管规则。

2016 年 4 月 14 日，作为正式的中央级经济政策，中国人民银行、中央宣传部、中央维稳办等多部门印发《通过互联网开展资产管理及跨界从事金融业务风险专项整治工作实施方案》（以下简称《实施方案》），在随后的答记者问中第一次明确提出"穿透式"监管的定义："透过表面现象看清业务实质，把资金来源、中间环节与最终投向穿透连接起来，综合全流程信息来判断业务性质，并执行相应的监管规定。"[1]并且《实施方案》还第一次明确了"穿透式"监管的主体和分工。

2018 年 4 月 27 日发布的《中国人民银行、中国银行保险监督管理委员会、中国证券监督管理委员会、国家外汇管理局关于规范金融机构资产管理业务的指导意见》（以下简称《指导意见》）将"穿透式"监管与机构监管、功能监管以及审慎监管并列为监管原则。这时"穿透式"监管的适用语境已经不局限于互联网金融，而是扩展到了整个资产管理领域。《指导意见》进一步明确了"穿透式"监管的目标，对"穿透式"监管的方向做出了更细致的说明，即除了"实质大于形式"的表述，还明确规定了穿透的方向和程度。

---

[1] 《通过互联网开展资产管理及跨界从事金融业务风险专项整治工作答记者问》2016 年 10 月 13 日，载北京市人民政府网，http://www.beijing.gov.cn/zhengce/zcjd/201905/t20190523_77646.html。

（三）"穿透式"监管概念的多维度辨析

尽管很多文件都使用了"穿透"一词，但是表达的内涵和目的却不尽相同，可以从三个维度对"穿透式"监管进行理解：[1]作为原则的"穿透式"监管、作为信息披露的"穿透式"监管以及其他"穿透式"监管。第一类是作为原则的"穿透式"监管。例如《实施方案》中提到使用"穿透式"监管方法，透过表面界定业务本质属性，落实整治责任，是对"穿透式"监管的概括性说明。第二类"穿透式"监管的目的是信息披露，也是"穿透式"监管最本质以及最主要的内涵。《暂行办法》规定，由基金管理人或者是销售机构对投资者的资质进行审查，如果没有按照规定审查，证监会以及派出机构可以对其采取责令改正、监管谈话、出具警示函、公开谴责等行政监管措施。第三类是其他"穿透式"监管。比如《中国金融业信息技术"十三五"发展规划》规定，加强金融科技（Fintech）和监管科技（Regtech）研究与应用……探索基于大数据、人工智能等技术的穿透式监管方法，加强跨行业、跨市场交叉性金融产品的监管，提升金融风险甄别、防范与化解能力。健全与监管科技发展相匹配的金融监管体系。这里更多强调的是"穿透式"监管作为一种监管手段应该与大数据和人工智能等技术相结合，成为一种更有效率的技术监管方式，侧重点是先进的技术而不是监管本身。

二、"穿透式"监管的扩张

2016年4月12日国务院办公厅发布的《通知》，明确提出按照部门职责分工，根据方案的要求采取"穿透式"监管的方法，依据业务实质落实责任。此后，各个监管部门不断进行相应的规则修订，并付诸实践。银保监会、证监会都纷纷在此基础上增加对"穿透式"监管的规定，无形中扩大了"穿透式"监管的适用范围和内容，使

---

〔1〕 参见陈娟：《论资管产品穿透监管政策的适用》，载北京大学金融法研究中心网，https://www.finlaw.pku.edu.cn/jrfy/gk/2018_jrfy/jrfnzd97j/270928.htm，最后访问日期：2020年7月21日。

"穿透式"监管概念呈现扩张的趋势。[1]在这一趋势下，监管的主要领域从互联网金融蔓延至许多不相关的其他领域，从主要对产品的监管转向对市场主体、市场行为、市场产品的三位一体的监管。

（一）"穿透式"监管适用领域的扩张

如果以2016年国务院办公厅发布的《通知》作为"穿透式"监管成为正式监管理念的起点，可以发现2017年大规模以"穿透式"监管为内容的规章已经超出了《通知》预设的范围。从《通知》的标题可知，国务院整治的对象应该是互联网金融行业，即以互联网为对象的金融领域。《实施方案》设定的互联网范围，实际上被部门规章无形中"打破"了。

附表中总结了银保监会和证监会发布的有关"穿透式"监管的规章，足以说明"穿透式"监管的适用领域已经扩大，数量上的多少并不影响对实质内容的分析。2017年3月28日实施的《中国银监会办公厅关于开展银行业"监管套利、空转套利、关联套利"专项治理工作的通知》，同年4月7日实施的《中国银监会关于提升银行业服务实体经济质效的指导意见》《中国银监会关于银行业风险防控工作的指导意见》，同年4月10日实施的《中国银监会关于切实弥补监管短板提升监管效能的通知》。2016年6月13实施的《中国保监会关于加强组合类保险资产管理产品业务监管的通知》，2017年4月21实施的《中国保监会关于进一步加强保险业风险防控工作的通知》，2018年4月10日实施《保险公司股权管理办法》。由银保监会联合发布的规章有：2018年9月26实施的《商业银行理财业务监督管理办法》、2019年12月30实施的《中国银保监会关于推动银行业和保险业高质量发展的指导意见》、2020年1月28实施的《中国银保监会现场检查办法（试行）》、2020年2月20实施的《中国银保监会办公厅关于预防银行业保险业从业人员金融违法犯罪的指导意见》以及2020年5月1日实施的《保险资产

---

[1] 参见邓峰：《对资本市场滥用"穿透式"监管，可能形成更严重系统损害》，载《财经》年刊2018：预测与战略。

管理产品管理暂行办法》。证监会也相应发布了许多涉及"穿透式"监管的规章，比如 2017 年 7 月 1 日实施的《区域性股权市场监督管理试行办法》、10 月 1 日实施的《公开募集开放式证券投资基金流动性风险管理规定》以及 2021 年 4 月 18 日实施的《证券公司股权管理规定》。从以上文件的名称可以看出，尽管之后发布的规章仍是金融领域的规章，但却已经不限于互联网领域，并且从线上监管变成了线下监管，偏离了国务院当初针对互联网金融监管的目的。

（二）"穿透式"监管内容的扩张

伴随适用领域的扩张，"穿透式"监管的内容也呈现扩张的趋势。首先，在投资市场准入方面，要穿透审查投资者是否合格。比如，证监会 2017 年 7 月 1 日实施的《区域性股权市场监督管理试行办法》第 14 条第 1 款规定，在区域性股权市场发行证券，不得通过拆分、代持等方式变相突破合格投资者标准。有下列情形之一的，应当穿透核查最终投资者是否为合格投资者，并合并计算投资者人数……[1]2017 年 5 月 5 日实施的《中国保监会关于弥补监管短板构建严密有效保险监管体系的通知》规定，强化投资人背景、资质和关联关系穿透性审查，严禁代持、违规关联持股等行为。[2]其次，要对股东的资质进行穿透。根据邓峰的说法，尽管多个文件中的表述不同，但本质是一样的，都要求"穿透识别实际控制人、最终受益所有人，并审查其资质"。除此以外，还要强化对股东背景、资质和关联关系的审查。例如 2017 年 4 月 10 日实施的《中国银监会关于切实弥补监管短板提升监管效能的通知》提出，强化风险源头遏制，加强股东

---

〔1〕《区域性股权市场监督管理试行办法》，载中国证券监督管理委员会网，http://www.csrc.gov.cn/newsite/flb/flfg/bmgz/zhl/201805/P020180515419720018636.pdf，最后访问日期：2020 年 6 月 30 日。

〔2〕《中国保监会关于弥补监管短板构建严密有效保险监管体系的通知》，载中华人民共和国中央人民政府网，http://www.gov.cn/xinwen/2017-05/07/content_5191586.htm，最后访问日期：2020 年 6 月 30 日。

准入监管。[1]2017 年 6 月 23 日实施的《中国保监会关于进一步加强保险公司关联交易管理有关事项的通知》（已失效）明确规定，追溯穿透至信托计划等金融产品的实际权益持有人。[2]总的来说，这些规定勾勒出了"穿透式"监管适用于主体的规则内容。

除了向上穿透投资者和股东之外，还要以向下穿透的方式监管资金来源、资金流向、业务认定、信息披露、权益持有等方面。比如，证监会 2017 年 10 月 1 日实施的《公开募集开放式证券投资基金流动性风险管理规定》要求基金管理人对交易对手进行尽职调查。[3]2017 年 3 月 28 日实施的《中国银监会办公厅关于开展银行业"监管套利、空转套利、关联套利"专项治理工作的通知》要求，"各级监管机构要强化监管处罚，真正落实'三铁三见'要求……切实做到应处必处，应罚尽罚，特别是对于违规开展关联交易……"[4]2017 年 5 月 9 日实施的《中国保监会关于开展保险资金运用风险排查专项整治工作的通知》中提出采用"实施穿透式检查"。[5]附表展示了"穿透式"监管是如何通过银监会、保监会以及证监会的规章进行扩张的。

（三）"穿透式"监管行政立法扩张的合法性分析

"穿透式"监管的规章制定声势浩大，但依然需要从法律体系内

---

〔1〕《中国银监会关于切实弥补监管短板提升监管效能的通知》，载中央银行业监督管理委员会网，http://www.cbrc.gov.cn/chinese/home/docDOC_ReadView/411D6C36DDCD452EAD92ED73B613A355.html，最后访问日期：2020 年 6 月 30 日。

〔2〕《中国保监会发布关于进一步加强保险公司关联交易管理有关事项的通知》，载中国保险监督管理委员会网，http://circ.gov.cn/web/site65/tab6501/info4074205.htm，最后访问日期：2020 年 6 月 30 日。

〔3〕参见《公开募集开放式证券投资基金流动性风险管理规定》，载 http://www.csrc.gov.cn/pub/zjhpublic/zjh/201709/P020170901652129033850.pdf，最后访问日期：2020 年 6 月 30 日。

〔4〕《中国银监会办公厅关于开展银行业"监管套利、空转套利、关联套利"专项治理工作的通知》，载北大法宝网，https://www.pkulaw.com/chl/46d2f769d599d916bdfb.html，最后访问日期：2020 年 6 月 30 日。

〔5〕《保监会关于开展保险资金运用风险排查专项整治工作的通知》，载中华人民共和国中央人民政府网，http://www.gov.cn/xinwen/2017-05/10/content_5192309.htm，最后访问日期：2020 年 6 月 30 日。

部审视这种密集立法的合法性。合法性审查主要是审查下位法是否与上位法相抵触，[1]是适当性审查的前提，如果规范性审查无法通过合法性审查，则无需进行适当性审查。[2]根据全国人大常委会法工委的解释，下位法抵触上位法有几种情形：①上位法有明确规定，下位法的规定与上位法相反的；②虽然不直接与上位法的规定相反，但是实质上抵消了上位法的规定的；③上位法没有明确规定，下位法与上位法的立法目的和立法精神相反的；④越权立法；⑤下位法超出上位法规定的处罚种类和幅度的。[3]规章属于合法性审查的对象，[4]"穿透式"监管的相关规定主要以部门规章的形式呈现，因此需要对其进行合法性审查。

《中华人民共和国宪法》第 90 条第 2 款规定，各部、各委员会根据法律和国务院的行政法规、决定、命令，在本部门的权限内，发布命令、指示和规章。《中华人民共和国立法法》第 91 条第 2 款规定，部门规章规定的事项应当属于执行法律或者国务院的行政法规、决定、命令的事项。没有法律或者国务院的行政法规、决定、命令的依据，部门规章不得设定减损公民、法人和其他组织权利或者增加其义务的规范，不得增加本部门的权力或者减少本部门的法定职责。从以上两款可知，规章的本质是执行性法律，即应当根据现行法律或者行政法规的规定做具体的细化工作而不是创设新的规则。从上文的分析可知，有关"穿透式"监管的规定并没有法律或者行政法规的基础，规章的设立基本上建立在中央政治性文件的基础上。因此，"穿透式"监管的行政规章难以通过合法性审查。

---

〔1〕 参见章剑生：《行政诉讼合法性审查中"法"的重述》，载《中外法学》2023年第 1 期。

〔2〕 参见蒋红珍：《比例原则适用的规范基础及其路径：行政法视角的观察》，载《法学评论》2021 年第 1 期。

〔3〕 王锴：《合宪性、合法性、适当性审查的区别与联系》，载《中国法学》2019年第 1 期。

〔4〕 王锴：《合宪性、合法性、适当性审查的区别与联系》，载《中国法学》2019年第 1 期。

三、"穿透式"监管的合理性分析——以股权众筹为例

纸面上的法难以与行动中的法等同。尽管"穿透式"监管的相关规定在合法性上存在瑕疵，但在实际中各部门纷纷立法确定以及扩大"穿透式"监管的范围并非一时兴起。从工具效用的角度来看，这种大面积的立法肯定有现实需要，但未必是合理的。因此，笔者认为有必要分析"穿透式"监管手段的适当性与合理性。"穿透式"监管最核心的关注对象是互联网金融产品和投资人，[1]而作为互联网金融的新宠，[2]互联网股权众筹的融资模式正逐渐成为互联网金融的潮头。[3]因此，笔者选择了作为互联网金融新业态的股权众筹作为分析对象，由小及大，旨在梳理出在股权众筹领域适用"穿透式"监管的各个方面。虽然这一部分的分析直指"穿透式"监管本身，但"穿透式"监管的扩张毕竟只是现实的写照，无法从根本上评论好坏。如果要对其价值做定性分析，就要回到事物的本质，即若"穿透式"监管本身不符合比例原则或者通过比例原则检验的结果留有瑕疵，则其扩大使用就无法在逻辑上自洽。《通过互联网开展资产管理及跨界从事金融业务风险专项整治工作实施方案》明确规定：对于没有牌照的股权众筹平台，由省级人民政府统一组织，采取"穿透式"监管方法。这一规定给笔者对股权众筹进行分析提供了法条基础。

比例原则作为公法中的"帝王条款"是合理性分析的核心工具，承担着检验公权力的行使是否适当的重要角色，其主流版本是三阶论式的比例原则，即适当性、必要性和衡平性。[4]适当性指公权力

---

〔1〕《互联网金融面临穿透式监管》（2016年4月11日），载搜狐网，https://m.sohu.com/a/68623012_115643/。

〔2〕《股权众筹成为互联网金融新宠》（2014年5月10日），载中证网，http://www.cs.com.cn/xwzx/jr/201405/t20140510_4386608.html。

〔3〕参见潘虹：《我国互联网股权众筹模式现状及发展对策》，载《经济研究导刊》2018年第18期。

〔4〕参见蒋红珍：《比例原则阶层秩序理论之重构——以"牛肉制品进销禁令"为验证适例》，载《上海交通大学学报（哲学社会科学版）》2010年第4期。

机关在行使权力时使用的手段是否符合法律规定的目的，明确哪些手段可以进行下一步的检验。必要性指在每种手段都符合适当性的前提下，哪一种手段对私人权利损害最少。衡平性指对私权伤害最小的手段所带来的收益是否可以覆盖因此付出的成本。这三个原则的适用顺序有固定的要求，尽管也有学者对三个原则的适用顺序做了适当的修正，[1]但在此并不影响笔者的分析，因为笔者主要的目的是通过比例原则呈现"穿透式"监管在股权众筹领域的利弊项，适用顺序并不会消除利弊面的结果，故此处不对比例原则的适用顺序作过多强调。如果公权力机关的行政手段能通过比例原则的每一步检验，则这种行政手段就是适当的。

（一）股权众筹的基本介绍

在保证投资者权益的同时促进融资便利是金融监管的重要目标。倘若投资者的权益无法被有效保护，就会影响投资者的投资激励，参与投资的人数便会减少。这时，由于融资的需求大于投资的供给，融资市场就会相应萎缩。同样，当融资者进入融资市场的门槛过高，即使投资者的数量不变，也会阻碍融资者进入融资市场，此时会出现投资者的需求大于融资者供给的局面。因此，如何平衡两者的关系是金融监管政策设计的难点。

在大力提倡创业创新的国家政策背景下，股权众筹自 2014 年呈现蓬勃发展的态势，成了互联网金融的新业态。[2]众筹的商业模式古已有之，但众筹与互联网的结合却是现代信息技术的产物。2015年 7 月 14 日发布的《中国人民银行、工业和信息化部、公安部、财政部、工商总局、法制办、银监会、证监会、保监会、国家互联网信息办公室关于促进互联网金融健康发展的指导意见》，将股权众筹定义为"通过互联网形式进行公开小额股权融资的活动"，股权众筹融资必须通过股权众筹融资中介机构平台（互联网网站或其他类似

---

〔1〕 参见蒋红珍：《比例原则阶层秩序理论之重构——以"牛肉制品进销禁令"为验证适例》，载《上海交通大学学报（哲学社会科学版）》2010 年第 4 期。

〔2〕 彭冰：《股权众筹第一案评析》，载微信公众号"北京大学金融法研究中心"，https://mp.weixin.qq.com/s/wVA8OBFK0Pp4qwCOpMItrg，2016 年 5 月 27 日发布。

的电子媒介）进行。[1]从此定义可以看出，股权众筹具有公开、小额、大众的特点。[2]

股权众筹通常被分为四类：捐赠型股权众筹（Donation Crowd-Funding）、回馈型股权众筹（Reward Crowd-Funding）、债券型股权众筹（Peer-to-Peer Lending）和股权型股权众筹（Equity-Based Crowd-Funding）。[3]捐赠类股权众筹指融资者为了保护某种权益发起的众筹，投资者通常基于同情心从事投资业务。回馈型股权众筹指融资者为了成就某一项目，比如拍摄一部纪录片，向不特定的公众发起融资，成功融资并完成项目后通常以非货币的方式回馈投资者。债券型众筹和股权型众筹通常是融资人为了某个项目或者是设立创业公司发起的融资项目，投资者可以以货币的形式获得回报，但不同的是前者的发行人通常会对投资者承诺本息偿付，而后者的发行人不会对投资者进行刚兑承诺。由于前两种股权众筹不涉及监管问题，[4]因此笔者将重点讨论债券型众筹和股权型众筹的监管。

（二）股权众筹实施"穿透式"监管的适当性（手段符合目的）

行政机关采取行动的方式必须符合法律规定的目的。如果一项行政权力的行使不是为了实现或者达不到法定目的，则违反了适当性的要求。金融监管的目的在于平衡融资便利与投资者权利保护之间的关系。[5]"穿透式"监管主要作为一种信息披露的手段，[6]要求供需双方将重要信息呈现在公开的平台，保证一个公开透明市场

---

　　[1]　参见张释文：《股权众筹的风险防范与立法监管》，载《上海人大月刊》2015年第12期。

　　[2]　段艺：《我国股权众筹发展及监管路径研究》，载《创新科技》2015年第12期。

　　[3]　黄韬：《股权众筹兴起背景下的证券法律制度变革》，载《北京工商大学学报（社会科学版）》2019年第6期。

　　[4]　根据彭冰的观点，捐赠型股权众筹可由慈善法规范，回馈型股权众筹主要由合同法以及消费者权益保护法规定。

　　[5]　黄辉：《中国股权众筹的规制逻辑和模式选择》，载《现代法学》2018年第4期。

　　[6]　许恋天：《互联网金融"穿透式"监管：逻辑机理与规范运用》，载《税务与经济》2019年第3期。

的健康发展。

股权众筹作为一种互联网新业态，无法靠市场自身的机制避免逆向选择、信息披露以及道德风险的问题。首先，无规制的众筹平台可能会导致融资者"柠檬市场"的产生。"柠檬市场"是逆向选择的结果，根据阿克洛夫对"柠檬市场"理论的阐述，在信息不对称的情形下，由于买者无法了解卖者的全部信息，因此对卖者产品的估价会取平均值，导致那些销售优质产品的卖家退出市场，而销售劣质产品且价格低于买家估价的卖家会继续留在市场，形成"劣币驱逐良币"的低效率均衡。[1]在股权众筹的语境中，由于投资者对融资者的背景、资质以及众筹的产品缺乏必要的信息，因此会丧失对风险溢价的有效判断。[2]根据"柠檬市场"理论，在投资者无法获得有关融资者的有效信息时，投资者会将所有的融资者视为拥有中等风险的发行人，因此低风险的融资者由于无法获得与其风险相匹配的融资价格而被迫退出市场。高风险的融资者则会继续留在众筹平台，因为他们可以获得超出其风险的融资价格。但逆向选择的结果对整个市场的发展是不利的，因为投资者在投资之后总会了解到所投产品的风险溢价，如果消费者因此对发行人以及股权众筹平台产生不信任感就会放弃继续投资的机会，股权众筹的模式就会由于双方的不信任随即消失，无法再继续促进融资者与投资者的合理匹配。即使引入第三方声誉机制，也很难保证第三方机构的独立性和公正性，面对巨大的利益诱惑，第三方机构同样可能被"捕获"。

有学者认为通过大众投资者的集体讨论可以缓解甚至是解决信息不对称的问题。[3]因为通过互联网众筹平台，投资者可以在平台

〔1〕 See George A. Akerlof, "The Market for Lemons: Quality Uncertainty and the Market Mechanism", *Quarterly Journal of Economics*, 1970. 84: 488-500.

〔2〕 See George A. Akerlof, "The Market for Lemons: Quality Uncertainty and the Market Mechanism", *Quarterly Journal of Economics*, 1970. 84: 488-500.

〔3〕 美国学者将这一理论运用在股权众筹领域，See John MacLeod Hemingway, "Investor and Market Protection in the Crowdfunding Era: Disclosing to and for the 'Crowd'", *Vermont Law Review*, 2014, 38 (4): 827-848.

上发布信息和交流意见，这种讨论可以使得每个人获得的信息数量大幅增加、信息质量大幅提高，从而避免信息不对称的问题。再加上"领投+跟投"是我国的流行模式，通过这种模式可以降低投资者盲目投资的风险，因此市场机制本身可以解决信息不对称的问题。但是，这种通过依靠集体智慧降低风险的假设存在一定缺陷。

首先，根据桑斯坦观察到的现象，交流不仅不会让参与者以和平的方式达成统一的结论，通常还会形成对立的观点或者是加速对立观点的形成。这种现象也同样可能存在于股权众筹领域，甚至会表现得更加明显。因为在股权众筹中，投资者的目的并不是说服其他投资人参与众筹。相反，为了维护自身的利益，投资者甚至会隐瞒信息阻碍那些本身没有信息渠道却有投机动机的投资者，减少被"搭便车"的风险。其次，领头者缺乏引导普通大众投资者的经济动机。领头人一般是天使投资人或者是风险投资基金，数个投资人联合起来就足以满足初创企业的融资要求，没有必要再将股权留给其他的散户投资者，增加管理成本。最后，"领投+跟投"会产生新的代理成本，若领投人刻意引导大众投资者对其关联公司进行投资，并在成功融资后退出，大众投资者将蒙受此类市场操纵行为的损失，却无法获得法律救济。[1]除此以外，在成功融资之后，投资者与融资者之间也会产生道德风险。初创型企业的投资者普遍缺乏二级市场，寻找其他买家也十分困难。[2]退出机制的匮乏延长了投资者变现的时间，也增加了融资者的机会主义行为。在退出困难的情况下，投资者很难对融资者的违法违规行为进行惩罚，在惩罚力度不变的条件下惩罚概率的下降会导致惩罚水平的总体降低。

从以上分析可以得出，在股权众筹领域实施"穿透式"监管具有目的上的正当性。当市场机制无法消弭股权众筹产生的问题时，就需要引入第三方的监管，但为何是"穿透式"的监管？从文章第

---

〔1〕 参见黄辉：《中国股权众筹的规制逻辑和模式选择》，载《现代法学》2018年第4期。

〔2〕 参见黄辉：《中国股权众筹的规制逻辑和模式选择》，载《现代法学》2018年第4期。

一部分的梳理可知，"穿透式"监管分为向上穿透主体和向下穿透产品两个方面，其实质是针对信息的穿透，[1]不仅要披露融资者和投资者的身份，还要追踪发行的产品和资金的流向。采用这种"实质大于形式"的监管手段在互联网金融领域十分必要：股权众筹由于缺乏行业准入的标准和合格投资者制度，很容易引来大量的投资规模较小、认知风险能力较弱以及缺乏投资经验的投资者，增加社会风险，引发了"穿透式"监管的需求。[2]此外，众筹面向分散的普通投资者，在这种独特的融资结构下，高昂的信息成本、投资者投资经验的缺乏和"搭便车"的心态，使得股权众筹投资者必然面临比传统投资方式更为严重的信息不对称问题。[3]再加上我国目前一直未承认公募型众筹的法律地位，[4]根据《私募股权众筹融资管理办法（试行）（征求意见稿）》的规定，[5]投资者需要满足一定的条件才能成为合格投资者，否则很容易触碰法律的红线，因此对投资者的审查也需要采取"穿透式"监管的方式。

（三）股权众筹实施"穿透式"监管的必要性（损害私权最少）

监管必要性指行政机关在若干适合实现法律目的的方式中，必须选择对相关当事人和公共利益造成损失最小的方式，即为了达到

---

〔1〕 参见许恋天：《互联网金融"穿透式"监管：逻辑机理与规范运用》，载《税务与经济》2019 年第 3 期。

〔2〕 参见白江：《我国股权众筹面临的风险与法律规制》，载《东方法学》2017 年第 1 期。

〔3〕 参见何欣奕：《股权众筹监管制度的本土化法律思考——以股权众筹平台为中心的观察》，载《法律适用》2015 年第 3 期。

〔4〕 参见彭冰：《中国目前没有合法的股权众筹》，载搜狐网，https://m.sohu.com/n/470586173/。

〔5〕 根据《私募股权众筹融资管理办法（试行）（征求意见稿）》第 14 条的规定，私募股权众筹融资的投资者是指符合下列条件之一的单位或个人：①《私募投资基金监督管理暂行办法》规定的合格投资者；②投资单个融资项目的最低金额不低于 100 万元人民币的单位或个人；③社会保障基金、企业年金等养老基金，慈善基金等社会公益基金，以及依法设立并在中国证券投资基金业协会备案的投资计划；④净资产不低于 1000 万元人民币的单位；⑤金融资产不低于 300 万元人民币或最近 3 年个人年均收入不低于 50 万元人民币的个人。上述个人除能提供相关财产、收入证明外，还应当能辨识、判断和承担相应投资风险；本项所称金融资产包括银行存款、股票、债券、基金份额、资产管理计划、银行理财产品、信托计划、保险产品、期货权益等。⑥证券业协会规定的其他投资者。

法定的行政目标，该措施是给人民造成最小侵害的措施。在金融互联网监管中，"穿透式"监管虽然符合适当性标准，但仍然需要衡量其对融资者、投资者造成的侵害。

股权众筹的私权包括融资者的权利以及投资者的权利，前者的主要私权内涵是企业的商业秘密，后者的主要权利构成是个人隐私权和个人信息权。目前股权众筹的项目发起者大多是以创意或新型智能产品为主的中小微企业。[1]根据"穿透式"监管的要求，当项目发起人有了一个好的创意或者是产品后，需要披露大量的信息才能获得融资。[2]但在现阶段我国有关商业秘密保护的法律还不完善的情况下，项目发起人的创意和项目核心信息就容易通过互联网泄露和抄袭。[3]此外，还会存在股权众筹平台被黑客攻击的情况，创业者的商业秘密会被盗取。这些都会导致项目最终的失败，损害发行人的利益，同时也阻碍了股权众筹的进一步发展。[4]除了可能使融资者的权益受到损害之外，在对投资者信息的穿透中，也很容易涉及个人隐私权和个人信息权。而且，我国许多众筹平台并未设置起投资金额，所以往往会涉及众多投资者的利益。即使每个人信息泄露量较少，但在基数较大的前提下，个人信息被侵害的总量也不容小觑。[5]

（四）股权众筹实施"穿透式"监管的衡平性（收益大于成本）

衡平性指行政机关采用的行为方式对个人造成的损害与社会获得的利益之间应当成比例。[6]行政主体在行使某种行政权力之前，必须将获得的收益与付出的成本进行比较，只有当监管带来的收益

---

〔1〕 宋柯均、吕笑微：《国内股权众筹网站发展探析》，载《现代物业（中旬刊）》2014年第8期。

〔2〕 白江：《我国股权众筹面临的风险与法律规制》，载《东方法学》2017年第1期。

〔3〕 白江：《我国股权众筹面临的风险与法律规制》，载《东方法学》2017年第1期。

〔4〕 白江：《我国股权众筹面临的风险与法律规制》，载《东方法学》2017年第1期。

〔5〕 许恋天：《互联网金融"穿透式"监管：逻辑机理与规范运用》，载《税务与经济》2019年第3期。

〔6〕 参见于柏华：《比例原则的法理属性及其私法适用》，载《中国法学》2022年第6期。

可以覆盖产生的成本时才能通过比例原则的最后一个检验步骤。[1]

如果"穿透式"监管已经经过了必要性步骤的检验，则可以将已经估测出的损害的价值作为监管的成本，而将监管带来的促进股权众筹市场健康发展的收益作为总体收益。从整体上看，"穿透式"监管维护了金融市场秩序，保障了金融行业稳定，同时也牺牲了商业主体的一部分利益，导致不公平的竞争，部分损害了互联网金融业态的创新发展。[2]这种比较需要数据的支持，因此，股权众筹甚至是互联网金融在具体实施"穿透式"监管的行政手段时，应当在结合实证数据的前提下严格遵循衡平性原则。

（五）股权众筹实施"穿透式"监管的成本收益回归性考察

比例原则必要性审查和衡平性审查都涉及成本收益分析。[3]必要性内涵是在各种手段达到效果相同的情况下找出对私权侵害最小的一个，这本质上就是成本收益的比较，在收益相同的情况下衡量手段所造成的成本。衡平性也是成本收益分析，对私权损害最小的手段进行权衡比较，如果此手段所带来的收益可以覆盖由此产生的成本，则可以通过衡平性的审查。从股权众筹的例子中可以得知，"穿透式"监管容易造成信息的泄露（商业秘密、个人隐私和个人信息），而且也容易干预企业的商业决策，[4]特别是像股权众筹这样处于非法与合法的模糊领域。[5]

"穿透式"监管的行政成本较高。以保险公司的"穿透式"监管为例，目前保监会人员机构设置有限，派出机构仅仅到省、计划单列市一级，要对像股权代持、表决权转让、一致行动约定等大多

［1］参见戴昕、张永健：《比例原则还是成本收益分析——法学方法的批判性重构》，载《中外法学》2018年第6期。

［2］白江：《我国股权众筹面临的风险与法律规制》，载《东方法学》2017年第1期。

［3］纪海龙：《比例原则在私法中的普适性及其例证》，载《政法论坛》2016年第3期。

［4］参见陈娟：《论资管产品穿透监管政策的适用》，载北京大学金融法研究中心网，https://www.finlaw.pku.edu.cn/jrfy/gk/2018_jrfy/jrfnzd97j/270928.htm，最后访问日期：2020年7月21日。

［5］Frank H, Easter brook & Daniel R. Fischel, "Voting in Corporate Law", *Journal of Law & Economics* 1983, p. 424.

非公开行为进行监管是非常困难的，除非利用司法手段获得证据线索，否则通过目前的保险监管系统难以实施。[1]而要对资本在全国范围内的影子关联银行进行穿透，找出实际控制人，就意味着要建立统一的综合统计系统，才能保证监管落到实处。[2]只有监管当局获得了更详细的数据，才能更有针对性、更系统地进行监管。[3]保险业"穿透式"监管是一个长期工程，需要多部委合作、法治环境以及基础性市场要素体系的完善。郭田勇表示："'穿透式'监管不是银保监会一家的任务。在金融范围内，构建一个宏观审慎的监管框架，部委之间携手合作，形成一种有力的监管协调机制是非常重要的。"这些为"穿透式"监管服务的基础设施体系并非朝夕之间就可完成，不仅需要大量的人力资源，还需要巨额资金的流转。在国家财政资源有限的前提下，不可能为了"穿透式"监管而"穿透式"监管。即使该理念发展到一定程度上有助于金融行业的稳定发展，但在财政条件的硬约束下，这种"一穿到底"的强监管手段也很难在现实中顺利开展。

"穿透式"信息披露的守法成本也极其高昂。有研究指出，超过70%的美国私募基金管理人需要100小时至500小时才能履行私募基金登记义务，每年成本为50 000美元至200 000美元。美国的信息登记较为简单，如果按照中国式的穿透理念，"穿透式"信息披露的成本将不可估量。[4]由此可知，如果按照中国的"穿透式"监管标准，这一成本将急剧增加。即使新的统计基础设施日臻完善，执行

---

〔1〕 参见宋怡青：《穿透式监管难在何处》，载微信公众号"财经国家周刊"，https://mp. weixin. qq. com/s/JJF0azTKVrfk4RaHtzjCxg，2017年9月15日发布。

〔2〕 参见宋怡青：《穿透式监管难在何处》，载微信公众号"财经国家周刊"，https://mp. weixin. qq. com/s/JJF0azTKVrfk4RaHtzjCxg，2017年9月15日发布。

〔3〕 参见奉仙：《中国金融监管：穿透式监管重塑资管行业新格局》，载新浪财经网，https://finance. sina. com. cn/roll/2018-04-20/doc-ifzihneq2370580. shtml，最后访问日期：2020年7月21日。

〔4〕 参见陈娟：《论资管产品穿透监管政策的适用》，载北京大学金融法研究中心网，https://www. finlaw. pku. edu. cn/jrfy/gk/2018_jrfy/jrfnzd97j/270928. htm，最后访问日期：2020年7月21日。

"穿透式"信息披露的守法成本也依然会高居不下。[1]

除此以外，近年来已有大量的研究对信息披露的有效性提出了质疑。[2]在浩如烟海的专业信息面前，大部分投资者其实并未享受到信息披露带来的红利。相反，他们需要处理的信息变多了，而且影响决策的最主要信息也随着信息基数的增加被忽视。由此导致的结果是投资者的权益反而更不容易被保护了。如果"穿透式"监管是为了保护投资者，但过多的信息无法达到保护投资者的目的，而"穿透式"监管的核心却是信息披露，则"穿透式"监管的尺度就值得思考。[3]

四、结语

"穿透式"监管之所以引起争议，原因就在于不管从字面含义还是各监管部门的实际操作来看，其本身的性质以及扩大的趋势都会被认为超出了监管的合理界限。即使互联网金融需要这种强监管模式，但将这种强硬的态度推广至其他金融领域难免招致非议和反感。而且，"穿透"本身的合法性和合理性如上文所述还有待讨论。在法律、行政法规尚未正式规定之前，各部门就纷纷颁布有关"穿透式"监管的规章，这种积极的做法实际上有越界的嫌疑，缺乏审慎的考虑。

尽管"穿透式"监管有一定的合理性，但如不加以控制，就会使这种成本不容小觑的手段被随意利用，偏离监管本身的目的。如果在实践中监管部门受到成本约束致使行动中的法与纸面上的法脱节，在一定程度上也会影响监管的威慑力和法律的严肃性。概言之，应当明确"穿透式"监管的界限，划清公权与私权的边界，将"穿

---

[1] 参见陈娟：《论资管产品穿透监管政策的适用》，载北京大学金融法研究中心网，https://www.finlaw.pku.edu.cn/jrfy/gk/2018_jrfy/jrfnzd97j/270928.htm，最后访问日期：2020年7月21日。

[2] 参见〔美〕欧姆瑞·本·沙哈尔、卡尔·E.施耐德：《过犹不及：强制披露的失败》，陈晓芳译，法律出版社2015年版。

[3] 参见张旭娟：《中国证券私募发行法律制度研究》，法律出版社2006年版。

透式"监管限定在合理可控的范围之内。

附表　"穿透式"监管的概念形成和扩张

部　门	实施时间	文件名称	主要内容
中国银行业监督管理委员会（"银监会"）	2017-03-28	《中国银监会办公厅关于开展银行业"监管套利、空转套利、关联套利"专项治理工作的通知》	按照穿透原则认定关联方和关联交易。
	2017-04-06	《中国银监会办公厅关于开展银行业"不当创新、不当交易、不当激励、不当收费"专项治理工作的通知》	二、不当交易方面 （一）银行同业业务 1. 同业投资业务方面 （1）是否对特定目的载体投资实施了穿透管理至基础资产，是否存在多层嵌套难以穿透到基础资产的情况…… （4）是否将穿透后的基础资产纳入对应最终债务人的统一授信管理和集中度管控。
	2017-04-07	《中国银监会关于提升银行业服务实体经济质效的指导意见》	对银行业"穿透监测资金流向"。
	2017-04-07	《中国银监会关于银行业风险防控工作的指导意见》	三、加强债券投资业务管理，密切关注债券市场波动 （九）健全债券交易内控制度。银行业金融机构要建立贯穿债券交易各环节、覆盖全流程的内控体系，加强债券交易的合规性审查和风险控制。坚持"穿透管理"和"实质重于形式"的原则，将债券投资纳入统一授信。 …… 四、整治同业业务，加强交叉金融业务管控 …… （十四）做实穿透管理。银行业金融机构要建立交叉金融业务监测台账，准确掌握业务规模、业务品种、基础资产性质、风险状况、资本和拨备等相关信息。 新开展的同业投资业务不得进行多层嵌套，要根据基础资产性质，准确计量风险，足额计提资本和拨备。 ……

续表

部 门	实施时间	文件名称	主要内容
中国银行业监督管理委员会（"银监会"）			（十六）严查违规行为。各级监管机构要重点检查同业务多层嵌套、特定目的载体投资未严格穿透至基础资产、未将最终债务人纳入统一授信和集中度风险管控、资本拨备计提不足等问题。 五、规范银行理财和代销业务，加强金融消费者保护 …… （十八）规范银行理财产品设计。银行业金融机构应当按照"简单、透明、可控"的原则设计和运作理财产品，在资金来源、运用、杠杆率、流动性、信息披露等方面严格遵守监管要求；严控嵌套投资，强化穿透管理，切实履行自身投资管理职责，不得简单将理财业务作为各类资管产品的资金募集通道；严格控制杠杆，防范资金在金融体系内自我循环，不得使用自有资金购买本行发行的理财产品。
	2017-04-10	《中国银监会关于切实弥补监管短板提升监管效能的通知》	二、强化风险源头遏制 （一）加强股东准入监管。加强股东准入监管。研究制定统一的银行业金融机构股东管理规则，明确银行业金融机构股东资格、参控股机构数量等监管要求。各级监管部门应强化准入监管，穿透识别实际控制人、最终受益所有权人，并审查其资质；加强关联关系审查，防止通过委托他人代持股权、关联方与一致行动人联合持股等方式规避股东资格审查的行为；加强资金来源审查，确保入股资金为投资人自有资金，来源合法合规。 …… 三、强化非现场和现场监管 …… （二）提升现场检查针对性。各银监局要精确制导、锁定高风险银行业金融机构开展现场检查。加大信用风险现场检查力度，核实资产质量，严肃

续表

部　门	实施时间	文件名称	主要内容
			查处不如实反映不良资产的行为。对于同业融资依存度高、同业存单增速快的银行业金融机构，要重点检查期限错配情况及流动性管理有效性。对于同业投资业务占比高的机构，要重点检查是否落实穿透管理、是否充足计提拨备和资本。对于理财业务规模较大的机构，要重点检查"三单"要求落实情况、对消费者信息披露和风险提示的充分性。
中国保险监督管理委员会（"保监会"）	2016-06-13	《中国保监会关于加强组合类保险资产管理产品业务监管的通知》（已失效）	对保险资产管理公司发行的产品引入穿透式监管原则。〔1〕
	2017-04-21	《中国保监会关于进一步加强保险业风险防控工作的通知》	对信用保证保险开展穿透式排查。〔2〕
	2017-04-28	《中国保监会关于强化保险监管 打击违法违规行为整治市场乱象的通知》（已失效）	二、工作部署 …… （二）着力整治公司治理乱象，提升治理机制有效性。 …… 监管部门要深入推进保险法人机构公司治理监管评估，加强投资人背景、资质和关联关系穿透性审查，禁止代持、违规关联持股等行为。重点核查公司是否建立适合自身情况的治理架构、公司治理机制的合规性和有效性，排查公司治理潜在风险。

　　〔1〕　赵宇龙：《穿透式监管下的保险业资产风险：监管框架设计与实证发现》，载《保险研究》2019 年第 6 期。
　　〔2〕　赵宇龙：《穿透式监管下的保险业资产风险：监管框架设计与实证发现》，载《保险研究》2019 年第 6 期。

部　门	实施时间	文件名称	主要内容
中国保险监督管理委员会（"保监会"）	2017-05-04	《中国保监会关于保险业支持实体经济发展的指导意见》	五、持续改进和加强保险监管与政策引导 （十三）逐步调整和优化比例及资本监管。注重风险实质判断，动态审慎调整投资资产的分类和资本要求。对于基础资产为国家政策明确支持的基础设施、保障房、城镇化建设等项目，且具有保证条款的股权计划和私募基金，研究调整其所属的大类资产类别和优化偿付能力资本要求。研究保险资金投资金融产品的监管比例，按照基础资产属性实施穿透性监管。
	2017-05-05	《中国保监会关于弥补监管短板构建严密有效保险监管体系的通知》	一、统一思想认识，把握正确方向 …… （三）坚持统筹协调，强化系统监管。各级保险监管部门要加强不同领域监管工作的协调统一、上下联动，切实做到全国监管一盘棋，对保险市场主体建立立体化、全流程、无缝衔接的监管体系。同时，主动加强与其他监管机构和执法部门的合作，加强工作沟通和监管信息共享，统筹运用各种手段和措施，提升金融监管穿透力。 …… 二、抓住重点领域，堵塞制度漏洞 …… （一）健全公司治理监管制度。加强机构股权监管，研究制定保险业统一的保险机构股权管理规则，设立更加科学严格的股东分类约束标准，建立市场准入负面清单，降低单一股东持股比例。加强入股资金真实性审查，强化投资人背景、资质和关联关系穿透性审查，严禁代持、违规关联持股等行为。增强关联交易监管，完善关联方信息档案建设，加强对关联交易审核责任人的追责。推进独立董事制度建设，完善公司治理制衡机制。强化公司治理监管，加强对股东增资、股权转让的审查力度，健全市场退出机制。完善公司规划监管，逐步建立

续表

部　门	实施时间	文件名称	主要内容
中国保险监督管理委员会（"保监会"）			科学有效的战略风险防控机制。研究出台系统重要性保险机构监管制度，评估确定首批国内系统重要性保险机构名单。
	2017-05-09	《中国保监会关于开展保险资金运用风险排查专项整治工作的通知》	二、排查内容 核查公司投资决策和交易行为的合规性以及内控管理的有效性，严格落实保险资金运用政策和规范市场投资行为。重点核查保险资产质量、真实性和安全性，排查保险资金运用风险隐患，查找制度缺陷。聚焦重大股票股权投资、另类及金融产品投资、不动产投资和境外投资等领域，实施穿透式检查，摸清并处置存量风险，严格控制增量风险。
	2017-05-27	《中国保监会关于开展偿付能力数据真实性自查工作的通知》	三、自查内容 …… （三）本方面，包括但不限于以下内容： …… 2. 最低资本： …… （4）使用穿透法计算最低资本的，资产范围是否符合规定，穿透后的基础资产是否为符合规定的具体资产，基础资产最低资本计算是否符合规定； ……
	2017-06-22	《中国保监会关于进一步加强保险公司开业验收工作的通知》	二、加强股东资质核查 （三）加强股东资质条件核查。保险公司股东应符合《保险法》《保险公司股权管理办法》等法律法规的相关要求。在筹建期间，股东如发生财务状况恶化、实际控制人变更、关联关系变化等影响股东资质的情形，应当在上述情形发生后 10 个工作日内书面通知筹备组，筹备组在收到通知后 10 个工作日内向保监会书面报告。保监会将对相关股东资质进行穿透性核查，要求详细说明股东资质变化的情况及原因，并根据需要进行上溯审查，采取相应监管措施。

续表

部　门	实施时间	文件名称	主要内容
中国保险监督管理委员会（"保监会"）	2018-04-10	《保险公司股权管理办法》	第3条 中国保险监督管理委员会（以下简称中国保监会）按照实质重于形式的原则，依法对保险公司股权实施穿透式监管和分类监管。 股权监管贯穿于以下环节： （一）投资设立保险公司； （二）变更保险公司注册资本； （三）变更保险公司股权； （四）保险公司上市； （五）保险公司合并、分立； （六）保险公司治理； （七）保险公司风险处置或者破产清算。 第32条 投资人取得保险公司股权，应当使用来源合法的自有资金。中国保监会另有规定的除外。 本办法所称自有资金以净资产为限。投资人不得通过设立持股机构、转让股权预期收益权等方式变相规避自有资金监管规定。根据穿透式监管和实质重于形式原则，中国保监会可以对自有资金来源向上追溯认定。 第73条第1款 中国保监会加强对保险公司股东的穿透监管和审查，可以对保险公司股东及其实际控制人、关联方、一致行动人进行实质认定。
中国人民银行	2017-06	《中国金融业信息技术"十三五"发展规划》	一、完善金融信息基础设施，夯实金融服务基石 …… 建设银行间市场新一代交易平台和全国统一的票据交易平台，完善黄金交易系统，完善证券期货交易所信息基础设施。建立覆盖全市场、穿透式信息的交易报告制度，建设场外衍生品交易数据库。 …… 三、推动新技术应用，促进金融创新发展 加强金融科技（Fintech）和监管科技（Regtech）研究与应用。探索基于大数据、人工智能等技术的穿透式监管

续表

部　门	实施时间	文件名称	主要内容
			方法，加强跨行业、跨市场交叉性金融产品的监管，提升金融风险甄别、防范与化解能力。健全与监管科技发展相匹配的金融监管体系。
中国银行保险监督管理委员会（"银保监会"2018年成立）	2018-09-26	《商业银行理财业务监督管理办法》（2018）	第7条 银行业监督管理机构依法对商业银行理财业务活动实施监督管理。 银行业监督管理机构应当对理财业务实行穿透式监管，向上识别理财产品的最终投资者，向下识别理财产品的底层资产，并对理财产品运作管理实行全面动态监管。 第29条第3款 其他资产管理产品投资于商业银行理财产品的，商业银行应当按照穿透原则，有效识别资产管理产品的最终投资者。 第42条第4款 本办法所称杠杆水平是指理财产品总资产/理财产品净资产。商业银行计算理财产品总资产时，应当按照穿透原则合并计算理财产品所投资的底层资产。理财产品投资资产管理产品的，应当按照理财产品持有资产管理产品的比例计算底层资产。 第45条第1款 商业银行应当加强理财产品开展同业融资的流动性风险、交易对手风险和操作风险等风险管理，做好期限管理和集中度管控，按照穿透原则对交易对手实施尽职调查和准入管理，设置适当的交易限额并根据需要进行动态调整。 第52条第2项 商业银行有下列情形之一的，国务院银行业监督管理机构可以要求其发行的理财产品由指定的机构进行托管： （二）未按照穿透原则，在全国银行业理财信息登记系统中，向上穿透登记最终投资者信息，向下穿透登记理财产品投资的底层资产信息，或者信

部　门	实施时间	文件名称	主要内容
中国银行保险监督管理委员会（"银保监会"2018年成立）	2019-12-30	《中国银保监会关于推动银行业和保险业高质量发展的指导意见》	息登记不真实、准确、完整和及时的。 四、精准有效防范化解银行保险体系各类风险 …… （十七）有序化解影子银行风险。银行保险机构要落实规范金融机构资产管理业务的指导意见，推动业务平稳过渡、规范转型。逐步清理压缩不合规的表外理财非标资产投资、表内特定目的载体投资、同业理财等业务规模，严控银信类通道业务。按照业务实质实施一致性、穿透式、全覆盖风险管理，严格适用相应的风险分类、资本占用和拨备计提等要求。保险机构要继续清理多层嵌套投资、关联交易加杠杆等违规行为。 五、建立健全中国特色现代金融企业制度 …… （二十二）严格规范股权管理。银行保险机构要按照资质优良、公开透明原则，动态优化股权结构。严格审查股东资质，强化对股东和实际控制人的穿透管理。规范股东行为，依法整治非法获取银行股权、股权代持、隐形股东以及违规开展关联交易套取、占用银行资金。对于问题股东，必须依法采取惩处措施，包括限制股东权利、责令转让股权、没收违法所得等。要强化股权管理，确定合理的质押比例，股权质押情况要向董事会、监事会和机构内部披露通报。银行保险机构要加强对股东股权的监督管理，推动集中登记、托管，规范股权质押、变更和增资等行为。
	2020-01-28	《中国银保监会现场检查办法（试行）》	第38条第2款 根据工作需要，可以采取线上检查、函询稽核等新型检查方法。线上检查是运用信息技术和网络技术分析筛查疑点业务和机构并实施的穿透式检查。函询稽核是对重大风险或问题通过下

续表

部　门	实施时间	文件名称	主要内容
			发质询函等方式检查核实的活动。
	2020-02-20	《中国银保监会办公厅关于预防银行业保险业从业人员金融违法犯罪的指导意见》	一、预防重点领域金融违法犯罪 （十一）……加强保险资金运用的穿透式管理，严防通过职务便利，利用股权、不动产、保险资产管理产品、信托计划、私募股权基金、银行存款质押等投资工具或者其他不正当关联交易手段，非法套取、侵占、挪用保险资金，严禁利用保险资金向股东或关联方输送利益…… （十二）……加强账户管理、合作机构穿透管理和合作业务存续期管理……
	2020-05-01	《保险资产管理产品管理暂行办法》	第11条 银保监会依法对保险资管产品业务进行监督管理。 银保监会对保险资管产品业务实行穿透式监管，向上识别产品的最终投资者，向下识别产品的底层资产，并对产品运作管理实行全面动态监管。
中国证券监督管理委员会（"证监会"）	2017-07-01	《区域性股权市场监督管理试行办法》	第14条 在区域性股权市场发行证券，不得通过拆分、代持等方式变相突破合格投资者标准。有以下情形之一的，应当穿透核查最终投资者是否为合格投资者，并计算投资者人数： （一）以理财产品、合伙企业等形式汇集多个投资者资金直接或者间接投资于证券的； （二）将单只证券分期发行的。 理财产品、合伙企业等投资者复合本办法第13条第2款第2项、第3项规定的除外。
	2017-10-01	《公开募集开放式证券投资基金流动性风险管理规定》	第17条第1款 基金管理人应当加强开放式基金从事逆回购交易的流动性风险和交易对手风险的管理，合理分散逆回购交易的到期日与交易对手的集中度，按照穿透原则对交易对手的财务状况、偿付能力及杠杆水平等进行必要的尽职调查与严格的准入管理，对不同的交易

部　门	实施时间	文件名称	主要内容
中国证券监督管理委员会（"证监会"）	2017-09-21	《公开发行证券的公司信息披露内容与格式准则第26号——上市公司重大资产重组》（26号准则）（已失效）	对手实施交易额度管理并进行动态调整。
			9月21日修订了关于IPO信息披露的重大资产重组规则，重组交易对手方要求披露主体的种种信息，合伙企业披露到最终出资人，如果成为第一大股东或者持股5%以上的股东，则需要全面披露几乎所有的商业情形，例如出资人资金来源、合伙企业利润分配以及亏损负担等。
	2019-07-05	《证券公司股权管理规定》（已被修改）	第4条 证券公司股东应当遵守法律法规、中国证券监督管理委员会（以下简称中国证监会）规定和公司章程，秉承长期投资理念，依法行使股东权利，履行股东义务。 证券公司应当加强对股权事务的管理，完善公司治理结构，健全风险管理与内部控制制度。 中国证监会及其派出机构遵循审慎监管原则，依法对证券公司股权实施穿透式监管和分类监管。 第7条第1款第3项 持有证券公司5%以下股权的股东，应当符合下列条件： （三）股权结构清晰，逐层穿透至最终权益持有人；股权结构中原则不允许存在理财产品，中国证监会认可的情形除外。 第29条 证券公司应当加强关联交易管理，准确识别关联方，严格落实关联交易审批制度和信息披露制度，避免损害证券公司及其客户的合法权益，并及时向中国证监会及其派出机构报告关联交易情况。证券公司应当按照穿透原则将股东及其控股股东、实际控制人、关联方、一致行动人、最终权益持有人作为自身的关联方进行管理。

续表

部　门	实施时间	文件名称	主要内容
国家金融监督管理总局(2023年成立)	2023-08-11	《汽车金融公司管理办法》（2023）	第33条 汽车金融公司应当制定完善关联交易管理制度，开展关联交易应当遵守法律法规和有关监管规定，遵循诚实信用、公开公允、穿透识别、结构清晰的原则。

（初审：赵志宇　何思璇）

论侵犯商业秘密的"反向工程"抗辩

——一种法经济学的解释

杨 纯[*]

内容提要：为顺应经济社会的改革与蓬勃发展，法律被赋予了更多的经济学解释。侵犯商业秘密的反向工程抗辩是传统法学理论争论不休的话题，本文另辟蹊径将其纳入一种新的解释维度——法经济学，对其进行成本—收益核算。通过法经济学中交易成本理论、法律运行的效益原则及福利经济学等进路剖析商业秘密反向工程法律制度背后隐含的经济因素，对侵犯商业秘密反向工程抗辩进行经济上的解释，阐述商业秘密反向工程的制度设计能降低交易费用、实现"帕累托最优"，符合法律制定的效益原则以及激励技术创新、促进良性竞争，实现社会福利最大化。

关键词：商业秘密 反向工程 法经济学 科斯定理

一、引言

商业秘密反向工程是在原型产品的基础上有效地获取技术信息的手段。依学界通说，通过商业秘密反向工程行为逆向破解、分析商业秘密而获得的技术信息不构成侵犯商业秘密的行为。纵观各国商业秘密反向工程方面的立法，多数国家也已经承认了其合法性，反向工程的法律效力与原创发明一样受法律保护。而我国现有立法未对商业秘密反向工程与侵犯商业秘密行为划分明确界限，加剧了

---

[*] 杨纯，女，贵州黔南人，中南大学民商法学硕士研究生。

商业秘密反向工程行为认定的模糊性，使商业秘密反向工程在实践中易引发商业秘密纠纷，增加了商业秘密反向工程这一技术获取手段潜在的法律风险。由此，法经济学——一种新的研究范式的出现，引起了传统法学研究领域学术和知识的巨大革新，其为侵犯商业秘密反向工程抗辩注入法经济学的解释，有效地弥补传统法学理论解释反向工程的不足。从具体的法律效率出发，考察商业秘密反向工程带来的社会经济效益，是顺应经济社会改革与蓬勃发展的必然要求。[1]具体而言，商业秘密市场中的交易主体与竞争主体处于复杂的市场环境中，由于市场信息的不对称、不完善性以及商业秘密的秘密性、隐蔽性等需要考虑交易成本，以降低风险从而实现利益最大化；而商业秘密反向工程法律制度的作用在于形成社会关系的基本结构，降低商业秘密交易行为与竞争行为界定的不确定性，使交易主体通过成本收益核算自己的行为，从而激发人们对经济活动投入的热情，减少行为选择的监督成本与风险成本，以平衡个人利益与社会公共利益，促进经济活动的平稳发展。然而制度的运行与执行需要成本的投入，也需进行成本核算。法律制度在调节市场中起到的节约交易成本的作用就是法律制度的效益原则；此外，福利经济学认为，可以用均衡来实现任何资源有效的配置。商业秘密反向工程有利于打破技术垄断、激励创新，促进信息共享，平衡个人利益与社会公共利益，间接增加产出与促进社会福利水平的提升。

通过法经济学理论解释商业秘密反向工程抗辩，研究商业秘密反向工程降低交易费用的行为选择，并进行演化博弈分析。主要研究目的是分析在信息不对称环境下，商业秘密反向工程在市场交易中的合理性，以及如何利用商业秘密权利主体与竞争主体间的博弈作用对反向工程行为及反向工程的规制手段进行影响，来实现社会整体效用最大化。基于商业秘密反向工程的成本—收益核算发现，商业秘密反向工程可以有效地降低交易成本、激励创新、促进良性

---

[1] 一切法律活动都要以资源的有效配置和利用为目的，法律制定的背后隐藏的是用法律修辞掩盖而不是阐明了的经济理由，寻求法律的经济归宿是法经济学的基本任务。

竞争，并且允许商业秘密反向工程行为对于社会激励机制具有推动性作用。因此，从商业秘密反向工程的交易费用、商业秘密反向工程制度运行的效益原则与福利经济学等进路，可以为侵犯商业秘密的反向工程抗辩给予经济上的解释。

二、商业秘密反向工程抗辩中的交易成本理论

交易成本是不同利益主体在市场交易过程或市场竞争环境中所花费的机会成本。对于商业秘密交易活动而言，交易相对人会投入调查、监督成本，核算自己的行为以降低交易风险。交易费用的产生涉及两个或多个人，是博弈行为。而交易费用不可能从局部均衡得到，运行一个制度所花费的成本只能通过制度选择的多人博弈过程的均衡状态来确定。因此，在信息不完备、不确定情况下，衡量交易制度的机会成本，需要建立博弈选择模型。在反向工程中，商业秘密权利人与反向工程实施人就是一对博弈主体，由于双方利益存在分歧，其博弈产生的交易成本发生在博弈双方在给定的不完备知识集合上，对制度做选择的机会成本。[1]

（一）科斯定理下反向工程制度的合理性

科斯定理主张，如果交易成本不存在或者可以忽略，那么产权的初始分配是无关紧要的，市场交易和谈判自然会导致资源的最优配置。[2]假设在市场交易中，商业秘密持有人与交易相对人在商业秘密交易活动中，交易成本为零。那么法律规则无关效率，因为通过商业秘密持有人与交易相对人的私人交易，双方总能形成有效率的交易结果。但关键问题在于，在纷繁复杂的市场交易中，科斯定理零交易成本的前提是不成立的。[3]总存在交易费用问题在交易费

---

〔1〕 汪丁丁：《从"交易费用"到博弈均衡》，载《经济研究》1995年第9期。

〔2〕 R. H. Coase. *The Firm*, *The Market*, *and the Law*, The University of Chicago Press, 1988, pp. 14–15.

〔3〕 David Friedman, William Landes, Richard Posner, "Some Economics of Trade Secret Law", *Journal of Economic Perspective*, Vol. 5, 1991, pp. 66–69. 在人类社会中交易费用是不

用为正的情况。不同的法律规则的制定，将产生不同的社会总产值。法律是否给予商业秘密反向工程以合法地位，将会影响市场上交易成本的高低以及社会资源能否被优化配置。

通常情况下，可以把交易市场分为：完全信息市场[1]、不完全信息市场、非对称信息市场。基于人的有限理性、市场本身属性及社会的复杂性，完全信息市场是不存在的。市场中的交易主体都是处在不完全信息市场或者非对称信息市场当中。信息的不充分、不完善性和市场的高度流动性、易变性，都会对不同的风险成本产生不同影响。在不完全信息市场与信息不对称市场中，商业秘密具有秘密性、价值性、保密性和技术上的新颖性、隐蔽性，是发明人经过大量的时间、资金投入，反复实验检验得来的。所以，区分该商业秘密是不是通过反向工程而取得是非常困难的。假设法律将反向工程作为侵犯商业秘密的行为，由于市场信息的缺失会给交易带来不确定性，则有理由期待交易相对人更加注意监督、调查商业秘密主体的机会行为主义，[2]以降低交易风险。如果调查成本较低以至于不会影响交易相对人对该商业秘密的交易行为，那么这种禁止商业秘密反向工程的制度设计不会影响效率的变动。但事实是，不完

（接上页）可避免的，按照威廉姆森的观点这是由于市场信息不完全的"交易要素"以及经济个体的有限理性和机会主义的"人的要素"共同引起的。

〔1〕 完全信息市场是一种静态的理想世界，是人们拥有关于有关市场交易的一切信息（包括交易主体身份、背景，交易对象的一切知识）及其交易效果的完全信息，信息在社会经济市场中不受阻碍而广泛、及时地扩散，每个人都能即时或得到同样的完全市场信息并作出最优的交易决策。不完全信息市场，市场主体对信息的拥有总是缺失的，且信息的传播和获取都是需要付出一定的成本，这往往是由于行为后果的不确定性、技术条件的局限性和组织结构的不完善性；非对称信息市场，市场中的交易主体对信息的拥有程度是有差别的，或者由于专业化、资金优劣使个人在其自身的专业领域或者是资本优势下与其他专业领域或者资本劣势主体相比很自然地取得了比那些信息劣势的市场参加者更为有利的地位。

〔2〕 〔美〕威廉姆森：《交易费用经济学讲座》，载《经济工作者学习资料》第50期，1987年内部发行，第1~61页。按照威廉姆森的定义，机会行为主义是指人们追求自身利益的动机是强烈而复杂的，往往借助于不当手段随机应变，投机取巧以谋取个人利益的行为倾向。本文主要用于指市场交易中商业秘密持有人有可能为了实现自己利益而借助于不当手段，使得交易相对人由于市场信息的缺乏不得不花费大量调查、监督成本去规避这一风险。

全信息市场和非对称性信息市场对于交易相对人来说，意味着非常高的信息收集成本——其鉴别、监督的费用异常昂贵。交易相对人将调整其交易对价以反映其调查成本与剩余风险，交易对价上升会抑制交易。倘若交易相对人为了达到交易目的，放弃调查，减少其调查、监督成本，虽然可能促成交易。但要承担更大的法律风险及成本，即交易之后因反向工程引发的法律纠纷会产生的诉讼成本，该成本主要包括交易相对人的起诉成本，商业秘密相关人的应诉成本，以及法院的调查审理成本等。这种法律制度设计下交易主体成本支付和诉讼救济是一种消极的成本。高风险最终也可能使得交易相对人放弃交易机会。

相反，若法律允许侵犯商业秘密反向工程抗辩，那么市场上进行的商业秘密交易是不是通过反向工程所获得无关紧要。交易相对人不必为监督、调查商业秘密成本问题而忧虑。因为无论其商业秘密是不是通过反向工程而取得，通过交易可以使相对人的权利得以实现，其后也不会担心因反向工程而获得的技术信息引发商业秘密纠纷，增加诉讼成本。

综上，过高的交易成本会阻止商业秘密交易活动的进行，同时也抑制了商业秘密实现价值。当商业秘密外部交易的风险成本过高时，交易双方不会通过交易活动去实现交易目的，商业秘密得不到传播和更高价值的利用，这就限制了商业秘密的使用用途。而在鼓励交易与抑制交易的选择中，显然法律更倾向于前者。商业秘密的市场交易提高了知识转换与传播的频率，交易是信息得以传播的主要途径。通过交易，信息得以扩散，商业秘密通过市场交易实现其价值。产权在不同主体处的不同价值使得交易顺利完成，从而产生社会经济增量，资源得到了优化配置。

（二）"博弈论"下的交易成本理论展开

"交易费用不可能从局部均衡得到，运行一个制度所花费的成本只能通过制度选择的多人博弈过程的均衡状态来确定。"[1]任何交

---

[1] 汪丁丁：《从"交易费用"到博弈均衡》，载《经济研究》1995 年第 9 期。

易成本来自两人或多人的博弈行为，博弈主体通过衡量成本收益以做出自己利益最大化的选择。商业秘密权利人与竞争者间的博弈模型是战略形式博弈。其解决的是发生在两个个体同时互动，彼此都对对方行为方向缺乏了解时，如何决策的问题。通过博弈论来展开在多种行为选择中博弈主体在自己最大化效益动机下的最优行为选择，得以进一步阐述博弈策略的选择是如何影响交易成本的。

市场中商业秘密权利人和竞争者是博弈主体。决策者都是理性的，会通盘考虑决策的成本和收益，通过理性决策实现收益最大化。法律制度、交易对方的行为选择作为重要变量影响着决策者的决策。从如何实现博弈均衡的角度来理解，博弈策略的不同选择带来不同交易成本。[1]本节对决策者的博弈策略进行法经济学分析，阐述商业秘密权利人和竞争者的行为选择在何种情况下达到纳什均衡。[2]

博弈论中包含着三个基本因素：决策者、决策者的决策、决策者的每一种决策的支付。[3]首先进行收益成本参数设定。当竞争者未选择反向工程而选择自主研发时，其收益为 R，选择反向工程进行创新后超额收益为 R1。[4]因反向工程失败或者造成各种风险而带来的损失为 L，因反向工程导致商业秘密保护力度加强（法律的规制、商业秘密权利人的保密措施）而带来的损失为 L1，因反向工程给商业秘密权利人带来的损失为 V。相关期望值为 E（R）、E（R1）、E（L）、E（L1）、E（V）。由于商业秘密实施的保护措施带来的收益为 P，同时实施加强保护而产生的例如法律规制、保护技

---

〔1〕 用博弈语言刻画制度，一般由制度引申出一个博弈形式，需要对法律规则和引导下的行为模式加以区别，分析理性行为人在现有制度状态下的博弈策略选择。

〔2〕 〔美〕罗伯特·考特、托马斯·尤伦：《法和经济学》（第 6 版），史晋川、董雪兵等译，格致出版社、上海三联书店、上海人民出版社 2012 年版，第 33～37 页。纳什均衡的定义是：如果没有参与人在其他参与人不改变其策略的情况下通过改变自己的策略提高其支付时，该博弈即达到了均衡。

〔3〕 〔美〕罗伯特·考特、托马斯·尤伦：《法和经济学》（第 6 版），史晋川、董雪兵等译，格致出版社、上海三联书店、上海人民出版社 2012 年版，第 33～37 页。

〔4〕 翟啸林：《博弈论视角下的互联网金融创新与规制》，载《经济问题》2018 年第 2 期。文章借助互联网金融创新与规制的博弈论分析方法，来阐述商业秘密权利人和竞争者二者的博弈策略。

术、保护手段革新、立法等方面的成本为 C，故相关期望值为 E
（P）、E（C）。在商业秘密权利人和竞争者的博弈模型中决策者就是
他们双方。在博弈中，商业秘密权利人可能选择的策略则是对商业
秘密采取强保护措施或者采取弱保护措施。竞争者的选择则是进行
反向工程或者不进行反向工程（自主研发）。

在策略选择上，假设竞争者不进行反向工程而选择自主研发，
则竞争者因自主研发获得的收益为 E（R），商业秘密权利人可选择
弱保护措施或强保护措施。若商业秘密人选择弱保护，竞争者与商
业秘密权利人的期望收益为 {E（R）、E（P）}。

假设竞争者选择不进行反向工程，商业秘密权利人却采取了强
保护措施，这对竞争者的收益不会产生太大影响，但会增加商业秘
密权利人的保护成本，社会期望收益下降，社会期望收益表示为 {E
（R），E（P）-E（C）}。

假设竞争者选择反向工程而商业秘密权利人选择弱保护措施或
者强保护措施，当选择弱保护措施时，竞争者可通过反向工程获得
超额收益为 E（R1），但因反向工程失败或者造成各种风险而带来的
损失为 E（L），而给商业秘密权利人带来的损失为 E（V），所以双
方的期望收益为 {E（R）+E（R1）-E（L），E（P）-E（V）}。
若商业秘密权利人在竞争者进行反向工程时实施了强保护力度，则
可避免因反向工程带来的损失 E（V），商业秘密权利人会在规避反
向工程导致的风险的基础上，因保护力度的加大，付出了相应的保
护成本 E（C），竞争者在进行反向工程获得超额收益的同时，会产
生因商业秘密强保护措施带来的损失 E（L1），双方的期望收益是
{E（R）+E（R1）-E（L）-E（L1），E（P）-E（C）}。上述表
述的收益矩阵如图 1 所示：

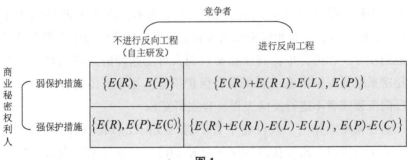

图 1

博弈理论中，假设竞争者和商业秘密权利人都是"理性人"，都会做出利益最优决策。在合理的预设条件下，理性决策理论的一个重要结果即是决策者按照期望效用函数最大化的方式选择自己的行动。以下将对上述的博弈主体交互博弈下的选择引发的"成本—收益"进行分析。

对于商业秘密权利人而言，在博弈模型中，商业秘密权利人有一个严格占优的选择：即对商业秘密进行弱保护对其而言总是有益的。商业秘密权利人选择对商业秘密进行强保护措施所带给他的益处是防止侵犯商业秘密行为的出现以减少因反向工程而带来的损失，而基于以上交易成本理论分析，禁止商业秘密反向工程抗辩（法律规制、强商业秘密保护措施）的成本 E（C）相当高昂，而社会收益很小，极大地浪费了社会资源，既不利于个人利益最大化目标的实现，也无法对整个社会进行"帕累托"改进。倘若进行弱保护措施，由于权利人是技术的开发者与资源的掌握者，进行弱保护措施可在合理规范反向工程行为的同时，激励权利人进行技术再创新，获得更高收益。根据公共品最优供给的萨缪尔森定理，供给公共品的边际成本应等于此公共品的所有消费者的边际收益之和。在竞争性均衡下，由于人们的出价低于有效供给的价格水平，造成私人市场无法实现公共品的有效供给。故 E（V）<E（C）。即可得出 E（P）-E（V）>E（P）-E（C），因此，商业秘密权利人进行强保护措施总比弱保护措施的损失大。

对于竞争者来说，当商业秘密权利人采取弱保护措施时，进行反向工程是其最优解。假设进行反向工程失败或者造成的各种风险 E（L）不存在或者小于进行反向工程所带来的超额收益 E（R1），则进行反向工程是有益的，根据"理性人"的最优利益选择，竞争者会作出反向工程的行动。反之，进行反向工程失败或者造成的各种风险 E（L）大于进行反向工程所带来的超额收益 E（R1），则基于理性选择，竞争者不会进行反向工程。总的来说，一方面，进行反向工程在原产品的基础上进行的技术提取和研发，避免了初始研发的低效与错误，一定程度上降低了研发风险；另一方面，竞争者进行反向工程会降低研发创新成本和探索市场的成本，有利于促进技术的二次创新。所以，竞争者最优解是选择进行反向工程。

综合以上分析，进行弱保护措施才是商业秘密权利人的理性选择，竞争者也由此推及采取反向工程。这个博弈的结果，达到纳什均衡，即给定别人策略的情况下，没有人能通过改变自己的行为使自己的境况变得更好。这是交易费用和社会成本最低的一种双方行为方式，竞争者进行反向工程，减少了不必要的社会耗费，节约了社会资源。二者的决策对社会来说总是最优的。

三、商业秘密反向工程法律运行的效益原则

法律规则的制定本身也是一种资源的成本负担，并且这种资源是稀缺的。[1]法律和市场一样是一种资源配置机制。商业秘密反向工程法律运行的效益原则指的是法律资源在市场中的均衡配置。它具有适应性、协调性、稳定性以及平衡性的特点。因此，允许商业秘密反向工程抗辩是实现法律制度体系和法律实际运作整体均衡的体现。

（一）法律规则下的效益原则

专利与商业秘密都是技术创新者保护知识信息的选择。获得专利的前提是公开专利技术，公开后受专利法有时间限制的专利权保

---

〔1〕 ［美］罗伯特·考特、托马斯·尤伦：《法和经济学》（第6版），史晋川、董雪兵等译，格致出版社、上海三联书店、上海人民出版社2012年版，第64页。

护。而商业秘密是创造者自己采取保护措施对技术信息进行保护，我国现阶段没有专门的商业秘密法，对商业秘密的保护在法渊源上归由反不正当竞争法调整。从起源上看，反不正当竞争法是为了弥补知识产权法权利救济上的不足，作为一种兜底性保护机制出现的，目的在于当知识产权法不能提供有效的保护时，能构筑权利的第二防线，提供替代性补救措施。[1]

专利法保护的是在先权利的获得者。由于一项技术信息获得专利法保护的前提是向社会公开其专利技术，使公众所知悉和利用。对专利进行反向工程侵犯了专利权人的专利权。而商业秘密由于其秘密性特征，不为公众所知悉。与专利技术相较而言，商业秘密的技术信息、管理信息等没有向社会公开，具有保密性和秘密性，这种隐蔽状态，使商业秘密对社会的贡献较小，不利于科学技术的快速传播与发展。假设法律禁止对商业秘密进行反向工程，那么无论在专利法抑或是竞争法部门下，反向工程行为都是违法行为。商业秘密权利人也有权像专利权人那样，阻止竞争者进行反向工程获取其技术信息。那么，反不正当竞争法给予了商业秘密权利人以技术信息独占权。

如果把目光扩展到法律规制成本上，商业秘密要求信息具有一定程度的新颖性、隐蔽性，即开发与获得存在难度。进一步来看，商业秘密具有独立的市场交换价值和竞争功能。这些价值和功能说明了对商业秘密进行反向工程的困难性。而由法律保护、先进、技术含量高的商业秘密一般很难被进行反向工程。在经济社会中，容易并且经常被进行反向工程的一般情况下都是技术含量低的商业秘密。那么，法律花费较高的司法资源去规制获利甚微的这一行为，显然会造成司法资源的成本增高，而对技术含量低的商业秘密进行反向工程所带来的社会收益往往还要低于此项规制成本。

综上所述，抑制商业秘密反向工程行为一方面太过于保护原发

---

〔1〕〔美〕理查德·A. 波斯纳：《法律的经济分析》（上），蒋兆康译，中国大百科全书出版社1997年版，第51~64页。波斯纳认为，"商业秘密是专利授权常用的替代制度"。

明人的利益，不符合法律衡平原则和法经济学的利益均衡原则，法律给予知识信息发明者的这种强保护措施，造成商业秘密权利人对知识信息的高度垄断。由于垄断的存在和追求利益最大化的理性行为，商业秘密权利人就会极力控制商业秘密技术的传播和利用，阻碍知识和信息的扩散，延缓社会发展速度。另一方面，用知识产权法和反不正当竞争法两个部门法来规制反向工程行为，或许会浪费立法、司法和执法资源。法律制定和实施的资源应该在权衡各种利益之间做出最优配置，制度的公平理应在权利之间谋求某种均衡和协调。保护力度太强会抑制竞争者的创新发展，不符合法律供求均衡。[1]反而会导致社会成本大于收益的问题。所以，禁止反向工程的制度设计会产生低效率甚至是无效率的结果。能够轻易通过反向工程获取的信息，其稀缺程度很低，不太具有市场上的经济价值，由于其逆向破解程度低、易于挑战，也没有必要赋予其单独的司法资源去抑制这种技术信息的生成。反之，法律允许侵犯商业秘密的反向工程抗辩，给予竞争者一个技术竞争的路径，会在市场上形成其与商业秘密权利人一种良性互动竞争的局面。

(二) 汉德公式下的法律效益原则

汉德公式[2]原先是用以解决侵权责任中的经济效率问题，其所揭示的经济意义在于：防范和损失的发生对社会而言都是成本付出，如果能够以较低的成本付出代替较高的成本付出，从社会的角度来看，这些做法就是有效率的。[3]因此，可以借用汉德公式来论述商业秘密反向工程的"成本—收益"问题。

---

〔1〕 冯玉军：《法经济学范式研究及其理论阐释》，载《法制与社会发展》2004年第1期。法律的供求均衡，是指国家机关强制或愿意进行的立法、司法、执法等活动同人们购买（或遵守）法律的主观愿望和客观能力相适应的局面。法律供给与需求处于均等状态，由此决定的法律成本最低，收益最大。

〔2〕 汉德公式是勒尼德·汉德法官在 United States v. Carroll Towing Co. 一案中，提出的过失认定公式。是用以解决侵权责任问题，这里不是直接适用汉德公式，而是借鉴这种思考模式，借以阐述在法律设计中如何达到"成本—收益"标准。

〔3〕 付慧姝：《商业秘密保护中的价值冲突与权利冲突研究》，载《河北法学》2005年第12期。

　　如果为禁止反向工程（法律规制、采取强商业秘密保护措施）而付出的成本远大于允许反向工程付出的成本，那么不允许对该项商业秘密进行反向工程是不具有效率的。借用汉德公式的定义，用B（burden）表示防范成本（法律的规制成本投入、商业秘密权利人的防范成本投入）。P（possibility）表示竞争者进行反向工程的概率和L（loss）表示进行反向工程的预期成本。下图横轴表示防范程度，纵轴表示金额，PL曲线表示防范函数的反向工程成本的预期变化。曲线B表示防范的边际成本。防范程度的上升能减少反向工程的概率，但是防范程度的增加同时也意味着防范金额的投入提高。两条曲线的交点M代表了适当的防范程度。M点往左，反向工程的收益金额高，但是防范力度很低，可能达不到商业秘密的秘密性和保密性要求。M点往右，表明防范力度大，降低反向工程的成功概率，但同时要付出高昂的防范成本，如图2所示。

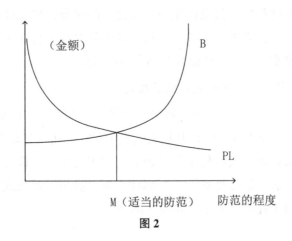

图2

　　由上面的曲线图可以看到，当法律采取规制商业秘密反向工程的力度与商业秘密权利人采取的保护防范措施越强，进行反向工程的概率与损失的边际成本越低，一定程度上抑制了PL的概率。即商业秘密反向工程行为的进行，减少了反向工程所带来的损失，但是B曲线逐渐上升则意味着这种法律成本和防范成本的高昂。其所付出的成本是否具有社会正效益需要进行"成本—收益"考量。

从成本的角度考量 B，B 不仅表示防范人（法律、商业秘密权利人）采取的防范成本，而且还意味着防范人减少其产出或其他活动的成本。商业秘密权利人为了维持自己竞争优势的目的而不得不支出大量的防范成本，采取设立"防护篱"、建立"安全通道"、增派保安人员、加强对员工的保密教育等措施。法律为了规制商业秘密反向工程，在立法、司法、执法方面投入成本，不断增加各种管理和监督费用。除此之外，商业秘密权利人为了防止商业秘密被大范围地知悉，也有可能采取缩减研究与开发部门的规模等一些防范措施。这些行为必然会起到禁止反向工程、增加进行反向工程所产生的成本、保护商业秘密权利人的作用，但是这种防范成本的增加是缺乏效率的，因为私人、社会成本投入将降低社会整体福利，造成社会资源配置低效。采取禁止反向工程的法律规制、强商业秘密保护措施并不是降低成本最有效的方式。当允许反向工程规制模式比禁止商业秘密反向工程（法律规制、采取强商业秘密保护措施）规制模式的收益更大、成本更低的时候，就应允许商业秘密反向工程。

汉德公式提供了一个目标，即法律的制度设计需要寻找均衡的 M 交点，既采取合适的手段将防范成本降至最低，又不打破商业秘密的秘密性和保密性特征。

四、商业秘密反向工程抗辩的福利经济学

法律的主要目标是诱致私人行为的边际收益与边际成本内部化，调整行为人的私人收益和成本，从而使之与社会收益和成本相一致。"成本—收益"的一致性会带来社会的均衡状态，促使资源的合理配置，实现社会福利最大化。而现有的关键问题在于，社会资源的稀缺性无法满足日益增长的社会需求。如何将有限的资源运用到合理的地方，实现资源的最优配置是法律亟待解决的问题，而反向工程是解决这一问题的手段之一。

（一）反向工程下的技术改进

商业秘密反向工程是从正当和诚实的方式获得的已知的产品出

发，回过头来发掘、反推出产品开发方法。即商业秘密反向工程是在原型产品的基础上进行的技术研发。从反向工程的角度讲，反向工程的着眼点在于取得原有产品中蕴含的技术，进而对已知产品进行再创造，或者对所获得的技术进行改进和创新以获取新的关键技术。技术信息创造出来的知识产品具有经济价值，需要进行"成本—收益"的衡量标准。法律允许侵犯商业秘密的反向工程抗辩下，商业秘密反向工程的存在会促进知识信息的再升级，有利于资源从低价值到高价值过渡以达到资源的最优配置，创新研发改进社会中的各种技术条件，提高公众生活水平，促进社会福利。例如，从医药领域和环境治理领域看，社会庞大的医药需求量使之源源不断地向大自然获取资源而又无法反馈，导致了严重的环境问题。同时由于公共领域公共产品社会需求量高，但缺乏技术、资源，使得现有技术的升级具有紧迫性并面临着强大的考验，而这些领域的技术如果能够得以改进将会带来社会的巨大进步。倘若法律再禁止反向工程，可能加深该领域的垄断，加剧市场失灵。如果产品和技术得不到改进，消费者的生活水平得不到提高，社会各种基础问题得不到治理和改善，那么将导致有限的资源得不到最佳效果的利用，带来社会成本大于社会效益的结果。相反，如果允许反向工程，会达到资源优化配置的效果。反向工程对技术再创新活动，将促使技术得以改进，运用到医学、环境治理等对公共产品社会需求高的领域，将促进社会发展质量的巨大提高，为民众带来更大的福祉。所以允许商业秘密反向工程对社会毫无疑问是有益的，将其利用于对公共产品社会需求极高的领域里，符合经济学上效益理念。

（二）反向工程下的良性竞争

经济组织作为一种适应性系统，是始终处于动态发展中的，当它面对的环境发生变化时，其具体的管理策略、创新模式也将作出相应的调整。禁止反向工程对事关基础设施行业具有负向影响，研发能力处于行业优的商业秘密权利人是创新知识、技术资源的掌控者，这会降低对外部资源的吸收和知识转型的内部改进选择概率。

而反向工程合法化提高了知识转换与传播频率，给商业秘密权利人的发展带来竞争。商业秘密权利人为了适应不断变化的外部环境，必须不断寻求新的技术资源支持，将其外部效应"内部化"以实施领先战略。因此，允许商业秘密反向工程提高了商业秘密权利人进行技术革新的概率。假设禁止商业秘密反向工程，商业秘密权利人获得技术上的独占性，垄断其拥有的技术信息，而垄断本身将阻碍技术信息之充分使用，减少竞争压力，使得技术研发的动力大打折扣，减慢整体技术发展步伐。反向工程具有形成并保持某种竞争关系的强激励机制的能力，这种激励机制促使交易者最大化他们的产出以获得最大化的利润。[1]商业秘密权利人为了求得生存和发展，必然在适应市场效率上展开竞争，竞争会刺激商业秘密权利人为了获得竞争优势而不断优化资源配置，努力提高生产技术，改善经营管理，由此推动整个社会资源优化配置和提高社会生产效率。

（三）反向工程的信息共享性

知识信息是相容的，可共享性的资源，绝对的独占性和排他性会使知识信息限制在自我使用的领域，无法对社会公众的整体利益做出贡献。[2]社会是一个庞大的整体，经济组织作为社会中的个体，其创造性行为必须在整体的社会中进行，从另一个角度说，每个经济组织的创造性活动都必然地借助了社会的现有资源[3]。法律虽然要求秘密信息权利人实施保密性措施，但秘密信息权利人不能以其信息的隐蔽性独占、排他地阻止竞争者通过合法渠道获取该信息。若商业秘密权利人无条件地制止商业秘密反向工程实施者利用其所创造的知识资产进行反向技术获取行为，将减慢知识扩散与改进的速度，不利于社会公共利益。对此根据"成本—收益"分析，社会总成本将增加。如果全面禁止反向工程，公众难以获取产品再开发

---

〔1〕 徐东、李元皓：《我国企业反不正当竞争行为模式的研究》，载《生产力研究》2013年第9期。

〔2〕 谢晓尧：《论商业秘密的道德维度》，载《法律科学（西北政法学院学报）》2002年第3期。

〔3〕 王玲平：《计算机软件反向工程》，载《硅谷》2012年第20期。

所必需的信息，从而转向自主研发或者放弃技术研发，现有技术得不到改进，那么会造成资源浪费，增加社会成本；若无条件允许商业秘密反向工程，无疑会消减原商业秘密权利人由技术研发所带来的经济利益，会使他们在"成本—收益"的权衡下放弃技术研发。依此发展下去，技术创新的发展也将受到严重影响。因此，商业秘密中的知识产品放到市场中，允许竞争者通过合法手段进行反向获取，有益于社会技术的改进、社会福利水平的提高。

（四）反向工程制度对"潜在的帕累托改进"的实现

以帕累托改进理论作标准来衡量商业秘密反向工程对社会福利和资源优化配置实现的影响。根据意大利经济学家帕累托的观点，如果社会的每个成员无法在不损害他人利益的前提下获得更多经济利益，则意味着社会资源处于最优的配置状态，即帕累托最优。但是帕累托最优是很难达成的。[1]因此，依照财富最大化的要求，必须通过各种制度设计为贴近这种最优状态不断进行帕累托改进。[2]潜在帕累托改进允许改进受损者，但要求受益者的收益要大于受损者的损失，这是一个理论上的"成本—收益"分析。[3]"成本—收益"分析当中，当收益超过成本则项目将被实施，也暗含着收益弥补损失。考虑这个标准，有助于分析商业秘密反向工程抗辩问题。

首先，在法律上允许侵犯商业秘密的反向工程抗辩，能够减少各种交易费用，是减少社会资源浪费的有效手段。通过增加交易，知识得以传播和高效利用，由此出现合作剩余，产生经济增量，实现帕累托改进。其次，反向工程虽然有损商业秘密权利人的利益，但是能打破商业秘密权利人的技术垄断，在给商业秘密权利人带来竞争和利益刺激的前提下，激励商业秘密权利人寻求技术改进，加强创新研发，以巩固自己市场上的优势地位，从而在商业秘密权利

---

〔1〕〔美〕罗伯特·考特、托马斯·尤伦：《法和经济学》（第6版），史晋川、董雪兵等译，格致出版社、上海三联书店、上海人民出版社2012年版，第37~42页。

〔2〕张耕等：《商业秘密法》（第2版），厦门大学出版社2006年版，第47页。

〔3〕〔美〕罗伯特·考特、托马斯·尤伦：《法和经济学》（第6版），史晋川、董雪兵等译，格致出版社、上海三联书店、上海人民出版社2012年版，第37~42页。

人与竞争者之间形成一种良性竞争机制，实现社会福利最大化。由此可见，允许商业秘密反向工程所带来的收益大于商业秘密权利人的损失，是符合"成本—收益"理论的。最后，反向工程的存在也是为了平衡专利法与反不正当竞争法对知识信息保护，打破竞争者的不合理的进入壁垒，减少各种管理、规制成本，使法律制度达到衡平的状态，实现社会成本小于社会收益的效果。允许侵犯商业秘密反向工程抗辩在降低交易费用的基础上可实现社会经济效益的"潜在的帕累托改进"。

反向工程减少各种交易障碍，避免商业秘密纠纷引发的诉讼成本，是法律利益保护平衡。[1]这种制度设计可实现帕累托改进[2]，是符合收益最大化理念的。

五、结语

商业秘密反向工程，是逆向破解、分析、获取已经生产出来的产品中所蕴含的技术秘密的一种有效手段，它在促进市场交易，降低诉讼成本和研发成本，避免司法资源浪费，实现知识产权法和反不正当竞争法的平衡，提高社会福利方面发挥着很大的作用。对于商业秘密反向工程相关问题的认识，目前国内更多地仅停留在传统法研究层面，而传统理论研究视角尚未对商业秘密反向工程的研究结论有系统性的突破。因此，顺应市场经济发展趋势，利用一种新的解释维度——法经济学解释，揭示商业秘密反向工程背后隐藏的经济逻辑可以提高法学理论对商业秘密反向工程的解释力，以此对传统法学理论研究结论进行革新。

本文从交易成本理论、法律的效益原则、福利经济学三个进路

---

〔1〕 张熙：《侵犯商业秘密抗辩事由之反向工程法律保护问题研究》，载《法制与社会》2014年第10期。

〔2〕 ［美］罗伯特·考特、托马斯·尤伦：《法和经济学》（第6版），史晋川、董雪兵等译，格致出版社、上海三联书店、上海人民出版社2012年版，第34~38页。在潜在的帕累托改进或卡尔多-希克斯效率一节中认为，潜在的帕累托改进允许存在受益者和受损者，但要求受益者的收益要大于受损者的损失。

解释商业秘密反向工程的经济学原理，考察商业秘密反向工程制度存在的"成本—收益"因素，系统阐述法律若禁止商业秘密反向工程将花费的经济代价，以及法律允许商业秘密反向工程制度的存在，会使得商业秘密反向工程产生正外部性，能从整体上提高社会收益。基于以上阐述，可以得出，在交易成本存在的情况下，不同的制度设计会产生不同的资源配置效果。本文从效益原则出发，对商业秘密反向工程在制定和实施过程中进行"成本—收益"核算，运用科学的实证分析和规范分析，得出了符合市场经济的、科学的结论。

（初审：刘水行云　熊海涛）

监管科技，合规与技术判断规则*

尼桑·盖斯莱维奇·帕金 著**
吴术豪 译***

◆ --

合规作为一项重要的治理功能得以发展，并将风险管理作为监管策略的关键要素，得益于以下两者：首先，自 2008 年金融危机后，政府加大监管力度，要求开发合规和风险管理的工具、技术。其次，这是近期确立的私营部门在全球金融市场制定规范时趋同的做法。[1] 本文重点关注金融业的监管合规性，并假设监管科技（RegTech）的能力会提高这一合规性。监管科技被描述为使用"技术解决方案"来促进监管要求的合规性以及发挥监控作用。[2]

如前所述，监管科技是目前解决金融行业风险和挑战的为数不多的答案之一，在这个技术驱动的时代，它扮演着至关重要的角色。监管科技也加速了向合作监管模式的演变，在这种模式下，监管机构指导金融机构寻找合适的合规行为，而金融公司反过来为制定有效的指导方针、最佳实践和监管科技解决方案提供必要的投入。

---

* Nizan Geslevich Packin, "Regtech, Compliance and Technology Judgment Rule", 93 *Chicago-Kent Law Review*, 193 (2018). 本文所有文责均由作者自负。本文的翻译已获得授权。

** 尼桑·盖斯莱维奇·帕金 (Nizan Geslevich Packin)，现为美国纽约城市大学巴鲁克学院法学教授 (Professor of Law)。
*** 吴术豪，华东政法大学国际金融法律学院 2022 届硕士。

〔1〕 Geoffrey P. Miller, "The Role of Risk Management and Compliance in Banking Integration", *N. Y. U. Ctr. for Law, Econ. & Org.*, *Working Paper*, No. 14-34, 2014, https://ssrn. com/abstract=2527222 [https://perma. cc/8R3C-VT6X].

〔2〕 Fin. Conduct Auth., *Call for Input: Supporting The Development And Adoption of Regtech* 3 2015, https://www. fca. org. uk/publication/call-for-input/regtech-call-for-input. pdf [https://perma. cc/FB99-5S6F].

　　然而，本文认为监管科技并不是应对所有公司治理挑战的灵丹妙药。第一，存在某些障碍使监管科技的施行更加困难。第二，仅靠监管科技无法根除不受欢迎和不道德的商业行为，也无法解决企业文化带来的道德问题。此外，企业可以使用技术来逃避监管和阻挠监管机构，这种现象被称为反监管科技（Anti-RegTech）。第三，技术可能会妨碍治理和风险管理决策过程中的良好判断和人力投入，而治理和风险管理决策过程的运作基于不透明的程序化推理，这种推理往往带有偏见（其中也会反映出对法律的不同解释）。第四，高风险特征使得金融机构在与第三方公司合作时必须谨慎，在与第三方公司建立合作关系之前，应将监管机构包括在内，尤其是考虑到日益增加的网络风险。最后，许多监管科技的自动化和效率收益已经被扩大的监管要求和它们的成本所抵消，例如来自监管机构的信息请求数量的增加。

　　本文的结论是：社会和企业都有可能从监管科技获得巨大的利益，但这需要技术的精心设计、监管机构和私营部门的共同努力，以及相应企业思维的转变。

一、金融科技的兴起

　　数据管理能力的显著增长和交易成本的相应降低促进了创新技术产品和服务的出现，而这在此前是难以置信的。[1]与本文主要相关的议题是21世纪的技术进步通过金融科技（Fintech）的发展对金融部门产生影响。[2]这种转变主要是新互联网工具和数字技术发展

---

〔1〕　See Annie Sneed, "Moore's Law Keeps Going, Defying Expectations", *Sci. Am.* (May 19, 2015), https://www. scientificamerican. com/article/moore-s-law-keeps-going-defying-expectations/ [https://perma. cc/DX4D-5THS]. [芯片制造商英特尔（Intel）的联合创始人戈登·摩尔（Gordon Moore）在50多年前曾预测，计算机的处理器能力将每两年翻一番，尽管"许多技术专家预测摩尔的（预测）将翻一番"，但他的预测"在半个世纪后仍是正确的"。]

〔2〕　英国的金融稳定理事会将金融科技理解为技术使创新金融服务，可能促进新的商业模式，应用程序、过程或产品相关的材料产生，并影响金融市场和机构和提供金融服务。未来几年，金融科技创新将影响金融服务的许多不同领域。"Monitoring of FinTech", *Fin. Stability Bb.*, http://www. fsb. org/what-we-do/policy-development/additional-policy-areas/monitoring-of-fintech/ [https://perma. cc/C6SP-PF2J].

的结果。这些工具和数字技术改变了数十亿人的生活，金融服务和产品在实质上和概念上变得更容易获得，当然部分原因在于这类金融服务和产品能够为金融消费者增益。例如，新技术使支付能够在全球范围内快速处理，同时仅收取相对较低的费用；[1]个人投资者能够在股票市场上直接买卖网上证券，而无需任何中介机构的建议。[2]这些变化和金融科技的发展一方面使社交媒体成为可能，另一方面又使数十亿人能够通过共享经济保持联系，促进了闲置资产的消费（这通常是由金融科技公司推动的）。[3]

但与此同时，技术的发展为犯罪分子提供了极其有效的工具，[4]这是因为许多新技术的关键特征在于：其产生并依赖于大量的个人数据。事实上，数字技术公司和金融服务机构都十分注重海量的数

---

〔1〕 Lawrence J. Trautman, "E-Commerce and Electronic Payment System Risks: Lessons from PayPal", 16 *U. C. Davis Bus. L. J.* 261, 278（2017）.

〔2〕 Melanie L. Fein, *Robo-Advisors: A Closer Look* 1（June 30, 2015）（unpublished manuscript）, http://ssrn. com/abstract-2658701［https://perma. cc/FKN6-STCZ］.

〔3〕 See, e. g., Jim Marous, "Fintech Use Reaching 'Mass Adoption' Among Digital Consumers", *Fin. Brand*（July 18, 2017）, https://thefinancialbrand. com/66384/fintech-digital-banking-usage-trends/［https://perma. cc/FJ7Y-WUCA］; "Financial Technology Services Poised for Mainstream Global Adoption, Led by China and India", *Fintech Innovation*（July 20, 2017）, https://www. enterpriseinnovation. net/article/financial-technology-services-poised-mainstream-global-adoption-led-china-and-india［https://perma. cc/54RY-QXRT］.［40%的金融科技用户经常使用随需应变服务（如食品配送），而44%的金融科技用户经常参与共享经济（如汽车共享）。相比之下，只有11%的非金融科技采用者经常使用这两种服务。］Alex Lielacher, *How the Blockchain Can Create a True Peer-To-Peer Sharing Economy*, NASDAQ（June 21, 2017, 8:24 AM）, http://www. nasdaq. com/article/how-the-blockchain-can-create-a-true-peertopeer-sharing-economy-cm806072［https://perma. cc/9EGJ-K7Z5? type-image］.（通过将区块链技术应用到共享经济中，不再需要一个中央机构来确保条款和条件得到遵守，交易由此进行。分布式分类账技术可以提供智能合同、与可公开查看的用户信誉系统相关联的数字身份以及数字货币支付，所有这些都减轻了对中央管理机构的需求。）

〔4〕 See generally Lawrence J. Trautman, "Cybersecurity: What About U. S. Policy?", 2015 *U. Ill. J. L. Tech. & Pol'y* 341（2015）; Lawrence J. Trautman & George P. Michaely, "The SEC & The Internet: Regulating the Web of Deceit", 68 *Consumer Fin. L. Q. Rep.* 262（2014）; Lawrence J. Trautman et al., "Corporate Information Governance Under Fire", 8 *J. Strat. & Int'L Stud.* 105（2013）.

据及其处理。[1]

作为数字技术行业的一个子类别，[2]金融科技行业通常包括两种类型的公司。第一类由服务商组成，即维护金融机构的技术基础设施进而提高金融服务效率的公司。[3]第二类由干扰者组成，即挑战现有结构和方法，采用新的创新融资流程的公司。[4]

（一）消费金融服务产品的革新

金融科技公司致力于创新数字银行与金融服务，试图改革消费金融服务产品，如支付、资本市场、资产管理、贷款、保险，甚至存款活动（在法律允许的前提下）。[5]在提供银行类服务的新参与者中，有一些企业试图避免开展接受传统存款的业务，因此被归类为银行。这些类似银行的服务提供商的新形式已经出现多年，并逐渐蚕食了传统银行的市场份额。这种实体被称为"非银行金融机

---

〔1〕 Karen McCullagh, "Brexit: Potential Implications for Digital and 'Fintech' Industries", *Int'l Data Privacy L.*, Feb. 2017, at 3, 4.

〔2〕 数字技术公司被定义为提供数字技术服务、产品、平台或硬件，并依赖于数字技术作为其主要收入来源的实体。Tech City Uk & Nesta, *Tech Nation* 2016: *Transforming Uk Industries* 9 (2016), http://www.nesta.org.uk/sites/default/files/tech-nation-2016_report.pdf [https://perma.cc/Y2LM-882H].

〔3〕 Karen McCullagh, "Brexit: Potential Implications for Digital and 'Fintech' Industries", *Int'l Data Privacy L.*, Feb. 2017, at 4.

〔4〕 See Lawrence J. Trautman, "Is Disruptive Blockchain Technology the Future of Financial Services?", 69 *Consum. Fin. L. Q. Rep.* 232, 232 (2016) (讨论了金融服务领域正在发生的颠覆性变化); Ernst & Young, *Landscaping Uk Fintech* 3 (2014), http://www.ey.com/Publication/vwLUAssets/Landscaping UK Fintech/ $ FILE/EY-Landscaping-UKFintech.pdf [https://perma.cc/8Q94-ZMLG].

〔5〕 See generally Pascal Bouvier, "Banking Is Fintech, Like It or Not", *Am. Banker: Bankthink* (Oct. 29, 2015, 9:30 AM), http://www.americanbanker.com/bankthink/banking-is-fintech-like-it-or-not-1077471-1.html [https://perma.cc/F7C2-HPCD]; Peter Manbeck & Marc Franson, Chapman & Cutler Llp, *The Regulation of Marketplace Lending* (2015); Nizan Geslevich Packin & Yafit Lev-Aretz, "Big Data and Social Netbanks: Are You Ready to Replace Your Bank?", 53 *Hous. L. Rev.* 1211 (2016) [hereinafter Packin & Lev-Aretz, Social Netbanks]; Nizan Geslevich Packin & Yafit LevAretz, "On Social Credit and the Right to Be Unnetworked", 2016 *Colum. Bus. L. Rev.* 339 (2016).

构"，它们通常提供各种金融服务。[1]由于对于"非银行"的法律定义既不统一也不明确，它们通常被视为银行的一种镜像：具有提供金融服务的实体，但并没有接受存款的法定权利。[2]当非银行机构首次进入传统银行市场时，银行和非银行机构都在一个实体"竞

〔1〕 See Steve Antonakes & Peggy Twohig, "The CFPB Launches Its Nonbank Supervision Program", *Consum. Fin. Prot. Bureau*：*Blog*（Jan. 5, 2012）, http://www. consumerfinance. gov/blog/the-cfpb-launches-its-nonbank-supervision-program/［https：//perma. cc/4HWP-H74F］.（目前有成千上万的非银行机构向消费者提供金融产品和服务，消费者随时随地都在与之交互。虽然银行、储蓄机构和信用合作社在历史上一直受到联邦监管机构的各种审查，但非银行机构通常没有。）

〔2〕 "非银行"在法律文献中没有统一的定义。从历史上看，非银行机构被认为是自愿限制其业务的机构，因此它们要么不接受活期存款，要么不发放商业贷款，从而避免被纳入《银行控股公司法》（BHCA）对"银行"的定义。Arthur E. Wilmarth, Jr., "Why Fed Has Failed to Cope with the Nonbank Bank Dilemma", *Am. Banker*（June 29, 1984）, http://www. highbeam. com/doc/lGI-3327326. html［https：//perma. cc/J62F-CBGT］. See generally 4a Stacy L. Davis Et Al. , "Federal Procedure, Lawyer's Edition § 8：1（2013）", *Westlaw Fedproc*；Davis W. Turner, "Nonbank Banks：Congressional Options", 39 *Vand. L. Rev.* 1735, 1743-57（1986）（记载了监管和司法部门对非银行银行的回应，以及对 BHCA 银行定义的众多解释）. 这个漏洞允许西尔斯这样的非存款机构从事类似银行的服务。Luis G. Fortuno, "Non-Bank Banks：Present Status and Prospects for the Future", 20 *Rev. Jur. U. I. P. R.* 305, 314（1986）. 虽然非银行组织的这个定义非常模糊，但也有相关文件对其定义进行阐释。例如，消费者金融保护局（CFPB）最近声明："就 CFPB 的目的而言，非银行机构是一家提供消费者金融产品或服务的公司，但没有银行、储蓄机构或信用社执照，也不接受存款。""Explainer：What Is a Nonbank, and What Makes One'Larger'?", *Consum. Fin. Protection Bureau*：*Blog*（June 23, 2011）, http://www. consumerfinance. gov/blog/explainer-what-is-a-nonbank-and-what-makes-one-larger/［https：//perma. cc/T2CC-A8LN］. 与之相异，根据金融稳定监督委员会（FSOC）的说法，任何"主要从事……相应金融活动（除了某些例外）即非银行金融公司。" See 12 U. S. C. § 5311（a）（4）（2012）. 这一定义免除了银行控股公司、国家证券交易所、清算机构、交换执行机构、注册交换数据存储库、贸易部以及相关衍生品清算组织。根据定义，如果公司合并收入或资产的 85%更多与 BHCA 第 4（k）条下定义为财务性质的活动有关，则公司"主要从事财务活动"。*Id.* § 5311（a）（6）. 此外，FSOC 可以向初级金融监管机构提出建议，要求它们对主要从事金融活动的公司的行为采用新的或更高的标准。*Id.* § 5322（a）（2）（K）. 美联储决定什么是"金融活动"。See Definitions of "Predominantly Engaged in Financial Activities" and "Significant" Nonbank Financial Company and Bank Holding Company, 78 Fed. Reg. 20, 756（Apr. 5, 2013）［codified at 12 C. F. R. pt. 242（2015）］；Press Release, Bd. of Governors of the Fed. Reserve Sys. , Federal Reserve Board Approves Final Rule Establishing Requirements for Determining When a Company Is "Predominantly Engaged in Financial Activities"（Apr. 3, 2013）, http://www. federalreserve. gov/newsevents/press/bcreg/20130403a. htm［https：//perma. cc/3FQ6-7B4X］.

技场"上竞争：它们在一个实体场所开展业务，现有和潜在客户可以在这里与它们的服务提供商互动。从那以后，非银行机构开始利用数字技术和互联网提供的广泛受众，从线下业务转移到线上业务，[1]大幅降低了运营成本。移动革命进一步促进了非银行机构用户的访问，并受到千禧一代的广泛欢迎。[2]移动革命对未能完全接受传统银行服务的人群来说也是一件好事，[3]因为它让那些因为各种原因不能或选择不使用银行的人群享受到了类似银行的服务。[4]具体而言，在传统银行没有提供充分服务的社群中，有大量人使用

---

〔1〕 See, e. g., Gary S. Comer, "The Changing Landscape of Community Banking", *Cent. Banker* (Fed. Reserve Bank of St. Louis, St. Louis, Mo.), Fall 2010. （过去30年的金融创新改变了银行业的面貌。由于技术进步、创新，如……影子银行系统的发展，为消费者提供了更多非银行的选择。然而，对于一些社区银行来说，适应这些变化的成本和风险太高了。）

〔2〕 千禧一代是指1980年以后出生、在数字技术和大众媒体的影响下长大的一代。与传统的银行服务相比，他们明显更喜欢使用技术驱动的替代服务。See *Scratch*, *The Millennial Disruption Index* (2013)（重要的是，据报道，73%的银行更愿意接受谷歌、亚马逊、苹果、PayPal或Square提供的金融服务，而不是自己的主流银行）；Shane Ferro, 33%的千禧一代认为5年后他们不需要银行。（美国千禧一代越来越认为银行无关紧要，这使得银行在青年人心中的印象处于崩溃的边缘。半数受访者认为，初创企业将彻底改变银行的运作方式，而创新将来自银行业以外的金融机构。）

〔3〕 无银行存款的人是与银行没有正式关系的个人，而存款不足的人是与传统银行保持某种形式的正式联系，但主要依靠发薪日贷款人或工资卡等边缘金融机构来满足他们的金融需求的个人。See Office of Inspector Gen., U. S. Postal Serv., Report No. Rarc-Wp-14-007, *Providing Non-Bank Financial Services for the Underserved* (2014), https://www. uspsoig. gov/sites/default/files/document-library-files/2015/rarc-wp- 4-007_0. pdf〔http://perma. cc/44K2-C236〕.

〔4〕 根据世界银行（World Bank）全球普惠金融数据库（Global Financial Inclusion Database）2012年的一份报告，全球有四分之三的贫困人口没有银行账户，原因多种多样，比如贫困、成本、旅行距离以及与开户相关的其他困难。See Matthew B. Gross et al., "Use of Financial Services by the Unbanked and Underbanked and the Potential for Mobile Financial Services Adoption", 98 *Fed. Res. Bull.* 1 (2012)；See also Ash Demirguc-Kunt & Leora Klapper, "Measuring Financial Inclusion：The Global Findex Database" 11 - 18 (*World Bank Dev. Research Grp.*, *Working Paper* No. 6025, 2012). 在美国，情况并没有那么糟糕，但仍有约10.5%的美国人被认为没有银行账户，总体约17%的人被认为没有银行账户。Maxilmiliand D. Schmeiser et al., Fed. Reserve bd., *Consumers and Mobile Financial Services* 2014 5 (2014), http://www. federalreserve. gov/econresdata/consumersand-mobile-financial-services-report-201403. pdf〔http://perma. cc/Y32E-C2YB〕.

手机和智能手机：[1]69%没有银行账户的人有机会使用手机，其中49%是智能手机；88%的银行存款不足的人使用手机，其中64%是智能手机。[2]其中一些人通过手机直接对接金融活动：据统计，2013年几乎40%的非银行用户使用移动银行与手机报告。[3]这意味着移动技术不仅彻底改变了宽带连接，[4]也使传统银行和新的网上非银行金融机构能够为得不到相关金融服务的社群提供金融服务。[5]

　　除了数字银行，金融科技公司还在其他几个领域开展业务。其

〔1〕Maximilian D. Schmeiser et al., Fed. Reserve Bd., *Consumers and Mobile Financial Services* 2014 5 (2014), http://www.federalreserve.gov/econresdata/consumersand-mobile-financial-services-report-201403.pdf [http://perma.cc/Y32E-C2YB].

〔2〕Maximilian D. Schmeiser et al., Fed. Reserve Bd., *Consumers and Mobile Financial Services* 2014 5 (2014), http://www.federalreserve.gov/econresdata/consumersand-mobile-financial-services-report-201403.pdf [http://perma.cc/Y32E-C2YB].

〔3〕Maximilian D. Schmeiser et al., Fed. Reserve Bd., *Consumers and Mobile Financial Services* 2014 5 (2014), http://www.federalreserve.gov/econresdata/consumersand-mobile-financial-services-report-201403.pdf [http://perma.cc/Y32E-C2YB].

〔4〕See Simon Kemp, "Social, Digital & Mobile Worldwide in 2014", *We are Social* (Jan. 9, 2014), http://wearesocial.net/blog/2014/01/social-digital-mobile-worldwide-2014/ [http://perma.cc/YZ73-55ZK]. ("考虑到互联网普及率的持续增长，很明显，在未来几个月里，移动连接将占新注册用户的绝大部分……手机普及率的分布与世界人口的分布更为接近，这意味着世界各地的大多数人现在都有一个现实的机会访问互联网。")

〔5〕随着大型科技公司寻求将互联网接入扩展到服务不足的人群，更多的技术进步仍在发展中。例如，谷歌正在进行"Project Loon"，这是一个在太空边缘旅行的气球网络，其使命是为农村和偏远地区提供互联网接入。See Project Loon. 同样，Facebook 和几家手机公司在2013年8月宣布推出 internet.org，该项目构建了相互间的全球性的伙伴关系，并旨在将互联网接入到世界各地那些缺乏宽带连接的地方。See "Technology Leaders Launch Partnership to Make Internet Access Available to All", *Facebook: Newroom* (Aug. 21, 2013), http://newsroom.fb.comnews/2013/08/technology-leaders-launch-partnership-to-make-internet-access-available-to-all/ [http://perma.cc/C6EX-QSKX]. 两家公司还收购了无人机初创企业，以推广它们的互联网交付项目。See Josh Constine, "Facebook Will Deliver Internet Via Drones with 'Connectivity Lab' Project Powered by Acqhires From Ascenta", *Techcrunch* (Mar. 27, 2014), http://techcrunch.com/2014/03/27/facebookdrones/ [http://perma.cc/3ZWT-U926]; Darrell Etherington, "Google Acquires Titan Aerospace, the Drone Company Pursued by Facebook", *Techcrunch* (Apr. 14, 2014), http://techcrunch.com/2014/04/14/google-acquires-titan-aerospace-the-drone-company-pursued-by-facebook/ [http://perma.cc/L5ZR-D8EM].

中包括加密货币,[1]截至2017年8月3日,加密货币的数量和价值已大幅增长,包括1000多种不同的网络货币,总市值约为100 714 988 183美元。[2]金融科技公司的另一项重要业务是众筹,[3]这通常被称为"替代性融资"或"分布式融资",但实际上众筹并不是一种新事物,因为非营利组织长期以来一直依赖捐赠者的宣传或推动,帮助筹集和聚集不同来源的小额捐款以资助他们的事业。[4]因此,其中众筹的"新元素"在于它通过不同的网络平台实现全球增长,以及它所提供的大规模融资,这一点可以通过向受融资动机驱动的投资者销售固定收益工具来体现。[5]最后,金融科技公司还专注于人工智能领域,即"智能顾问"。对于满足于使用互联网技术,但又希望得到投资顾问指导的小型投资者来说,智能顾问在市场上已经发展为一种替代选择。智能顾问能够在没有人工顾问参与的情况下,基于算法和资产配置模型,提供投资援助和灵活的投资管理服务,这

---

〔1〕 See, e. g., Carla L. Reyes, Nizan Geslevich Packin & Benjamin P. Edwards, "Distributed Governance", 59 *Wm. & Mary L. Rev. Online* 1, 5 (2017), http://wmlawreview. org/sites/default/files/Reyes%/ 2C% 20Packin% 2C% 20Edwards% 20 -% 20Distributed% 20Govemance _0. pdf [https://perma. cc/E3B7-DNBC]（对"围绕加密货币及其操作基础的分布式账本技术的重大炒作"进行讨论）; See Lawrence J. Trautman, "Is Disruptive Blockchain Technology the Future of Financial Services?", 69 *Consum. Fin. L. Q. Rep.* 232, 232 (2016)（讨论区块链在金融服务市场的应用验证的最新进展,以及采用该技术所面临的监管挑战）; Mark Edwin Burge, "Apple Pay, Bitcoin, and Consumers: The ABCs of Future Public Payments Law", 67 *Hastings L. J.* 1493, 1527 (2016); Jerry Brito et al., "Bitcoin Financial Regulation: Securities, Derivatives, Prediction Markets, and Gambling", 16 *Colum. Sci. & Tech. L. Rev.* 144, 150 (2014).

〔2〕 *CryptoCurrency Market Capitalizations*, Conmarketcap (Aug. 3, 2017), http://coinmarketcap. com/ [http://perma. cc/65NX-56F6].

〔3〕 See, e. g., Andrew A. Schwartz, "Inclusive Crowdfunding", 2016 *Utah L. Rev.* 661, 673 (2016)（讨论了零售众筹的定义及其包容性,即能否向全公众开放）.

〔4〕 关于这一概念最典型的例证是约瑟夫·普利策（Joseph Pulitzer）在1885年发起的为自由女神像基座提供资金的运动, described in *The Statue of Liberty and America's Crowdfunding Pioneer*, BBC News Mag. (Apr. 25, 2013), http://www. bbc. com/news/magazine - 21932675 [http://perma. cc/328B-4C3B].

〔5〕 See generally P. Raghavendra Rau, *Law, Trust, and the Development of Crowdfunding* (June 20, 2017), (unpublished manuscript), https://ssrn. com/abstract-2989056 [https:// perma. cc/AL9J-2XS6].（通过对全球1300多个众筹平台的调研,分析众筹的经济决定因素。）

些模型是针对每个消费者的投资需求所定制的。[1]

（二）监管迅速发展的金融产业

总的来说，在过去 10 年影子银行和非银行机构的增长下，关于监管规定以及监管权力已经有大量的论述。[2]此外，传统的监管机构主要关注银行实体可能给金融体系带来的风险，特别是规模最大的银行，被归类为具有系统重要性的金融机构。[3]2008 年金融危机后，非银行机构也可能给金融体系带来风险已经成为普遍共识，[4]并

〔1〕 See Melanie L. Fein, *Robo-Advisors: A Closer Look* 1 (June 30, 2015) (unpublished manuscript), http://ssrn. com/abstract-2658701 [https://perma. cc/FKN6-STCZ]. 美国证券交易委员会（SEC）和金融行业监管局（FINRA）警告称，机器人顾问的建议可能基于错误或不相干的假设，因为它们适用于个人的财务状况和情况。因此，智能顾问可能会推荐不适合个人投资者的投资。*Investor Alert: Automated Investment Tools*, SEC (May 8, 2015), https://www. sec. gov/oiea/investor-alerts-bulletins/autolistingtoolshtm. html. 然而，不同的是，美国劳工部（DOL）发现机器人顾问是一种有效的工具，可以帮助最小化成本和利益冲突，因此决定不让机器人顾问服从严格的监管要求，否则投资顾问将受到监管。See, e. g., Mark Schoeff Jr., "DOL Secretary Perez Touts [Robo-Advisor] as Paragon of Low-Cost, Fiduciary Advice", *Investmentnews* (June 19, 2015, 1: 24 PM), http://www. investmentnews. com/article/20150619/FREE/ 50619892/dol-secretary-perez-touts-wealthfront-as-paragon-of-low-cost [http://perma. cc/64PF-YCTF].

〔2〕 See, e. g., David Skeel, "The New Financial Deal: Understanding The Dodd-Frank Act And Its (Unintended) Consequences", 117-18 (2011); Dan Awrey, "Complexity, Innovation, and the Regulation of Modern Financial Markets", 2 *Harv. Bus. L. Rev.* 235, 237-38, 267 (2012); William M. Isaac & Melanie L. Fein, "Facing the Future Life Without Glass-Steagall", 37 *Cath. U. L. Rev.* 281, 291-96 (1988) (讨论非银行机构的兴起，分析"技术、经济和竞争力量使金融市场从传统的银行渠道转向金融中介机构对证券市场的更多利用"); Morgan Ricks, "Money and (Shadow) Banking: A Thought Experiment", 31 *Rev. Banking & Fin. L.*, 731, 744-45 (2012); Catherine England, "Cato Inst.", *Policy Analysis No. 85, Nonbank Banks Are Not The Problem* (1987), http://object. cato. org/sites/cato. org/files/pubs/pdf/pa085. pdf [http://perma. cc/Q2HM-X2X3].

〔3〕 国会决定，任何拥有 500 亿美元或以上资产的银行控股公司都应被视为 SIFI，任何在美国拥有银行业务、在全球拥有 500 亿美元或以上资产的外国银行也应被视为SIFI。See 12 C. F. R. § 1310. 23 (2015).

〔4〕 "非银行企业日益增长的影响力对金融体系构成了风险，或许还会对国家安全构成威胁……银行家应该认识到非银行机构的潜在危险，尤其是在支付行业。" Kristin Broughton, "Apple Pay a Systemic Risk? Banker Warns About Nonbank Players", *Am. Banker* (Nov. 21, 2014, 11: 43 AM), http://www. americanbanker. com/news/bank-technology/apple-pay-a-systemic-risk-banker-warns-about-nonbank-players-1071357-I. html [http://perma. cc/WP45-2RPZ].

被认为需要更好地予以监控。但直到最近，在讨论非银行和影子银行时，金融科技都不是重点。

自互联网泡沫以来，技术提供商、学者、监管机构、金融机构和行业顾问开始讨论技术的迅速发展及其对整个社会的潜在影响。然而，尽管技术革命已经在很大程度上改变了金融业，使其变得更高效、更具包容性，[1]但事实证明，与旅游、酒店，甚至交通运输业等行业不同，金融业很难被颠覆。其困难主要在于，该行业现有的主要参与者因其政治能力而拥有巨大的优势，这直接影响了他们规避严格的金融法律和监管的能力。[2]同样，监管越复杂，现有企业得到的优惠就越多，因为他们有资本参与复杂的监管程序，或者聘请昂贵的说客来对他们进行有利的介绍，使新的竞争者更难成功进入市场。[3]近年来，为了对抗这种有利于传统金融机构的偏见，科技公司一直在试图通过游说推动对金融科技实施更宽松的监管。2015年，在这些举措和努力中最引人注目的，是科技行业领袖们现在正在游说的联合金融创新——这促进了公司的利益，倡导在金融服务领域进行更大的创新，[4]并确认了它们在金融服务市场的正式

---

〔1〕 这方面的一个很好的例子是，金融科技有能力将以前未覆盖的个人纳入金融服务的保护伞之下。结果，由于各种原因，那些过去不能、选择不去或根本不知道如何使用银行的金融服务的人群，开始享受使用类似银行的服务。See Nizan Geslevich Packin & Yafit LevAretz, "On Social Credit and the Right To Be Unnetworked", 2016 *Colum. Bus. L. Rev.* 339 (2016).

〔2〕 Greg Yang, "Innovation and Disruption in the Financial Technology Industry", *Bos. Univ. Sch. of Law* (Feb. 27, 2017), http://www.bu.edulaw/2017/03/24/innovation-and-disruption-in-the-financial-technology-industry/ [https://perma.cc/D3AS-VG53]; Alison K. Gary, Comment, "Creating a Future Economic Crisis: Political Failure and the Loopholes of the Volcker Rule", 90 *Or. L. Rev.* 1339, 1366-67 (2012). ["根据公共选择理论，具有广泛利益和集中成本的公共政策，如《多德-弗兰克法案》（Dodd-Frank Act），通常会遭到组织良好的反对，就像华尔街游说团体的情况一样。因此，只有当承担成本的少数人愿意付出代价时，由此产生的政策才往往是强有力的……普通民众要求采取行动，但是华尔街的游说使国会几乎不可能就法案的许多细节达成一致。"]

〔3〕 Morris Panner, "Strangling Innovation with Red Tape", *Wash. Post* (Nov. 19, 2010), http://www.washingtonpost.com/wp-dyn/content/article/2010/11/18/AR2010111806073.html [https://perma.cc/NTB7-V2LL].

〔4〕 See Maggie McGrath, "A Peek Inside Apple, Google and Amazon's New Capitol Hill Lobb-

存在。[1]如今，金融创新被定义为"致力于使消费者、企业管理资金和进行商业活动的方式现代化的技术领导者联盟"。[2]该组织的目标是"促进能够实现这些创新的政策"。通过用支持贸易保护主义的选票换取政界人士的支持承诺，科技行业的代表试图推动有利于他们的政策。

此外，世界各地的政策制定者们花了相当长一段时间来努力探索如何让年轻企业进入金融市场并在其中竞争，[3]同时保护消费者免受新的和创新的高风险产品和服务的侵害，并防止未来的金融危机。[4]一些人甚至明确承认，他们正在推动这样一个议程，因为他

(接上页) ying Coalition", *Forbes* (Nov. 9, 2015, 5: 50 PM), https://www.forbes.com/sites/maggiemcgrath/2015/11/09/a-peek-inside-apple-google-and-amazonsnew-capitol-hill-lobbying-coalition/#6758e5ad4eb4; Jim Marous, "Google, Apple, Facebook and Amazon Should Terrify Banking", *Fin. Brand* (Aug. 6, 2014), http://thefinancialbrand.com/41484/google-apple-facebook-amazon-banking-payments-big-data [https://perma.cc/3UF5-Q4W3].

〔1〕 See, e. g., Christoffer O. Hemres, "What Facebook's European Payment License Could Mean for Banks", *Techcrunch* (Jan. 12, 2017), https://techcrunch.com/2017/01/12/what-facebooks-european-payment-license-could-mean-for-banks/; Robinson Meyer, "Could a Bank Deny Your Loan Based on Your Facebook Friends?", *Atlantic* (Sept. 25, 2015), https://www.theatlantic.com/technology/archive/2015/09/facebooks-new-patent-and-digital-redlining/407287/ [https://perma.cc/RGE5-SMVV].

〔2〕 See Fin. Innovation Now, https://financialinnovationnow.org/ [https://perma.cc/2UT4-G8YT].

〔3〕 See, e. g., Rachel Witkowski & Andrew Ackerman, "Fintech Firms Get Chance to Apply for Banking License", *Wall St. J.* (Mar. 15, 2017, 7: 03 PM), https://www.wsj.com/articles/fintech-firmsget-chance-to-apply-for-banking-license-1489599873 [https://perma.cc/A7MH-7KF3]. (美国监管机构一直支持金融科技公司和它们的创新业务，因为它们开始批准独特的许可证，这将使在线贷款机构和支付处理机构等金融科技企业能够申请联邦执照。) 此外，某些州已经通过了与金融技术相关的法规。See, e. g., Joanna Diane Caytas, "Blockehain in the U. S. Regulatory Setting: Evidentiary Use in Vermont, Delaware, and Elsewhere", *Colum. Sci. & Tech. L. Rev. Blog* (May 30, 2017), http://stlr.org/2017/05/30/blockchain-in-the-u-s-regulatory-setting-evidentiary-use-in-vermont-delaware-and-elsewhere/ [https://perma.cc/3PTA-STGY].

〔4〕 See, e. g., Yang Jie & Liyan Qi, "People's Bank Of China Has Fintech On Its Mind", *Wall St. J* (Aug. 7, 2017, 8: 31 AM) https://www.wsj.com/articles/peoples-bank-of-china-has-fintech-on-its-mind-1502109079 [https://perma.cc/X4LX-6CZU] ("中国央行正在加强对监管宽松的金融科技行业的监管——鉴于涉及的资金数额巨大，这是一个主要的风险来源"); Todd Baker, "Marketplace Lenders Are a Systemic Risk", *Am. Banker*: *Bankth* [Nk

们认为，现状是：金融科技公司在没有银行监管和要求的情况下与银行竞争。这对银行明显是不利的，提供银行产品和服务的公司应该像银行一样受到监管。[1]试图扶持新兴金融科技产业的人还包括美国的立法者，如美国货币审计长办公室（OCC）提出了一个专门的金融科技章程。[2]

同样，在2017年春天，商品期货交易委员会（CFTC）批准创建 Lab CFTC 实验室，这项新举措旨在促进负责任的金融科技机构的创新，以提高 CFTC 监管市场的质量、弹性和竞争力。[3]与此同时，证券交易委员会（SEC）发起建设了金融科技论坛和工作组，希望

（接上页）（Aug. 17, 2015 9：30 AM），http://www. americanbanker. com/bankthink/market-place-lenders-are-a-systemic-risk-1076047-1. html［http://perma. cc/SS9U-X3DM］；cf Mike Cagney, "How Marketplace Lenders Will Save Financial Services", *Am. Banker：Bankthink* (Aug. 19, 2015, 4：33 PM), http://www. americanbanker. comibankthink/how-marketplace-lenders-will-save-fmancial-services-1076174-1. html［https://perma. cc/WBRS-ZREV］.

〔1〕 See Keith A. Noreika, *Acting Comptroller of the Currency*, *U. S. Dep't of the Treasury*, *Remarks Before the Exchequer Club of Washington*, *D. C.* （July 19, 2017），https://www. occ. gov/news-issuances/speeches/2017/pub-speech-2017-82. pdf［https://perma. cc/9MXU-ALCL］.

〔2〕 在讨论这一章时，代理审计长 Keith A. Noreika 认为："这是一个好主意，值得我们对它进行彻底地分析和认真地考虑。" See Keith A. Noreika, *Acting Comptroller of the Currency*, *U. S. Dep't of the Treasury*, *Remarks Before the Exchequer Club of Washington*, *D. C.* （July 19, 2017），https://www. occ. gov/newsissuances/speeches/2017/pub-speech-2017-82. pdf［https://perma. cc/9MXU-ALCL］. 代理审计指出，货币监理署的"权威显然包括给予公司章程从事银行业务"，"我们应该小心避免过分狭隘地定义银行，而不是过于谨慎，以至于妨碍其因技术进步和商业优势带来的系统性进步而停滞不前"。尽管该观点被认可，但总的来说，"当提供银行产品和服务的公司满足相应的标准时，应该被允许申请国家银行执照，这样他们得以根据自己的意愿在全国范围内营商"，他指定说该国家执照的"选择是多样的，其包括国家银行、具有国家资质的金融服务机构或是寻求一种与现有银行的合作伙伴关系或是业务组合"。*Id.* 他甚至明确表示，OCC 相信其有权向"在适当情况下"向不吸收存款的金融科技企业发放全国性银行执照。*Id.* at 9.

〔3〕 Lab CFTC 还将努力加快 CFTC 与金融科技和注册科技公司的合作，以使 CFTC 能够更有效地履行其使命职责。See Press Release, *U. S. Commodity Futures Trading Comm'n*, *CFTC Launches Lab CFTC as Major FinTech Initiative*（May 17, 2017），http://www. cftc. gov/PressRoom/PressReleases/pr7558-17［https://perma. cc/664K-LLDR］. Lab CFTC 的目的是双重的：一是提供更严格的监管，鼓励促进市场的金融技术创新，以提高市场的质量、弹性和竞争力。二是识别并利用新兴技术，使 CFTC 能够在新的数字世界中更有效、更高效地履行其使命（quoting CFTC Acting Chairman J. Christopher Giancarlo）。

该机构能找到在鼓励创新的同时提高监管清晰度的方法。[1]此外，其他联邦机构，例如消费者金融保护局（CFPB），一直试图通过"项目催化剂"等项目推广金融科技工具。[2]最后，不同的州也对监管新的金融科技产业表现出兴趣，州和联邦监管者之间可能正在进行一场战斗，他们正在竞争起草和执行未来将指导金融科技产业发展的规则。[3]更复杂的是，每个州都有一个部门或机构负责许可和监管州特许银行，而且在许多情况下还有分支机构负责监督和监管贷款机构、汇款机构和其他非银行金融公司。[4]

与美国类似，英国监管机构也对支持金融科技工具表现出兴趣。特别是，金融行为管理局（FCA）是采用监管沙箱方法的最著名的监管机构之一，监管沙箱方法允许企业在真实环境中测试创新产品、

---

〔1〕 SEC 表示："监管机构有义务了解、监督并在适当情况下鼓励此类发展，同时准备在必要时实施保障措施，以保护投资者和我们的市场。"SEC 承认，它关注以下技术：①根据《投资顾问法案》（Advisers Act）注册的自动投资产品、它们对该法规的遵守情况，以及机器人顾问使投资民主化的潜力；②分布式分类账技术及其对交易、清算、结算业务和参与者的潜在影响；③市场借贷平台、众筹门户网站和消费者保护相关问题。Mary Jo White, Chair, U. S. Sec. & Exch. Comm'n, *Opening Remarks at the Fintech Forum* (Nov. 14, 2016), https://www. sec. gov/news/statement/white-opening-remarks-fintech-forum. html [https://perma. cc/GWR7-86XL].

〔2〕 See, e. g. , Patrick McHenry, "CFPB's 'Project Catalyst' Failed. Fintech Deserves Better", *Am. Banker: Bankthfnk* (Apr. 25, 2017, 12: 00 PM), https://www. americanbanker. com/opinion/cfpbs-project-catalyst- failed-fintech-deserves-better [http://perma. cc/6NSV-VEV9].

〔3〕 See Jeffrey Alberts & Ingrid He, "OCC vs. New York DFS: Battle for the Future of Fin-Tech", *Bloomberg Bna* (July 17, 2017), https://www. bna. com/occ-vs-new-n73014461841/ [https://perma. cc/W8GP-LCCD]. ["例如，2015 年 6 月，纽约金融服务部门（DFS）颁布了虚拟货币公司的许可规则，DFS 将其称为'比特许可证'。其他州的监管机构，如华盛顿州的金融机构部、得克萨斯州的银行部和康涅狄格州的银行部已经制定或授权颁布了类似的规定。"]

〔4〕 国有银行监管机构会议（CSBS）是国有银行机构的全国性组织。其 2020 年远景计划旨在简化非银行金融机构的许可和协调监管体系。Press Release, Conference of State Bank Supervisors, *CSBS Announces Vision 2020 for Fintech and Non-Bank Regulation* (May 10, 2017), https://www. csbs. org/news/press-releases/pr2017/Pages/051017. aspx [https://perma. cc/V9CV-4ZDQ].

服务、业务模型和交付机制。[1]沙箱为测试创新产品和服务提供了一个安全的空间，无需强制遵守适用的一套规则和法规，并且是作为创新项目的一部分而采用的。始于 2014 年的创新项目（Project Innovate）的目标是协调英国金融管理局与金融科技公司的关系，[2]事实上，英国在促进金融科技公司融入金融业方面一直是真正的领导者。[3]采用类似创新方法的其他国家包括澳大利亚、[4]新加坡、[5]甚至立陶宛，[6]其监管机构一直在各自的国家做出类似努力，希望向新企业、收入来源和技术进步开放。

尽管现实情况是金融科技公司对于监管者而言颇具吸引力，但

———————————

〔1〕 See, e. g., Christopher Woolard, Dir. of Strategy & Competition, Fin. Conduct Auth., *Address at the Innovate Finance Global Summit*（Apr. 11, 2016），https://www.fca.org.uk/news/speeches/innovate-finance-global-summit〔https://perma.cc/3D2BKGQ2〕；Erik Vermeulen et al., "Regulation Tomorrow：What Happens When Technology is Faster than the Law?"（*Tilburg Law & Econ. Ctr.*, *Discussion Paper* No. 2016-024, 2016）.（FCA 解释说："2016 年 4 月，FCA 开辟了新的领域，宣布引入'监管沙箱'，允许初创公司和老牌公司在金融科技领域推出和测试新的想法、产品和商业模式。"）

〔2〕 Fin. Conduct Auth., *Regulatory Sandbox* 1 (2015).（"本报告旨在讨论……开发监管沙箱的可行性和实用性，这是一个'安全空间'，企业可以在其中测试创新产品、服务、商业模式和交付机制，而不会立即招致参与相关活动的所有正常监管后果。我们相信有机会扩大项目创新，并引入监管沙箱。"）

〔3〕 Press Release, Fin. Conduct Auth., *Financial Conduct Authority Provides Update on Regulatory Sandbox*（June 15, 2017），https://www.fca.org.uk/news/press-releases/financial-conduct-authority-provides-update-regulatory-sandbox〔https://perma.cc/F373-KHAQ〕.

〔4〕 As part of the Federal Budget 2017-18 released on May 9, 2017, the Australian Government announced plans to enhance the regulatory sandbox established by the Australian Securities and Investment Commission（ASIC）in 2016. See Commonwealth of Australia, *Backing Innovation And Fintech*（2017），http://www.budget.gov.au/2017-18/content/glossieslfactsheets/download/FSI-nnovation.pdf〔https://perma.cc/4KQ2-BCKK〕.〔"政府致力于将澳大利亚确立为领先的全球金融技术（FinTech）中心，并宣布了一项新的计划。"〕

〔5〕 Enoch Yiu, "Singapore Licenses First Chinese FinTech Firm, Heating Up Competition with Hong Kong", *S. China Morning Post*（July 17, 2017, 7：30 PM），http://www.scmp.com/business/companies/article/2102993/singapore-licenses-first-chinese-fintech-firm-heating-competition〔https://perma.cc/Z2VE-UFTX〕.

〔6〕 "For FinTech Companies-Unique Opportunity to Join Financial Innovation-Friendly Lithuania", *Bank of Lith.*（Aug. 7, 2017），http://www.lb.lt/en/news/for-fintech-companies-u-nique-opportunity-to-join-financial-innovation-friendly-lithuania〔https://perma.cc/JRF5-GP43〕.（the Bank of Lithuania discussing its launch of a sponsored FinTech Sandbox.）

一些人认为使用金融科技会带来巨大风险，[1]某些评论家甚至主张将最大的金融科技公司视为金融机构，甚至可能是风险投资机构，对其进行风险管理。[2]

二、监管科技

鉴于近年来技术发展迅速且引人注目，关于研究如何将技术运用于监管之中的监管科技（RegTech）[3]受到了广泛关注。[4]监管科技反响热烈并非空穴来风，特别是在金融监管和金融市场方面。第一，自2008年银行业危机以来，金融服务业面临大量的"新监管"。学习、解释和遵守大量的法律要求需要许多资源和足够的人

---

〔1〕 See, e. g. , Office of the Comptroller of the Currency, Semiannual Risk Perspective (2017), https：//www. occ. treas. gov/publications/publications−by−type/other−publicationsreports/ semiannual−risk−perspective/semiannual−risk−perspective−spring−2017. pdf［https：//perma. cc/ 6G27−M4P9］. 其中一个关键结论是：随着银行决定拓展新产品或服务，或考虑新的交付渠道，其战略风险仍居高不下。*Id.* at 4. 特别是，由于在关键活动中严重依赖第三方服务提供商，以及新兴金融科技公司提供的新产品所带来的变化，增加了与第三方风险管理相关的风险。*Id.* at 5.

〔2〕 See Kristin Broughton, "Apple Pay a Systemic Risk? Banker Warns About Nonbank Players", *Am. Banker* (Nov. 21, 2014, 11：43 AM), http：//www. americanbanker. com/news/ bank−technology/apple−pay−a−systemic−risk−banker−warns−about−nonbank−players−1071357− I. html［http：//perma. cc/WP45−2RPZ］.

〔3〕 See generally Janos Barberis & Douglas Arner, "FinTech in China：From Shadow Banking to P2P Lending", in *Banking Beyond Banks And Money* 69 (Paolo Tasca et al. eds. , 2016).

〔4〕 See, e. g. , Nicole Bullock & Martin Arnold, "Nasdaq to Buy London−Based RegTech Company Sybenetix", *Fin. Times* (July 25, 2017), https：//www. ft. com/content/6dad3956− 7092−I1e7−93ff−99f383b09ff9 (在收购Sybenetix之际，人们正掀起一股利用云计算、人工智能和生物识别技术等技术来帮助金融服务业应对自2008年银行业危机以来爆发的监管海啸的热潮。在欧洲，即将出台的 Mifid II 投资服务规则，将迫使银行和基金经理为监管机构收集比目前要求多得多的交易数据，为 Sybenetix 等公司创造机会。)；Ryan Browne, "UK Regulator Looking to Use A. 1, Machine−Learning to Enforce Financial Compliance", *CNBC* (July 13, 2017, 5：19 AM), https：//www. cnbc. com/2017/07/13/uk−regulator−looking−to− use−a−i−machine−learning−to−enforce−financial−compliance. html［https：//perma. cc/XY7Y− DH9Y］；"RegTech Supplier Performance Report：Ignorance Is No Longer Bliss, It's Now Criminal Offence", *Banking Tech.* (Aug. 11, 2017), http：//www. bankingtech. com/941652/regtech− supplier−performance−report−ignorance−is−no−longer−bliss−its−now−criminal−offence/ ［https：//perma. cc/737C−CRTR］.

力，因此如何以高效、有效和廉价的方式开展合规工作，已经成为显而易见的需求。[1]这种需求促使企业家和金融科技创新者进入复杂且隐藏的监管合规世界，这些新兴技术，例如机器学习、生物识别、社交媒体和其他非结构化数据的解释等，扰乱了金融服务行业的核心运营。希望这些技术成为有助于改进监管义务的合规工具。第二，通过自动化和改进合规程序和工具，新技术可以减少或是激增合规和监管相关的投资与成本。[2]第三，金融服务行业内技术使用的增加使监管机构能够获得前所未有的高精度风险评估。金融活动的法规遵从性不仅对于企业来说是耗时且昂贵的，对于监管者来说更是如此。各方必须监测和评估的信息量是巨大的。[3]

（一）监管监督、报告与合规

金融监管目标通常包括以下基本任务：①金融稳定；②审慎监管；③行为和公平；④竞争和市场开发。[4]此外，何时监管的问题

---

〔1〕 See, e. g., Bart Van Liebergen Et Al., Inst. For Int'L Fin., *Regtech In Financial Services：Technology Solutions For Compliance And Reporting* 2（2016）；Gregory Roberts, "Fintech Spawns RegTech to Automate Compliance with Regulations", *Bloomberg Prof'l*（June 28, 2016）, https://www. bloomberg. com/professional/blog/fintech–spawns–regtech–automate–com-plianceregulations/［https://perma. cc/29D9–Y5VT］.

〔2〕 金融机构的合规成本非常高，而且还在继续上升。根据政策分析公司联邦金融分析（Federal Financial Analytics）的数据，2013 年，美国六大银行在合规方面的支出为702 亿美元，是 2007 年支出的 347 亿美元的两倍。Kirsten Grind & Emily Glazer, "Nuns with Guns：The Strange Day–to–Day Struggles Between Bankers and Regulators", *Wall St. J.*（May 30, 2016, 10：39 PM）, https://www. wsj. com/articles/nuns–with–guns–the–strange–day–to–day – struggles – between – bankers – and – regulators – 1464627601［https://perma. cc/MYZ9 – 8ADX］. See generally Fed. Fin. Analytics, *The Regulatory Price–Tag：Cost Implications of Post–Crisis Regulatory Reform*（2014）. 2015 年，英国《金融时报》估计，自金融危机以来，全球一些最大的银行每年在合规方面的支出都增加了 40 亿美元。Laura Noonan 表示，银行在合规和监管成本飙升方面面临阻力。*Fin. Times*（May 28, 2015）［https://perma. cc/43YH–9FVY］.

〔3〕 Kevin Petrasic Et Al., White & Case, *Regtech Rising：Automating Regulation For Financial Institutions* 1（2016）.

〔4〕 Douglas W. Amer et al., "The Evolution of Fintech：A New Post–Crisis Paradigm?", 32–33, *Univ. of New S. Wales Law Research Series*, *Working Paper* No. 62, 2016, https://ss-rn. com/abstract–2676553［https://perma. cc/3NQH–N4HJ］. 通过发展监管科技，监管机构有必要与行业积极互动，以履行和维护其职责。*Id.* at 4.

可能与监管什么一样重要，因此某些规则在达到"临界点"之前可能不会被强制执行，这仅仅是因为早期监管可能会导致人力和物力的大量浪费。[1]试以电子银行举例，它于1980年在美国设立，但直到1995年被英国重新引入后才获得成功，而未能在美国获得成功的主要原因是美国监管者急于对创新进行监管。[2]因此，监管者除了负责将金融监管目标转化为金融机构必须遵守的具体要求之外，还需要询问何时是实施监管的最佳时机，并监控金融市场中所有参与者遵守现行法律的程度，以确保达到金融监管目标。

对金融机构，特别是银行的监管是由政府机构进行的，可以通过场内和场外的监督来完成。监管评级是向银行传达监管意见的主要制度。在某些情况下，监管审查可能会导致采取一些非正式的措施，包括承诺函、谅解备忘录，以及安全与稳定的计划，这些措施往往是非公开的。在不太常见的情况下，监管审查可能导致采取正式的措施，这些措施往往是强势的，且是公开披露的。[3]

不管是在现场还是场外监督中，非正式的监督措施都已被证明是重要的。研究表明，如果监督措施为金融机构董事会提供了新的信息，而董事会又重视这些信息，那么监督措施可能会改善管理纪律。[4]监督措施通过鼓励金融机构的董事会更认真地考虑现有信息，从而影响管理纪律。[5]此外，研究表明，监督措施能够发掘新的信

---

〔1〕 Douglas W. Amer et al., "The Evolution of Fintech: A New Post-Crisis Paradigm?", 32-33, *Univ. of New S. Wales Law Research Series*, *Working Paper* No. 62, 2016, https://ssrn. com/abstract-2676553〔https://perma. cc/3NQH-N4HJ〕.

〔2〕 Douglas W. Amer et al., "The Evolution of Fintech: A New Post-Crisis Paradigm?", 32-33, *Univ. of New S. Wales Law Research Series*, *Working Paper* No. 62, 2016, https://ssrn. com/abstract-2676553〔https://perma. cc/3NQH-N4HJ〕.

〔3〕 See Douglas W. Amer et al., "The Evolution of Fintech: A New Post-Crisis Paradigm?", 32-33, *Univ. of New S. Wales Law Research Series*, *Working Paper* No. 62, 2016, https://ssrn. com/abstract-2676553〔https://perma. cc/3NQH-N4HJ〕; Ajay A. Palvia, "Banks And Managerial Discipline: Does Regulatory Monitoring Play A Role?", 51 *Q. Rev. Econ. & Fin.* 56, 57 n. 2.（2011）.

〔4〕 See Ajay A. Palvia, "Banks And Managerial Discipline: Does Regulatory Monitoring Play A Role?", 51 *Q. Rev. Econ. & Fin.* 57-58（2011）.

〔5〕 See Ajay A. Palvia, "Banks And Managerial Discipline: Does Regulatory Monitoring Play A Role?", 51 *Q. Rev. Econ. & Fin.* 56-58（2011）.

息，因此有助于补充银行董事会的作用。[1]

但是，尽管监管与监督措施受到关注，而且现有的信息技术工具也有所改进，但金融机构的信息环境仍然影响着监管。例如，尽管现在信息和通信技术可以在许多方面克服地理障碍，[2]但研究表明，金融机构与其监管者之间距离的增加会降低财务报告的质量。[3]同时有研究表明，监管者会利用当地的信息优势来提高财务报告的质量。[4]

在讨论金融监管和信息技术的未来时，英格兰银行首席经济学

---

〔1〕 See Ajay A. Palvia, "Banks And Managerial Discipline: Does Regulatory Monitoring Play A Role?", 51 *Q. Rev. Econ. & Fin.* 57–58 (2011). ["越来越多的证据表明，对银行的监管监控（主要通过银行审查过程进行）确实能提供有价值的信息。例如，Dahl 等人（1998 年）和 Gunther 和 Moore（2003 年）表明监管行动能够促使银行更全面地报告其贷款损失的证据。DeYoung 等人（2001 年）认为，银行监管检查发现了有价值的信息，这些信息最终会影响市场价格。此外，Peek 等人（1998 年）表明，监管评级可以改善对宏观经济变量的预测，这为银行监管者带来信息优势。最后，Wheelock 和 Wilson（2005 年）认为监管评级包含重要的信息，在预测银行破产方面是有价值的。当监管监督引入信息披露或重新强化现有信息的重要性时，这些信息在约束银行管理方面可能是有价值的。"]

〔2〕 See, e. g., Sonam Tobgay & Kencho Wangmo, "Can ICT (Internet) Overcome The Natural Geographical Barriers of Bhutan In Developing The Nation?", 4 *Int'L J. of Educ. & Dev. Using Info. & Comm. Tech.* 148, 156 (2008); Cezar L. Mihalcescu & Ionel Jacob, *Computer Banking System Under the Context of the New Information Technologies* (Jan. 17, 2008) (unpublished manuscript), https://ssrn. com/abstract – 1084797 [https://perma. cc/K9R9 – QQ6A] (从本质上讨论某些金融服务，如不受地域限制的电子贸易); Sherubste Vinit Parida et al., "Barriers to Information and Communication Technology Adoption in Small Firms Past Experiences", 5, *Swedish Entrepreneurship Forum, Working Paper* No. 2010: 3, 2010; "8 Ways Modern Technology Can Help Change the World", *Techdigg* (July 23, 2017), https://techdigg. com/2017/07/23/8-ways-modem-technology-can-help-change-the-world/ [https://perma. cc/H333–S9TL]; Akhil Saklecha, "Technology is Finally Eliminating Geography as a Barrier to Real Estate Investing", *Techcrunch* (Apr. 23, 2016), https://techcrunch. com/2016/04/23/technology-is-finally-eliminating-geography-as-a-barrier-to-real-estate-investing/ [https://perma. cc/DZV 7–VGT3].

〔3〕 See generally Ivan Lim et al., *Does Distance Impede Regulatory Monitoring? Evidence from the Banking Industry* (Oct. 12, 2016) (unpublished manuscript), https://ssrn. com/abstract = 2807421 [https://perma. cc/6NUG–3VCW].

〔4〕 See generally Ivan Lim et al., *Does Distance Impede Regulatory Monitoring? Evidence from the Banking Industry* (Oct. 12, 2016) (unpublished manuscript), https://ssrn. com/abstract = 2807421 [https://perma. cc/6NUG–3VCW].

家 Andy Haldane 分享了他的愿景：我有一个梦想，这种技术是未来主义的，但也是现实的，"它由一把《星际迷航》的椅子和一排监视器组成，它将近乎实时地跟踪全球资金流，就像全球天气系统和全球互联网流量一样……它的核心部分将是一张全球金融流动地图，其将绘制溢出效应和相关性"。[1]

(二) 强化公司治理

监管科技在对企业进行合规管理实践方面有促进提升作用，并能够提高预期的合规效果。具体而言，监管科技通过以下方式实现这一点：使企业能够自动执行普通的合规任务，降低与合规义务和日常任务 (如审计) 相关的运营风险，使合规职能部门能够根据提供的数据做出明智的风险选择，并为问题制定成本效益解决方案。这些解决方案能确保公司使用技术跟上最新的法规变化，最大限度地减少人为错误的可能性，并提高整体治理流程。同样，监管科技也可以是一个重要的收入来源，尤其是在贷款或资金转移服务方面。

此外，监管科技在身份管理、风险管理、安全和公司治理方面尤其有价值。众所周知，这有助于改变企业文化，[2]以及 "Bug Bounty" 计划。[3]如上所述，有几种新技术，如机器学习、人工智能和数据存储单元级安全，这是密码学在信息共享方面的一种应用，它使人们能够根据他们的访问授权只获得相关和特定的数据，这在

---

〔1〕 Andrew G. Haldane, Chief Economist, Bank of Eng. , *Managing Global Finance as a System*, *Address at the Maxwell Fry Annual Global Finance Lecture*, Birmingham University (Oct. 29, 2014) (citations omitted), http://www. bankofengland. co. uk/publications/Documents/speeches/20 I 4/speech772. pdf [https://perma. cc/RR3Q-M7F2].

〔2〕 See generally Nizan Geslevich Packin & Benjamin P. Edwards, "Regulating Culture: Improving Corporate Governance with Anti-Arbitration Provisions for Whistleblowers", 58 *Wm. & Mary L. Rev. Online* 41 (2016), http://wmlawreview. org/sites/default/files/Packin%20/260/%20EdwardsFinal. pdf [https://perma. cc/Q9Q5-3RU3].

〔3〕 Amit Elazari Bar On, "Bug Bounty Programs as a Corporate Governance 'Best Practice' Mechanism", *Berkeley Tech. L. J. Blog* (Mar. 23, 2017), http://btlj. org/2017/03/bug-bounty-programs-as-a-corporate-governance-best-practice-mechanism/ [https://perma. cc/NG5Q-FLA2].

应对合规挑战方面大有可为。[1]

三、监管科技是不是应对公司治理困境的万能之法？

（一）监管科技施行和发展的障碍

尽管监管科技有许多优点，但其施行仍然存在障碍，从而无法成为解决公司治理困境的灵丹妙药。第一，出于不同的原因，市场参与者协助形成共同解决方案的动机尚不明确。大多数必须遵守监管义务的金融公司都会进行成本收益分析，以了解处理合规要求的最有效方式。但这种分析的范围是局部的，因为它只涵盖了一个特定实体的个别操作响应，而不是整个行业。[2]这限制了金融公司构思一个共同解决方案的能力，尽管该解决方案将降低所有受监管公司的成本，并使它们不仅仅关注短期应对措施。[3]第二，由于技术供应商、金融公司和立法者都不愿意围绕共同的方法和解决方案展开对话，因此在监管科技部门中缺少谈论共同解决方案，难以建立一套授权的标准。[4]不确定性加大了金融公司选择特定合规解决方案的难度。因此，行业参与者将受益于整个行业范围内的协调设计和协作工作，以在产品开发阶段为监管科技设置明确的标准，所有

---

〔1〕 See, e. g. , Bart Van Liebergen Et Al. , Inst. For Int'L Fin. , *Regtech In Financial Services*：*Technology Solutions For Compliance And Reporting* 12（2016）.（单元级别的安全功能通过将访问控制应用到公共平台体系结构中的每个数据对象上，以期帮助克服数据安全问题。这些标签与内部信息安全策略、用户属性以及企业身份验证和授权系统集成有关。用于构建安全标签的语言或框架具有足够的表达能力来处理复杂的可见性需求，而不会给现有的授权系统增加过多的负担，并且允许用户用自然可读的语言表达式和属性进行编码。）

〔2〕 See, e. g. , Bart Van Liebergen Et Al. , Inst. For Int'L Fin. , *Regtech In Financial Services*：*Technology Solutions For Compliance And Reporting* 5（2016）. ［若分散的机构集中，反洗钱和反恐融资（AML／ATF）监控将受益于这种协调和集中。］

〔3〕 Mark Robinson, "The RegTech Barriers：In Depth Analysis（Part 2 of 3）", *RegTech FS*（Mar. 7, 2016）, https：//regtechfs. com/the-regtech-barriers-in-depth-analysis-part-2-of-3/［https：//perma. cc/2EEXGDAU］.

〔4〕 See, e. g. , Bart Van Liebergen Et Al. , Inst. For Int'L Fin. , *Regtech In Financial Services*：*Technology Solutions for Compliance and Reporting* 4（2016）.（现阶段缺乏数据协调或定义细节不够详细，故而处理聚合跨金融集团和司法管辖区的风险数据非常困难。许多金融机构仍然缺乏完整的数据库系统。）

立法者都将提供关于产品需求的明确指导方针，以及如何遵守特定的法规。[1]要克服这一不确定性的障碍，找到一个合适的解决方案，可能需要一个中立的组织来进行对话，并管理对监管科技成长至关重要的知识。[2]第三，各种监管措施的连接和交互的复杂性导致很难采用通用的行业解决方案，[3]而信息技术和数据法规（如数据保护或本地化规则）也可能成为跨金融集团高效信息共享的障碍，并形成金融集团中无效的平行信息"孤岛"。[4]第四，一些监管者仍然使用过时的信息报告门户，[5]导致效率低下，增加了在报告中引入错误信息的可能性。更新在线报告门户和安全数据传输机制将大大提高这一过程的效率。[6]第五，不均匀、重叠的监管时间表和监管要求使得技术提供商、公司和监管者更难成功地合作，以建立一个高效、自动化的合规系统。[7]

（二）公司文化影响以及"反监管科技"

监管科技本身就能改变金融机构的行为文化、商业决策的道德

---

〔1〕 See, e. g., Bart Van Liebergen Et Al., Inst. For Int'L Fin., *Regtech In Financial Services*：*Technology Solutions For Compliance And Reporting* 5（2016）.

〔2〕 See Mark Robinson, "The RegTech Barriers：In Depth Analysis（Part 2 of 3）", *RegTech FS*（Mar. 7, 2016）, https：//regtechfs. com/the－regtech－barriers－in－depth－analysis－part－2－of－3/［https：//perma. cc/2EEXGDAU］.

〔3〕 See Mark Robinson, "The RegTech Barriers：In Depth Analysis（Part 2 of 3）", *RegTech FS*（Mar. 7, 2016）, https：//regtechfs. com/the－regtech－barriers－in－depth－analysis－part－2－of－3/［https：//perma. cc/2EEXGDAU］.

〔4〕 See, e. g., Bart Van Liebergen Et Al., Inst. For Int'L Fin., *Regtech In Financial Services*：*Technology Solutions for Compliance And Reporting* 4（2016）.（例如，虽然 Basel 239 要求 IT 系统集中，但是恢复和解决方案要求系统的不同部分在实施时能够自我运行，因此需要一个分散的系统。对信息技术更新的严格监管期限要求金融机构在现有基础设施的边缘进行修补，而不是允许对系统进行更彻底的改革，从而放大了这一问题。监管规定还可能使合规的其他方面的创新应用复杂化，比如要求进行个人身份认证，而不是允许使用数字身份验证方法。）

〔5〕 See, e. g., Bart Van Liebergen Et Al., Inst. For Int'L Fin., *Regtech In Financial Services*：*Technology Solutions For Compliance and Reporting* 5（2016）.

〔6〕 See, e. g., Bart Van Liebergen Et Al., Inst. For Int'L Fin., *Regtech In Financial Services*：*Technology Solutions for Compliance and Reporting* 5（2016）.

〔7〕 See, e. g., Bart Van Liebergen Et Al., Inst. For Int'L Fin., *Regtech In Financial Services*：*Technology Solutions for Compliance and Reporting* 5（2016）.

方法以及对法律和遵守法律的态度，这种想法并不成熟。监管科技是一种工具，它使公司能够自动执行普通的合规任务，降低与合规义务相关的运营风险，允许合规职能部门根据提供的数据做出明智的风险选择，并创建经济高效的问题解决方案。但是监管科技通常是根据一个基本假设应对所有可能面临的问题——确保一个公司确司其职。然而，谁来决定公司应该做什么，是公司还是政府？前者是由公司高层的文化基调决定的，[1]后者是由政府和政府机构强加给企业的大量不断变化且执行不统一的法律法规决定的。[2]品德伦理学关注要做正确的事情，这是因为我们有强烈的道德信念去做，而不是因为有人告诉一个人去做，或者因为这个人这样做是"值得的"。[3]因此，商业领域中道德是公司文化的一部分。合规就是遵守法律，不是因为公司必须同意，而是因为他们必须这样做，这与道德的概念非常不同。

实际上，企业可以在其机构内完全遵守法规，但仍然能不做"所谓正确的事情"。[4]一家公司可以通过雇佣顾问大军来帮助他们

---

[1] SEC 主席 Christopher Cox 谈到了在美国公司建立道德文化的最佳做法。他说："毫无疑问，任何公司的最佳做法都是在高层设定正确的道德基调。证券交易委员会的委员和工作人员一遍又一遍地观察到，在决定内部控制的有效性以防止欺诈，公平对待客户、员工、投资者和其他利益相关者，以及为组织的长期成功做出贡献方面，高层的道德基调均是一个重要因素。以身作则的领导、良好的沟通、持续的道德教育和培训都是至关重要的。" Frank C. Bucaro, "Q&A with Christopher Cox", *Speaker Mag.*, Sept. 2007, at 22, http://www. nsaspeaker-magazine. org/nsaspeaker/200709/? pg=1 #pgl [https://perma. cc/A5EZ-W7UV].

[2] See generally Eric C. "Chaffee, Creating Compliance: Exploring a Maturing Industry", 48 *U. Tol. L. Rev.* 429 (2017) (其中解释，业务合规领域专注于通过使用监测、政策，和其他内部控制前瞻性地确保遵守法律法规，并表明现代公司史上的一些重要事件促使当前合规领域的快速发展，其中包括由全国各州立法机构通过的一般公司章程，将公司从由特定立法机构创建和控制的准政府实体转变为需要额外监管的私营企业。) See Todd Haugh, "The Criminalization of Compliance", 92 *Notre Dame L. Rev.* 1215, 1224 - 33 (2017) (讨论了公司合规的四个时代，最终达到了其犯罪化的性质)。

[3] 品格伦理学是道德哲学的一个分支，它研究的是如何定义一个人是好人，而不是做善事或保持良好的状态。E. g., *Rosalind Hursthouse, On Virtue Ethics* 1 (1999). (美德伦理学是一个艺术术语，最初被引入是为了区分规范伦理学中强调美德或道德品质的方法，与强调职责或规则或强调行为后果的方法形成对比。)

[4] 这是因为公司合规行为正变得越来越"刑事化"，这意味着公司现在主要通过刑法的视角来对待合规行为。

不断地挑战法律的底线，但同时也完全遵守了法律，[1]而这对于公司的员工、社会、环境或人类而言，并不意味着要做"正确的事情"。[2]企业的安全、隐私、环境、会计和知识产权政策通常只涵盖法律要求的最低限度，而不是提高标准。[3]最近的联邦量刑指南修正案就是一个很好的例子，该修正案规定，机构不仅必须拥有预防和发现违法行为的手段，而且还必须培育企业文化。[4]在公司制定政策是很好的，也是非常必要的，但如果没有支持这些政策的文化，这些政策就没有价值。

监管金融机构的内部文化和行为，除了要遵守客户保护流程，通常还需要对描述和反映公司文化和个人行为的定性信息进行分析，如电子邮件和口头交谈。创建能够自动检查这些数据源的监管科技

[1] Sean J. Griffith, "Corporate Governance in an Era of Compliance", 57 *Wm. & Mary L. Rev.* 2075, 2077 (2016) (他解释说，公司可以"一次招聘数百，甚至数千名合规官"); Robert C. Bird & Stephen Kim Park, "The Domains of Corporate Counsel in an Era of Compliance", 53 *Am. Bus. L. J.* 203, 217-18 (2016) (解释了在受监管的行业中，合规官是如何大量招聘的)。

[2] See, e. g., Michelle Chen, "Here are All the Reasons Walmart's Business Is Not Sustainable", *Nation* (June 5, 2015) https://www. thenation. com/article/here-are-all-reasons-walmarts-business-not-sustainable/ [https://perma. cc/RV42-C7WR] (讨论沃尔玛"不道德的利润来源"，并声称"企业善举作为企业危机公关的人造解决方案而蓬勃发展"。道德是一种高尚的义务，而不是人权); Waqas Shabbir, "Would Consumers Stand by Market Ethics and Boycott Apple, a Proven Value Creator But a Blatant Tax Thief?", *Nation* (*Pak.*) (Oct. 1, 2016, 9: 29 PM), http://nation. com. pk/blogs/01-Oct-2016/would-consumers-stand-by-market-ethics-and-boycott-apple-a-proven-value-creator-by-a-blatant-tax [https://perma. cc/JFM4-C5R6]. ("苹果……是在创造价值的地方被征税，这使得当局极难计算出其在哪个国家创造了多少价值。")

[3] 企业希望避免政府对其事务的调查和干预——这是一个"痛苦、耗时、极其昂贵"的过程，因为其没有确定的重点。Jayne W. Barnard, "Corporate Therapeutics at the Securities and Exchange Commission", 2008 *Colum. Bus. L. Rev.* 793, 817 n. 119; Scott Killingsworth, "Modeling the Message: Communicating Compliance Through Organizational Values and Culture", 25 *Geo. J. Legal Ethics* 961, 966 (2012). ["以'命令与控制'为导向的（合规）项目……将提供与执法部门相同的明确信息：要么遵守规则，要么付出代价。"]

[4] 该指南指出，为了有效地实施合规和道德规划，组织应"推广一种鼓励道德行为和遵守法律的承诺的组织文化"。U. S. Sentencing Guidelines Manual § 8B2. 1 (U. S. Sentencing Comm'N 2016). 虽然该指南以刑法为基础，但联邦量刑委员会指出："一个有效的合规和道德程序不仅将预防和发现犯罪行为，而且对遵守所有适用法律有促进作用。"

将会在有效性、能力和遵从性方面带来显著的飞跃。但是，要想完全解释这些信息来源，需要非常高水平的技术能力，而目前可能还没有这种技术能力。而且，与所有的技术创新一样，即使存在这样的技术，监管科技也可以被用于合法和非法的目的。因此，由商业动机操纵技术，或创建其他技术可能只能坚持到最低限度，甚至当法律允许时逃避监管。企业已经在开发技术，旨在帮助他们阻挠监管者发现端倪，这可以被称为"反监管科技"（Anti-RegTech）。这种技术显然不是为了增加金融机构的道德行为，而只是促使它们和它们的合规专业人士去实现那些立法者制定监管规定意图要阻止的行为。此外，虽然通常没有法律反对"反监管科技"，但根据具体情况，"反监管科技"可以通过多种方式违反当地法律和法规。"如果这项技术能够（而且正在）被用于破坏监管的目的，那么仅只有一个合法的目的是不够的。"[1]

最后，即使用于检查和解释数据的技术被成功地开发出来，并仅用于合法目的，仅靠技术也无法根除不受欢迎和不道德的商业行为，或解决企业文化造成的道德问题。

(三) 技术判断规则

在风险管理和治理相关的决策过程中，技术可能会对良好的决策和人力资源的投入造成阻碍，这些决策过程基于不透明的程序化推理，这种推理往往带有偏见，并反映出对法律的不同解释。这是因为大型金融实体和金融监管的复杂性，使得目前的风险管理已成为一个自动化领域。同样，跨国系统性风险管理也倾向于囊括自动化系统。[2]但是，尽管世界各地的监管机构不情愿地接受了金融业对复杂的风险管理数学模型的过度依赖，特别是在适当的银行资本水平的背景下，但围绕金融监管的讨论通常没有提及通过各种技术

---

〔1〕 Jack Nelson, "The Rise of Anti-RegTech?", *Lexology* (Apr. 5, 2017), https://www.lexology.com/library/detail.aspx? g - 86320a8b - c385 - 4c29 - b39c - c7dec328ce54 [https://perma.cc/WN7Z-RMCM].

〔2〕 See generally Kenneth A. Bamberger, "Technologies of Compliance: Risk and Regulation in a Digital Age", 88 *Tex. L. Rev.* 669 (2009).

进行合规的复杂性。[1]

政治学家 Langdon Winner 的一个论点引起了大量争议，即技术具有体现社会关系的政治属性，他写的关于技术的设计和本质的文章引发了重大的争论。[2]Winner 认为，技术既产生于社会基础，也创造了社会基础。在 Winner 的论文中，技术在两个方面具有政治性：①"特定技术装置或系统的发明、设计或安排成为解决特定社区事务中的问题的一种方式"；或者②这些系统是"固有的政治技术"，它们"似乎需要有力兼容特定种类的政治关系、技术安排和社会秩序"。这并不奇怪，因为随着人们对技术的适应，他们的日常实践、情感甚至身份都可能以不可预测的方式发生改变。Winner 认为，"认识到技术形态中的政治维度并不要求我们寻找有意识的阴谋或恶意意图"。在许多情况下，"技术平台已经预先为某些社会利益所占据，"[3]虽然堆叠模型不一定总是必须为所有公民的利益设计。Winner 对这种情况给出的一个例子是，对残疾人缺乏照顾，这更多是由于"长期的视而不见而非任何人的积极意图"。金融科技，尤其是监管科技，可能为 Winner 的范式提供新的维度。监管科技的程序很可能有一个经常意想不到但多少有些偏见的设计，它们反映了程序员固有的偏见和世界观。

事实上，专注于监管科技的 Kenneth Bamberger 教授认为，开发自动化合规系统的程序员实际上是在决定如何最好地理解法律，以

---

〔1〕 See generally Kenneth A. Bamberger, "Technologies of Compliance: Risk and Regulation in a Digital Age", 88 *Tex. L. Rev.* 669 (2009).

〔2〕 See Langdon Winner, "Do Artifacts Have Politics?", In *The Whale And The Reactor: A Search for Limits in an Age of High Technology* 19-39 (1986).

〔3〕 Winner 作品中最常被引用的例子是纽约长岛公园大道上的桥梁高度所体现的种族隔离主义政治。但 Winner 举出了其他有意识的政治设计的例子，如①Baron Haussmann 的广阔的巴黎街道，是在 Louis Napoleon 的指示下设计的，以防止发生在 1848 年革命期间的那种巷战的重演；②1960 年代后期和 1970 年代早期建在美国大学校园中的混凝土建筑和巨大的广场旨在化解学生示威；③Cyrus McCormick "淘汰"了在当地组织了联盟的熟练工人，使得他的气动成型机得以在 1880 年前后引入他的芝加哥收割机制造工厂。See Langdon Winner, "Do Artifacts Have Politics?", in *The Whale And The Reactor: A Search For Limits in an Age of High Technology* 19-39 (1986), at 22-24.

及如何将其翻译并转换成代码。一旦这种转变结束，适用的法律可能会在很大程度上不同于立法者和监管者制定的法律——主要是因为监管者将重点放在原则而不是规则上的选择被将原则转化为规则的实施所破坏。法律不仅根据金融公司经理在应用时的行为进行调整，而且还通过用于应用法律的程序进行修改，修改的方式可能连金融机构的管理层都不完全理解。[1]此外，Bamberger 认为，与制定法律和法规的公共程序不同，为建立合规制度而实施的程序是私人的、不透明的。[2]因此，尽管目前用于合规目的的技术是众所周知的，并且因其精确性而受到高度重视，但这种准确性与不透明性和一定的解释成本捆绑在一起，使得这些技术通常被称为"黑箱"系统。[3]因为监管科技代码经常保持不封闭，而且从根本上来说也很难理解；理解所收集的数据类型、所针对的关联关系以及算法预测中所考虑的因素是极其困难的。这些不透明的层面可以掩盖来自监管的偏见、歧视或其他不良结果，直到负面结果变得清晰可见。保密保护企业和公共实体免受公开反对，[4]并使人们更难认识到人类判断的重要性，并在需要这种判断的情况下要求它成为过程的一部分。

---

〔1〕 See generally Kenneth A. Bamberger, "Technologies of Compliance: Risk and Regulation in a Digital Age", 88 *Tex. L. Rev.* 696 (2009). (Bamberger 解释论合规系统创建的过程，即不同专业团队之间以一种不完美的方式交互作用、相互沟通，导致风险管理系统最终成为风险的来源。)

〔2〕 Bamberger 问道："根据传统上管理授权自由裁量权行使的问责制、有效性和合法性的公法规范，通过实施来细化法律的技术实例如何发展?" See generally Kenneth A. Bamberger, "Technologies of Compliance: Risk and Regulation in a Digital Age", 88 *Tex. L. Rev.* 703 (2009).

〔3〕 See, e. g., Leo Breiman, "Statistical Modeling: The Two Cultures", 16 *Stat. Sci.* 199, 199 (2001). 关于透明度和问责制在各种技术，特别是数字中介算法中的重要性，see Oren Bracha & Frank Pasquale, "Federal Search Commission? Access, Fairness, and Accountability in the Law of Search", 93 *Cornell L. Rev.* 1149, 1159 (2008).

〔4〕 Nizan Geslevich Packin & Yafit Lev-Aretz, "Learning Algorithms and Discrimination", in *Research Handbook of Artificial Intelligence and Law* (Woodrow Barfield & Ugo Pagallo eds.) (forthcoming 2018) (on file with the Chicago-Kent Law Review).

（四） 第三方合作和网络风险

鉴于高风险，金融机构在与第三方监管科技公司合作时必须谨慎，并应当在与第三方监管科技公司合作之前，从监管机构那里获得一些关于此类合作关系的信息。特别是在网络风险不断增加的今天，不同行业的企业之间相互联系、相互依存，[1]黑客在缺少有力保护的情况下，可能通过向小公司求助，攻击大企业先进的网络安全系统。[2]这些小型企业通常是承包商或第三方供应商，或直接负责关键的基础设施，或可能持有对黑客有价值的数据。[3]

（五） 自动化和效率收益与扩大的管理成本的对比

虽然监管科技是一种高效的、有利于降低相关成本的监管工具，但金融科技的许多自动化和效率提高成本已经被满足扩大的监管所要求的成本所抵消，例如来自监管机构的信息请求数量的增加。因此，目前还不清楚，自动化和效率提高的成本是否最终会高于扩大后的监管成本。[4]

四、结论

尽管监管科技有许多积极的作用，但它的发展并不能完全应对现有的公司治理挑战。虽然监管科技能帮助金融机构有效地降低成本，为明智地使用它的企业创造额外的收入，甚至促进良好的企业

---

〔1〕 See, e. g. , Nizan Geslevich Packin, "Too-Big-To-Fail 2. 0: Cybersecurity & Digital Service Providers", 93 *Ind. Law Journal* (forthcoming 2018) https：//papers. ssrn. com/sol3/papers. cfm？ abstract-id=2988284 ［https：//perma. cc/EXD9-FY5Q］.

〔2〕 *Cybersecurity*, *U. S. Small Bus. Admin.* （Jan. 2, 2017）, https：//www. sba. gov/managing-business/cybersecurity ［https：//perma. cc/P25E-C6YN］.

〔3〕 例如，入侵 OPM 是通过第三方访问 IT 系统的结果的。See Chris Laughlin, Note, "Cybersecurity in Critical Infrastructure Sectors: A Proactive Approach to Ensure Inevitable Laws and Regulations Are Effective", 14 *Colo. Tech. L. J.* 345, 361 （2016）.

〔4〕 See, e. g. , Lucy McNulty, "Compliance Costs to More Than Double by 2022", *Fin. News* （Apr. 27, 2017 3: 15 PM）, https：//www. fnlondon. com/articles/compliance-costs-to-more-than-double-by-2022-survey-finds-20170427 ［https：//perma. cc/EM3U-A32E］. （声明称 "金融机构的监管成本在未来 5 年内可能会翻倍" "金融专业人士预计，防范监管机构的成本可能会攀升至公司收入的 10%"。）

实践和增强预期的监管结果，但监管科技系统仍然面临一些挑战。本文确定了监管科技解决方案具有相当大的风险和挑战，包括高成本、采用和开发监管科技系统的某些障碍、监管科技对金融公司的风险管理和公司治理程序的不明确影响、"非人化"问题的副作用和反监管科技的问题。

监管科技似乎是为数不多的合规管理挑战的答案，在承认人类的判断在监管科技操作中的重要性的同时，风险管理和公司治理的监管科技挑战的解决方案必须特别包括：提高透明度，加强立法者的技术专长，并创建动态的议员与私营实体之间的伙伴关系。此外，企业或许有办法摆脱反监管科技的第 22 条规定，但这需要企业思维的根本转变。[1]公司必须利用人类的行为洞察力真诚地建立有效的监管科技计划。

（初审：李书颖）

---

〔1〕 Todd Haugh，"'Cadillac Compliance'Breakdown"，69 *Stan. L. Rev. Online* 198，203-04（2017），https://review. law. stanford. edu/wp-content/uploads/sites/3/201 7/04/69-Stan. -L. -Rev. -198-Haugh-. pdf〔https://perma. cc/L7PV-TX7R〕.

域外金融监管：E. T. 何以有家不能回？*

约翰·科菲 著**

薛前强 张 迪 译***

◆--

一、绪论

本文有意以一个令人不快的标题开始：域外金融监管。老一辈的冲突法学者会指出这是一个矛盾的概念，并指出美国联邦最高法院在最近的裁决——莫里森诉澳大利亚国家银行[1]和基奥波尔诉荷兰皇家石油公司[2]两个案件中适用了强有力的反域外管辖权推定以遏制美国法律的扩张影响。即便是同情跨国金融机构监管的国际法学者，也可能倾向于避免使用该术语而采用"全球金融监管"的表述，因为他们认为国际金融监管是借助跨国机构的合作网在协商一致的基础上应用"软法"原则来实施的[3]。然而，这两种观点并不

---

　* 基金项目：本文翻译工作得到司法部 2021 年度法治建设与法学理论研究部级科研项目"后疫情时代公司应急治理法律问题研究"（21SFB4050）的经费支持。

　** 约翰·科菲（John coffee），美国哥伦比亚大学法学院阿道夫·伯利名誉教授，公司治理中心主任。作者感谢来自克里斯·布鲁默、梅里特·福克斯、圭多·费拉尼尼、富兰克林·格夫茨、爱德华·格林和伊洛娜·波蒂哈的有益评论，且文责自负。本文最初发表在《康奈尔法律评论》2014 年第 6 期。

　*** 薛前强，男，天津滨海新区人，法学博士，中央民族大学法学院讲师，硕士生导师，研究方向为公司法、证券法。张迪，女，内蒙古赤峰人，中央民族大学法学院硕士研究生，研究方向为公司法、证券法。

　〔1〕 561 U. S. 247 (2010).

　〔2〕 133 S. Ct. 1659 (2013).

　〔3〕 See David Zaring, "Finding Legal Principle in Global Financial Regulation", 52 *Va. J. Int'l L.* 683, 687 (2012)（国际金融监管架构是由国内机构通过国际网络制定的，充其量只能被描述为"软法"——即没有约束力的法律）。See also infra note 25 and accompa-

全面，且对"域外管辖权"（extraterritorial jurisdiction）这一并不常用词语的使用是无法避免的。

第一，主要的金融机构流动性极强，除非承认域外管辖权，否则它们很容易在国外开展高风险业务，超出本国的监管范围。第二，要想有意义地监管系统性风险，不仅要监管国内的金融机构，往往还要监管其交易对手。这不仅因为主要金融机构大而不倒，更因为金融机构相互间具有较强的关联性而不能倒下。第三，一些国家会发现通过监管不足这一避风港，即本文术语中的"金融赌场"来从监管套利中获利更加符合他们的利益[1]。这些国家、金融服务行业以及一些本质上消极的国家会抵制严格的软法标准，他们更愿意保持软法的理想性和不可描述性。第四，达到适当的软法标准的最佳途径可能是主要金融国家主张域外管辖权，以使它们获得必要的影响力，推动国际机构颁布有意义的软法标准。否则在缺乏高度共识的前提下，软法标准的颁布将会推迟。因此，这种域外管辖权的主张可以被视为在最终制定有意义的软法标准前的一个过渡阶段。

无论如何，美国和欧盟都曾主张过这种域外管辖权，尤其是在场外衍生品方面。在美国，这是通过《多德-弗兰克法案》中明确的国会指示来实现的，该法案推翻了对域外管辖权的推定。这一法案源于国会为了应对 2008 年美国国际集团（AIG）倒闭带来的挑战。

（接上页）nying text. "软法"有许多定义，但软法的一个关键属性是它通常不具有约束力（尽管不遵守可能会有代价）。See Chris Brummer, *Sorr Law and the Global Financial System：Rule Making in the 2Lst Century*, 111-14 (2012).

　　[1]　即使是软法规则制定的支持者也认识到，在"系统性风险"监管的情况下，不同司法管辖区的监管成本和利益差别非常不同。因此，Chris Brummer 教授写道：例如，一些国家对外国投资者来说可能是"坏"金融产品的净出口国。在这种情况下，各国将没有动力进行合作并采取更严格的监管标准。同样，一些规模较小的资本贫乏国家除了监管薄弱之外，可能没有其他手段来吸引资金。如果没有更好地吸引金融交易，他们可能会被激励希望更好的结果，并保持较弱的标准，因为他们采用的规则"没什么可失去的"。Chris Brummer, "How International Financial Law Works (and How It Doesn't)", 99 *Geo. L. J.* 257, 270 (2011). 本文也同意许多国家可能更倾向于维持薄弱的监管（即容忍金融赌场），因为他们"没有什么可失去的"。一般来说，资本贫乏国往往不承担金融传染的风险，因此没有多少动力进行合作以减少这些风险。

AIG 是当时美国最大的保险公司，2008 年面对对手方的保证金追缴突然破产，风头甚至盖过了雷曼兄弟的破产，最终不得不由美国政府救助 1825 亿美元的贷款。在不透明和不受监管的场外衍生品市场上，AIG 和其交易对手都没有要求对方缴纳保证金作为债务抵押品。信用违约掉期本质上是长期债务，这使双方都面临巨大的信用风险，而在交易所进行的短期交易往往会受到缴纳抵押品的监管要求。因此，当 AIG 在 2008 年明显处于破产边缘时，其对手方迟迟没有提出远远超出 AIG 承受能力的保证金要求。如果 AIG 被迫破产，可能会引发全球金融危机威胁的蔓延。美国政府对此采取的措施是向 AIG 提供信贷并为其对手方义务提供担保。国会对此十分愤怒，认为 AIG 的失败有多方面教训：①巨额债务可以隐藏在不透明的场外市场中；②美国主要金融机构的子公司和附属机构可以通过离岸活动承担不可接受的风险（正如 AIG 通过一个不受监管的英国子公司所做的那样）；③主要市场参与者认为他们可以通过在场外市场购买事实上的保险而免受风险。简而言之，AIG 的失败甚至比雷曼破产更显示出监管套利的危险性和控制系统性风险的必要性。

国会也认识到，大型金融机构可能会再次追求监管套利（一旦尘埃落定），而且目前缺乏遏制系统性风险的国际标准。更糟糕的是，在达成足够的共识之前，国际层面上有意义的改革面临着无尽的拖延，就像圣杯一样，竞争的国家要多于达成共识的，而且这种情况可能会无限期地继续下去。在了解到这一切的前提下，国会选择在《多德-弗兰克法案》的主体内容中主张域外管辖权。欧盟以一种更为平静的方式采取了类似的立场，并声称拥有域外管辖权。这就出现一个很大的讽刺：尽管美国因其明确的域外管辖权做法而受到相当多的批评，但欧盟在场外衍生品方面采取了几乎相同的立场，作出相同的表述。

这并不否认主张域外管辖权会产生摩擦。这种摩擦在美国和欧盟最近的谈判中表现得淋漓尽致。关于《多德-弗兰克法案》改革的实施，特别是跨境掉期方面，美国一方有人担心，如果没有广泛的域外覆盖范围，大型金融机构可能干脆将其高风险业务置于美国境外，从而有效地逃避该法案的主要改革[1]。在欧洲方面，同样担忧美国的做法忽视了国家主权，认为是回到了以前的美帝国主义传统。在这一传统下，美国声称其首选的金融做法可以强制适用于世界其他地区[2]。

尽管如此，最终各方达成了不完美的、暂时的妥协。在这场激烈且无情的谈判过程中，主要的国际机构——国际货币基金组织、世界银行、巴塞尔委员会、国际证监会组织和金融稳定委员会[3]，基本上都持观望态度，而真正的谈判是在美国监管机构和欧盟专员之间进行的。这种谈判集中在一个新概念上，该新概念在金融监管背景下仍然是独一无二的，即"替代合规"（substituted compliance）[4]。据此，关键问题是美国法律和东道国法律是否"功能等同"（func-

---

[1] 在 2013 年 7 月 12 日批准"跨境最终指导意见"的 CFTC 公开会议上，CFTC 主席 Gary Gensler 在其最初的声明中强调，大型美国金融机构可能并且确实通过离岸子公司和关联公司进行交易，特别是那些不受监管的司法管辖区，如开曼群岛组织的交易。具体而言，他在这份声明中强调：①美国最大的银行在全球都有大约 2000 到 3000 个法律实体；②一些美国银行仅在开曼群岛就有数百个法律实体；③雷曼兄弟有 3300 个法律实体；④花旗集团的结构性投资工具在开曼群岛设立并在伦敦运行；⑤贝尔斯登的下沉式对冲基金是在开曼群岛的管辖范围内组织的。Statement of Chairman Gary Gensler, 78 *Fed. Reg.* 45, 292, 45, 371 (July 26, 2013).

[2] 到 2012 年，一些金融媒体断言，美国正在被视为一个全球性的威胁，以咄咄逼人的新市场规则单方面行事。新的流行语是"域外管辖权"，即"ET"。HuwJones, "ET, the New Alien Scaring Global Markets", *Reuters*, Feb. 5, 2012, available at http://www. reuters. com/article/2012 /02/05/us-financial-regulation-et-idUSTRE8140DV20120205. 直到 2013 年 9 月，欧洲媒体还在继续警告，CFTC 的"帝国主义"正在威胁一项全球协议。Tom Braithwaite et al., "U. S. Rules 'Endanger' Derivatives Reforms; CFTC 'Imperialism' Threatens Global Deal", *Fin. Times*, Sept. 27, 2013, at 1. 一些受人尊敬的美国评论家同意这一评估，即 CFTC 管辖过度。See Edward F. Greene & Ilona Potiha, "Issues in the Extraterritorial Application of Dodd-Frank's Derivatives and Clearing Rules, the Impact on Global Markets and the Inevitability of Cross-Border and US Domestic Coordination", 8 *Capital Markets L. J.* 338 (2013). 我非常同意美国和欧洲协调的必要性，但"替代合规"的概念过于空洞，没有实质性的内容，不能成为这一过程的指导思想。

[3] See Stavros Gadinis, "The Financial Stability Board: The New Politics of International Financial Regulation", 48 *Tex. Int'L L. J.* 157, 158-61 (2013).

[4] SEC 为了放宽其规则以促进外国公司进入美国资本市场。从 2007 年开始，SEC 采用替代合规形式。这种方法是有选择的，因此只适用于那些 SEC 认为与美国监管监督有实质性可比性的司法管辖区。

tionally equivalent）。如果是，那就意味着美国公司在进行域外活动时，应该遵守美国法律，而不是遵守东道国法律。这种做法仍然涉及域外管辖权的主张（如果这两个法律体系在功能上不等同，美国法律将优先于东道国的法律），但它更容易接受，并且在欧洲和其他地方得到了热烈的支持。尽管如此，它在被接受的过程中必然导致进一步的问题：替代合规的成本是多少？尽管金融服务界和国外热切甚至兴高采烈地接受了替代合规，但本文认为，这一概念尚未得到应有的严格审查，有时其成本可能超过收益。

同样重要的是，美国金融监管机构对替代合规的态度几乎是割裂的。与证券和衍生品监管机构不同，银行监管机构在很大程度上忽视或蔑视替代合规，更倾向于依靠更传统的地域性方法，这种差异也需要解决。除了与替代合规相关的成本和收益问题之外，本文所讨论的更广泛的问题是如何才能最好地实现各国在金融监管方面的成功合作。毫无疑问，合作是必须的，而美国的做法将受到抵制。一段时间以来，国际关系领域学者们的一个共识是，在金融监管问题上依靠软法，即由国际货币基金组织或世界银行等国际机构宣布的广泛的、非强制性的，甚至有时是雄心勃勃的指导原则。但是，2008 年的金融危机需要采取比软法程序更快、更有力的行动。

如今，还有另一种选择——"微边主义"（Minilateralism）。与"多边主义"相反，微边主义关注的是若想对一个具体问题达成可行的解决方案，需要的最小国家数目是多少。虽然多边协议可能需要十年或更长时间才能达成谈判（如果谈判成功），但通过双边或有限的多边谈判，解决方案可以更快地达成。本文将强调"微边"方法在金融监管问题上的优越性，当金融服务业希望抵制改革而其他国家从监管套利中获益时，软法程序将不起作用。因此，最近的跨境掉期事件可能会再次上演，有时参与者不同，有时结果不同，但通常是同样的利益冲突。

这种对"微边主义"方法的优先使用和对域外金融监管措施的保留，部分是基于对软法的迟延和不精确的怀疑，软法很少会限制一个强势的金融服务行业。更重要的是，这取决于这一事实：只有主要金融国家才有控制系统性风险的正确动机。主要金融国家通常是指美国和欧洲，他们在 2008 年的金融危机中遭受损失，而其他金融基础设施不太发达的国家基本上没有受到损害。这种区别是有意义的，因为那些在 2008 年危机蔓延中受伤害最严重的国家应该更积极地防止危机重演，而那些逃脱伤害的国家可能更有兴趣从监管套利中获利。可以肯定的是，软法的支持者可能坚持认为美国不能再统治世界，其中一些人会补充说，即使《多德-弗兰克法案》赋予美国监管机构域外监管权力，美国在国际上面对统一反对时也无法有效行使这一权力。某种程度上，事实就是如此。美国在域外监管方面的积极尝试在过去已然失败（最明显的是在反垄断方面）[1]。不过，美国不可能试图在世界其他地区横行霸道，相反，似乎越来越有可能通过解释新的合规原则来达成妥协。然而，替代合规仍然是一个难以捉摸的概念，其正确应用很大程度上取决于旁观者的注意力。在最坏的情况下，它可以使金融服务行业有效地绕过《多德-弗兰克法案》的规定。然而，正如我们所看到的那样，联邦储备委员会在很大程度上对这个概念不屑一顾，新通过的沃尔克规则没有注意到这一点，而是依靠传统的领土概念来划分监管机构。

在这种不确定的背景下，本论文将提出两个论点。首先，要使替代合规发挥作用，必须由那些具有正确动机的国家，即那些真正面临系统性风险的国家来制定什么是允许的基本规则。其次，由于美国和欧盟确实有正确的动机，因此它们需要积极主动地开展"微边主义"对话，界定什么应该构成足够的功能等同性以满足"实质

---

[1] 几十年前，《谢尔曼法案》的域外适用（主要通过私人反垄断诉讼）导致欧洲和其他地方通过了封锁法和"追回"立法，该立法旨在废除美国反垄断法的域外适用。See, e. g., John H. Chung, "The International Antitrust Enforcement Assistance Act of 1994 and the Maelstrom Surrounding the Extraterritorial Application of the Sherman Act", 69 *Temp. L. Rev.* 371 (1996)（总结了《谢尔曼法案》在美国法院的管辖权问题的发展和关键的回应）；P. C. F. Pettit & C. J. D. Styles, *The International Response to the Extraterritorial Application of United States Antitrust Laws*, 37 *Bus. L.* 697 (1982)（surveying such legislation）. Cf In re Uranium Antitrust Litig., 473 F. Supp. 382, 385 (*N. D. Ill.* 1979)（注意到 9 名外国被告没有出庭，没有回答，也没有对反托拉斯指控进行答辩）。然而，这一事件所涉及的美国与其主要盟国的实质性政策之间的冲突比衍生品监管方面的现有差异所造成的冲突更为极端。

性合规"。在程序上，它们应该首先达成一致，然后与其他主要参与者接洽，以签署标准，而不是等待全球共识和普遍协调。原因在于从经济上讲美国和欧盟有控制系统性风险的最佳动机，因为它们可能会承担金融风险扩散的大部分成本（因此它们会在控制方面投入更多资金以避免这种情况发生），其他国家在很大程度上可以避免这些成本。因此，如果世界必须等待所有国家都向一个单一的、普遍的标准靠拢，那么最终的这个标准可能会被推迟，变得更弱，更容易被规避。

需要说明的是，上述关于强调双边谈判和有约束力的法律微边主义方法的论点建立在经济基础之上。软法支持者天真地认为金融监管比其他形式的国际监管简单，并认为其带来的只是协调问题，这忽视了监管套利的强烈动机存在。金融监管会分配后果，不同的法律规则会产生不同的赢家和输家。此外，由于不具约束力的软法无法执行，因此，受到不利影响的国家更容易背叛且无视其先前的承诺。因此，坚称软法是仁慈和温和的，或者让每个国家都有平等的发言权，就等同于是制定金融监管无效的规则。归根结底，系统性风险是一个典型的"公共产品"问题。所有国家都希望有系统性的稳定，但大多数国家希望由其他国家支付维持系统性稳定的成本。除非被强迫，否则许多国家宁可"搭便车"，在金融危机蔓延的情况下，他们指望美国和欧盟来资助全球救助的费用以防止全球经济衰退。显然，世界上任何地方的金融危机都可能跨越国界，影响所有主要市场。但并不是所有国家都需要将系统性风险危机的成本内部化，因为其影响是不均衡的。此外，一个坚持较宽松、较放任的规则的国家可能会因为可预见的监管套利而收获业务和利润。鉴于这种不对称性，即一些国家可以从宽松的监管中获利而不一定要面对金融危机的高成本，可以预期到提高全球标准以防范系统性风险的规则会遇到阻碍。由于不管是发达国家还是发展中国家都有可能将其管辖范围作为无监管（或监管不严）交易的平台，因此我们可以预期监管不力的市场将持续存在。

本文关键论断是，"公地悲剧"所需的所有先决条件都是存在的〔1〕。特别是，由于不能排除其他国家向那些希望进行交易的国家提供"金融赌场"，以及许多国家不必将它们强加给其他国家的成本内部化，一些国家将表现为"搭便车"，宁愿让其他人承担成本，在对他们有利时将鼓励监管套利。所有这些都是可以从"公地悲剧"的角度来预测，长期以来，环境法学者一直以这种基本范式来解释自然资源的枯竭。最近，法律学者将这种观点扩展到解释公共基础设施（如通信、交通和医疗系统）的问题之上，一些先驱者甚至注意到了它对金融市场的适用性〔2〕。尽管如此，由于"公地悲剧"的关键经济前提是非排他性，当我们转向国际背景时，这一观点对金融市场的适用力度最大。可以肯定的是，在任何一个市场（例如纽约证券交易所）进行交易的参与者可以排除那些不按他们规则行事的人。治理结构（行政机构，如 SEC，或责任规则）也可以由任何一个国家设计，以防止"公地悲剧"，只要他们只关注国内活动和交易。但是，一旦交易者和其他市场参与者可以逃到外国司法管辖区，那么（也只有在那时）非排他性的前提条件就得到了满足。

一旦接受"公地悲剧"观点的相关性，除非能够产生有约束力的法律，否则那些承担系统性风险成本最多的主要金融国家将受到挫折并被解除规制能力，因为他们无法禁止境外交易。相反，如果主要国家能够就共同标准达成一致，那么它们就可以简单地通过拒绝本国金融机构在不符合其标准的市场进行交易来有效地对付搭便

---

〔1〕 "公地悲剧"是一个标准的法律和经济问题，当不可能排除行动者使用某种资源或从事某项活动（不可排除性），以及一些行动者不必内化他们强加给其他人的成本时，就会出现这个问题。See Garrett Hardin, "The Tragedy of the Commons", 162 *Science* 1243, 1244-45 (1968). 通常，这种"悲剧"的结果是过度使用一种共同的资源（如农田过度放牧、渔业枯竭或空气受污染）。在这里，如果无法将美国实体排除在外国市场的交易之外，就会产生一个相关的结果：风险活动会增加，直到金融危机爆发。从这种角度来看，替代合规可以被视为将美国实体排除在危险活动之外的一种手段，因为其他国家没有将其可预见的成本内在化。

〔2〕 See Steven L. Schwarcz, "Protecting Financial Markets: Lessons from the Subprime Mortgage Meltdown", 93 *Minn. L. Rev.* 373, 386 (2008); Kristin N. Johnson, "Things Fall Apart: Regulating the Credit Default Swap Commons", 82 *U. Colo. L. Re-V.* 167, 174 (2011). (指出"公地悲剧"相关文献为发展治理模式提供了指引，更好地反映对金融市场体系中权利和责任的规范预期。)

车者。坦白来讲，美国和欧盟都拥有实现这一结果的市场力量。人们不需要接受这个推理中的每一步来达成共识。相反，假设在不试图引领监管竞争的情况下，一些国家可能只是容忍监管松散的市场在其管辖范围内运作，或者是出于漠不关心，或者是因为他们认为主要国家会在金融传染的情况下救助所有人。这些监管较少的司法管辖区基本上是免费搭车者，他们期待其他国家承担维护经济稳定，免受系统性风险影响的成本（包括大规模救助的成本）。这些免费搭车者可能会得到那些最想逃避加强监管的大型金融机构的帮助和教唆，抵制（或至少是漠不关心）加强监管的必要性。在一个全球化的世界里，市场参与者的流动性极强，只要他们能拖延主要金融国家的行动，就能逃避有限的监管。从修辞学上讲，反对金融改革的人可以团结在一个最受欢迎的防御性口号周围，那就是"国际监管不能先于共识"。

与其他公共产品问题一样，公共政策需要找到一种方法来对免费搭车者征税，这里包括那些愿意容忍不受监管的金融市场的国家。本文将考虑实现此种目的方式，但基本上会建议主要的金融国家禁止自己的金融机构（及其离岸附属公司）在缺乏足够监管的外国市场进行交易，以保护自己免受系统性风险危机的影响。这一规定与许多国际法学者尊重主权或要求达成共识的观点相悖。将这一规定在国际法层面做一转换，它坚持认为非强制性的软法是不够的，这种通过国际网形成的广泛的、理想的一般原则只会让流动的市场参与者照常营业。反之，需要在小规模谈判中进行更艰难的商讨，而且只有那些将承担金融传染的最终成本的国家才有动力去制定正确的规则。然而，现实主义告诉我们，美国不能单方面将其政策偏好强加给世界其他国家。因此，它需要有选择性。什么时候最需要它在域外坚持自己立场？本文着眼于公共产品的视角，因为它可以提供一个答案，为更积极的域外金融监管方法提供理论基础，这种方法适用于某些情况，但不是所有情况。划定边界是必要的，但它应该基于原则，而这种观点会产生原则上的区别。

本文将重点讨论国际金融监管的两个非常不同的例子，这两个例子都试图遏制系统性风险，但在其他方面形成了鲜明的对比。首先，本文将调查最近关于美国商品期货交易委员会（CFTC）和美国证券交易委员会（SEC）在域外管辖权基础上监管跨境掉期交易的争议。然后，转向更有争议的沃尔克规则，该规则禁止主要金融机构（包括国内机构和在美国有分支机构的外国机构）从事自营交易或拥有或赞助对冲基金[1]。CFTC 和 SEC 对掉期和其他场外衍生品的监管是在 G20 峰会上达成的国际共识，即需要进行此类监管。相比之下，沃尔克规则是美国独有的创新，在其他主要金融国家没有任何平行规则。不管是出于这个原因还是其他原因，这两项规则的域外影响非常不同，可能会产生完全不同的成本和收益。

二、跨国交易的难题

（一）场外衍生品市场

2008 年的金融危机传达了金融改革的必要信息，那就是场外衍生品市场对全球金融稳定造成了特殊的风险。首先，截至 2011 年，这些场外衍生品合约的未结算额超过 700 万亿美元，甚至使债券市场相形见绌。其次，虽然所有的证券和衍生品都存在市场风险，但场外衍生品也面临交易对手风险：关键交易对手可能无法兑现其承诺业绩的危险（这当然是 AIG 的经验）。再次，由于这些私下协商的合同之双边性质，它们在定价、数量和有关各方的身份方面本质上是不透明的，具有更大且不可预见的金融传染的风险。最后，与交易所交易的衍生品不同，后者是高度标准化的，并受制于初始和变动保证金要求。而场外衍生品的抵押品则由个人协商决定。在一个竞争性的市场中，掉期交易商可以通过降低他们要求对手方提供的保证金来进行竞争（无论是明智的还是不明智的），特别是在市场泡沫时期，为了面对以后的市场压力时能产生足够的安全保障，保

---

〔1〕 2013 年 12 月 10 日，由联邦储备委员会、联邦存款保险公司、货币监理署、证券交易委员会和商品期货交易委员会于 2013 年共同发布了实施沃尔克规则的最终规定。它们于 2014 年 4 月 1 日生效，但合规期于 2015 年 7 月 21 日结束。

证金额一少再少。所有这些对美国国会来说都很清晰，到 2010 年（《多德-弗兰克法案》出台），国会对三件事非常清楚。第一，AIG 的倒闭是由于不能满足其交易对手的追加保证金催缴要求；第二，AIG 的倒闭迫使美国纳税人承担 1820 亿美元的负担（第 2 页为 1825 亿美元，以何为准?）；第三，AIG 的信用违约掉期是由一家实际上不受监管的外国子公司（位于英国）所致。从一开始，AIG 的经验就使美国国会倾向于采取域外管辖权的方法。国会不想因为美国金融机构的外国子公司不谨慎和不受监管的场外交易而被引火烧身两次。在 2009 年的匹兹堡峰会上 G20 集团领导人认识到需要将场外衍生品作为一个特别优先事项来处理，他们同意对场外衍生品交易实施清算、报告和风险缓解要求。使用清算所意味着交易所交易衍生品的保证金水平将趋于标准化（从而有效地消除对手方风险），但特别定制的场外衍生品过于个性化，无法在交易所进行交易或通过清算所进行清算。对于这些交易，必须规定风险缓解规则（包括保证金水平）。这并非一个小问题，原因有二：

首先，银行和其他主要的掉期交易商从场外衍生品交易中获得了丰厚的利润，因为这种交易是不透明的，因此受到的竞争压力较小[1]。掉期交易商有理由去抵制通过将专门的合同转换为可以在交易所公开交易的更标准化的合同来提高透明度的行为。简单地说，透明度意味着竞争的加剧，从而减少掉期交易商从私下协商的交易中获得的经济租金。据估计，美国银行的衍生品总风险敞口中有 55%~75% 是针对外国实体的。事实上，在信用违约掉期（CDS）的极端情况下，2011 年只有大约 7% 的美国单名信用违约掉期交易是在两个美国本土的交易方之间进行的，其余的都涉及一个外国交易方[2]。因此，正如 SEC 最近指出的，"跨境交易是常态，而不是例外"。

---

〔1〕 See Financial Crisis Inquiry Comm'N, The Financial Crisis Inquiry Report 45-51 (2011). （详细说明场外衍生品市场盈利能力的上升与其缺乏透明度之间的关系。）

〔2〕 See Exchange Act Release No. 34-69490（基于跨境安全的交换活动；重新提议监管 SBSR 和有关基于安全的掉期交易商和主要基于安全的掉期参与者的某些规则和表格），78 Fed. Reg. 30, 968, 30, 976 (May 23, 2013).

其次，监管改革必须解决地理上的不确定性问题。由于场外衍生品不在交易所交易，它们没有任何明确的地理位置。掉期交易可以在两个不同国家的参与者之间进行，在第三国记账，在第四国进行风险管理。因此，掉期交易不需要设在美国，如果将交易转移到境外可以使掉期交易商逃避监管，则这种行为很容易发生。因此，参与监管套利的动机非常强烈。故国会在《多德-弗兰克法案》中决定，如果交易涉及美国实体，则适用美国法律[1]。

（二）国会的回应

在这一背景下，《多德-弗兰克法案》第七章（重点关注衍生品市场）通过了几项针对外国实体的条款，这些条款在美国金融监管中很少见，甚至从来没有见过。例如，第 715 条"除了某些例外情况，禁止参与掉期活动的权力"规定：如果 CFTC 或 SEC 确定，对外国掉期或基于证券的掉期市场的监管有损于美国金融体系的稳定，则该委员会在与财政部部长协商后，可以禁止在该外国注册的实体参与美国的掉期或基于证券的掉期活动。

实际上，这是对其他国家发出的警告，它传递的信息是直截了当的：如果惹恼了美国，那么域外的金融机构（和其他机构）将被禁止进入美国掉期市场。同样，《多德-弗兰克法案》第 722（d）条对《商品交易法》（CEA）进行了广泛修订，规定《多德-弗兰克法案》的新规定不适用于域外，除非掉期活动：①与美国的商业活动有直接和重要联系，或对美国商业有影响。②违反了委员会为防止2010 年《华尔街透明度和问责制法案》颁布的该法任何规定被规避，而可能制定的必要或适当的规则或条例。这种法定语言代表了一个极端的例外情况：《多德-弗兰克法案》并不适用域外，除非是"重大"或"规避"的活动。此外，该法对"掉期交易商"和"主要掉期参与者"的定义极为宽泛。忽略了实体的注册地而将重点放在头寸规模、创造的潜在风险敞口和杠杆程度上，从一开始就可以

---

〔1〕 Dodd-Frank Wall Street Reform and Consumer Protection Act（Dodd-Frank Act）722 (d)，7 U. S. C. § 2（i）（2012）.

看出，第七章将非常广泛地覆盖美国之外的地区。然而，尽管它受到的关注要少得多，但欧盟最近的关键交易法规——《欧洲市场基础设施法规》（EMIR）的覆盖面同样广泛，并采用了几乎相同的测试方法。

从结构上看，《多德-弗兰克法案》第七章试图通过各种策略降低系统性风险。首先，第七章废除了 2000 年《商品期货现代化法》（The Commodities Futures Modernization Act）的部分内容，该法取消了对场外衍生品市场的监管。其次，第七章对该领域进行了划分，使 CFTC 对掉期交易拥有管辖权，而 SEC 对更小的"基于证券的掉期"拥有管辖权。在组织上，第七章规定了两类规则：①实体层面的规则（例如，要求"掉期互换商"和"主要掉期参与者"注册）。②基于交易的规则，监管个别掉期交易（包括通过监管资本、保证金、风险管理、清算和交易的规则）。重点将放在后面这些规则上，它们试图通过规定场外衍生品市场的强制性风险缓解策略来防止另一场 AIG 式灾难。在这一点上，有两个条款非常突出。首先，CEA 第 2（h）（1）条现在要求掉期必须提交给清算所进行清算，除非其中一方有资格获得豁免并选择不对掉期进行清算[1]。尽管这一条款旨在最大限度地减少交易方风险，但其影响已被边缘化，因为其他条款基于各种原因豁免了场外衍生品市场的许多参与者和工具[2]。其次，CEA 第 4s（e）条规定了交易未结算掉期的掉期交易商和主要掉期参与者的保证金要求（包括初始保证金和变动保证金）。这一条款通常确保（除了明显的例外）掉期交易商和其对手方之间在当前和潜在的风险敞口得到抵押，从而减少掉期交易商或主要掉期参与者可能承担过度风险或无法履行其义务的危险。此外，CEA 第 4s（1）条规定，掉期交易商或主要掉期参与者的对手方有权要求将这些保证金与第三方托管人分离。这些新的保证金规则的实际影响是要求

---

〔1〕 7 U. S. C. § 2（h）（1）.

〔2〕 首先，《多德-弗兰克法案》第 723 条免除了商业终端用户的强制性清算要求。其次，如果掉期可以定制设计，则不能在交易所上进行交易，因为交易所只能交易相对标准化的产品。这为掉期交易商创造了一个避免标准化的强烈动机。

掉期交易商向许多以前没有交过保证金的对手方收取初始和变动保证金，从而提高了参与场外衍生品市场的成本。

总的来说，新规肯定会让掉期交易商和其他无法逃避的人付出代价。美国金融服务业很快就认识到，其获得救济的最大希望是说服金融监管机构采用广泛的替代合规理论[1]，即如果交易是在国外进行的并且符合东道国的要求，与美国的要求"基本等同"，那么美国的掉期交易商将遵守《多德-弗兰克法案》的规定。如果替代合规已然足够，那么美国掉期交易商就可以在很大程度上摆脱危险，因为《多德-弗兰克法案》会使他们在对外国竞争对手的监管上处于不利地位，并可能使他们失去业务。

（三）商品期货交易委员会的立场

2012年6月，在《多德-弗兰克法案》颁布近两年后，CFTC终于解决了域外适用的关键问题，提出了适用于掉期交易商和主要掉期参与者的第七章条款何时适用于非美国人的指导意见[2]。简而言之，CFTC提出的指导意见远远没有达到美国金融服务行业的要求，他们的失望反应解释了为什么CFTC一开始就选择将其决定称为指导意见，而不是规则[3]。根据其提出的"跨境指导意见"，拥有大量掉期头寸的非美国人必须向CFTC登记为掉期实体（但在此登记基

---

〔1〕 See Arthur E. Wilmarth, Jr., "Turning a Blind Eye: Why Washington Keeps Giving In to Wall Street", 81 *U. Cin. L. Rev.* 1283, 1302-07 (2013)（指出金融业说服监管机构放松跨境掉期规则做出的努力）。

〔2〕 See Cross-Border Application of Certain Swaps Provisions of the Commodity Exchange Act, 77 Fed. Reg. 41, 214 (July 12, 2012).

〔3〕 虽然没有任何CFTC的文件或专员承认这一点，但CFTC坚持称这一版本为"指南"和"政策声明"，而不是将其作为正式规则发布，可能是为了避免华盛顿特区巡回上诉法院的司法审查，该法院越来越倾向于拒绝金融监管机构的监管规则，因为在其看来，这些规则之前没有经过适当的成本或效益分析。See Bus. Roundtable v. SEC, 647 F. 3d 1144, 1148 (D. C. Cir. 2011)（我们同意请愿人的观点，并认为委员会由于再次未能充分评估新规则的经济影响而采取了武断和任性的行动）。然而，这种谨慎语义的做法并没有使CFTC免于在华盛顿特区巡回法院以同样的成本或收益论点被提起诉讼。2013年12月，主要银行业贸易团体提起了这样的诉讼。See Landon Thomas Jr., "Wall Street Challenges Overseas Swaps Rules", *N. Y. Times*, Dec. 5, 2013, at B5. 这个成本效益分析的问题超出了本文研究范围。

础上只需遵守一套有限要求）。比这些注册要求更有实质意义和要求
的是拟议的"交易级"要求，这些要求将适用于：①非美国人与美
国人之间的交易；②美国人的外国关联公司与美国人或非美国人之
间的交易；以及③非美国掉期商的美国分支机构与美国人或非美国
人之间的交易。这些实质性要求包括清算、保证金、实时公开报告、
交易执行和销售行为。举例来说，摩根士丹利的伦敦分公司在英国
伦敦与中国香港客户进行交易，以及巴克莱银行的子公司在世界任
何地方与美国客户进行交易，都会被涵盖在内。此外，如果巴克莱
银行在美国运营，其在全球的所有分支机构都会被《多德-弗兰克法
案》的规则所覆盖。监管负担显然是巨大的，而指导意见只豁免了
非美国掉期实体与非美国方之间的交易，并且该非美国方不允许是
美国人的关联方。

实际上，该指南仅豁免了非美国注册的掉期交易商或非美国主
要掉期参与者对《多德-弗兰克法案》的适用，他们可以遵守类似
的外国监管要求，作为与非美国人交易时遵守《多德-弗兰克法案》
强制性交易要求的替代方案。对非美国掉期交易商的豁免可能加剧
了美国交易商的问题，因为他们预见到自己的外国分支机构和子公
司将处于竞争劣势。即使是对非美国掉期交易商的拟议救济也不一
定适用，还需要 CFTC 承认替代东道国的要求满足其替代合规的测
试。在此，CFTC 似乎有意在认定外国法规具有可比性之前对其进行
实质性审查，这再次加剧了业界的担忧。CFTC 提出的指导意见引发
了激烈的谈判和游说。在国会，双方很快就达成了共识。共和党人
倾向于对替代合规的广泛定义，共和党主导的众议院立法规定所有
G20 国家自动符合替代合规的条件。由于国会议员很少感受到来自
外国人的压力（他们不能投票），这项立法显然来自共和党的游说。
反过来说。在民主党占主导地位的参议院，8 位自由派民主党参议员
向 CFTC 和 SEC 的主席致函，要求填补掉期交易规则中的漏洞。并
要求他们不要将监管工作"外包"给外国（即他们不应承认替代合
规）。

2013 年 4 月，欧盟和大多数主要金融国家的财政部部长联合向

美国财政部部长和 CFTC 发出了一封措辞强硬的信函，警告说如果不尊重欧洲的规则（特别是 EMIR），衍生品市场将"四分五裂"[1]。更重要的是，SEC 为"基于证券的掉期"提出了自己的相应规则，而且 SEC 采取了更为克制的立场，更接近于金融服务行业的立场，通过对替代合规性提出更宽泛和广获赞同的定义削弱了 CFTC。最后，CFTC 的一位重要的民主党委员开始动摇他对 CFTC 的坚定支持立场。在他的支持下，CFTC 主席 Gensler 开始谈判达成妥协，以保持多数席位。2013 年 7 月，为了应对来自各方的压力，CFTC 修改了其拟议的指导意见。首先，为了表明它没有放弃核心立场，指导意见扩大了对"美国人"的定义，包括美国人的外国分支机构和在美国拥有多数股权（直接或间接）或在美国有主要营业场所的境外对冲基金。然后，指导意见做出一个大的让步，承认如果交易与非美国分行有"善意"的联系，美国银行的外国分行一般可以通过替代合规（即遵守另一个管辖区的类似要求）来满足《多德-弗兰克法案》的要求。但是，如果美国银行的外国分行与美国人（而不是美国银行的另一个外国分行）进行掉期交易，那么将适用美国的交易规则（而外国分行不能依赖替代合规）。CFTC 进一步表示，在确定另一个国家的某类要求是否应被视为与《多德-弗兰克法案》的要求相类似时，它将采用一种"基于结果的方法"，而没有采用许多人强烈要求的"基于整体的办法"（holistic），似乎准备仔细审查特定管辖区的实际实质性规则。

相应地，非美国掉期交易商在与美国人以及美国人的某些关联公司交易时，将被要求遵守 CFTC 的交易级别要求。因此，高盛的伦敦分行在与美国人交易时必须遵守《多德-弗兰克法案》的交易要

---

〔1〕 9 个高级金融监管机构于 2013 年 4 月 18 日致函财政部长 Lew，对如果美国坚持在域外适用自己的规则，那么场外交易市场的"碎片化"表示担忧。这些人包括来自日本、俄罗斯、南非、巴西、瑞士、法国、德国的相关部长，以及欧盟内部市场和服务专员 Michel Barnier。See Interpretive Guidance and Policy Statement Regarding Compliance with Certain Swap Regulations, 78 Fed. Reg. 45, 292, 45, 392 & n.455 (July 26, 2013)（讨论谈判）。

求，但在与非美国人以及某些美国关联公司交易时，可以按照其欧洲竞争对手的规则进行竞争。同样，一家英国银行在与大多数美国人交易时必须遵守《多德-弗兰克法案》的要求，但在与非美国人（以及美国人的某些关联公司）交易时则不必遵守。在这些情况下，如果交易对手是美国人，替代合规将不适用。这一立场使竞争环境更加公平（使美国掉期交易商在竞争中的劣势减少），但不一定能缓解系统性风险的问题。

同样重要的是，CFTC 的工作人员同时发布了一份不采取行动的信函，其中指出欧洲市场基础设施条例（EMIR）的某些风险管理要求与 CFTC 自己的规则基本相同[1]。这似乎意味着欧洲关于场外衍生品的关键"交易层面"问题的规则似乎符合替代合规的标准。这一点很关键，因为正如不采取行动函所指出的，目前在 CFTC 注册的80 家掉期交易商中，有 35 家是在美国以外组织的，其中有 22 家是在欧盟境内成立的。为了争取所需的时间，CFTC 于 2013 年 7 月 22日发布了一项豁免令，该豁免令实际上允许其将可比性确定工作推迟到 2013 年底。然后，在 2013 年 12 月 20 日，即该豁免令到期前一天，CFTC 公布了涵盖欧盟、澳大利亚、加拿大、日本和瑞士等的一系列可比性决定。基本上，CFTC 对六者在实体层面上的要求做出了有利的兼容性判定，但很大程度上保留了对交易水平要求的判断，仅批准欧盟和日本有限数量的交易请求。CFTC 还发布了两封不采取

---

[1] See No-Action Relief for Registered Swap Dealers and Major Swap Participants from Certain Requirements under Subpart I of Part 23 of Commission Regulations in Connection with Un-cleared Swaps Subject to Risk Mitigation Techniques under EMIR, *CFTC Letter* No. 13-45（July 11, 2013）at 1. 2012 年 8 月 16 日，欧盟委员会代表欧盟通过了 EMIR。它授权欧洲证券和市场管理局（ESMA）制定技术标准，而欧盟委员会又于 2013 年 3 月 15 日通过了这些标准。这些标准的一个子部分是 EMIR 风险缓解规则，基本上适用于场外（或"未结算"）衍生品，包括掉期。不采取行动函认为，CFTC 的风险缓解规则［第 23.501、23.502、23.503、4（i）条颁布的第 23.504 的部分］与 EMIR 风险缓解规则在逐节比较后"基本一致"。争议围绕着以单一 CFTC 部门的不采取行动函的形式发布这个建议，而不是以正式的 CFTC 法规的形式。根据我的判断，使用非正式的不采取行动函可能是首选，因为它可能使这一立场免于华盛顿特区巡回法院根据《行政程序法》进行司法审查。See Bus. Roundtable v. SEC, 647 F. 3d 1144（D. C. Cir. 2011）. 尽管如此，还是有人以此为由提起诉讼。

行动的信函，推迟对某些非美国掉期交易商适用掉期数据报告规则[1]。尽管如此，《华尔街日报》报道称，CFTC的行动"可能会再次引起人们对美国成为事实上的全球金融监管机构的批评"，因为CFTC只狭义地承认海外法规，允许海外公司遵循其本国的规则，限制了其对交易层面要求的批准。到2013年底，CFTC的工作才进行到一半。它曾表示，除与美国人进行的某些交易外，非美国掉期交易商通常能够依赖次级机构的合规性，但它尚未决定大多数交易级要求（以及某些实体级要求）是否足以在财政最发达和可比较的国家满足其替代合规标准。

随着CFTC主席Gary Gensler于2014年初离职，一切都发生了变化。Gensler的继任者，代理主席马克·韦特扬迅速采取行动改变Gensler的立场，并在更彻底和更获认可的基础上接受替代合规。据《华尔街日报》报道，CFTC在2014年2月放宽其场外衍生品规则的时机是由于美国的交易限制将于2014年2月15日生效，尽管欧洲"尚未确定其掉期交易规则的实施日期，一些人担心这些规则没有美国的限制那么严格"。因此，允许掉期交易商逃避美国的新规则，这种放宽意味着，在一段过渡时期内掉期交易商在欧洲将基本上不受监管。据《华尔街日报》报道，鉴于这些时间和严格程度上的差异，观察家们得出结论，CFTC的决定将鼓励银行将更多的掉期交易转移到海外以逃避严格的美国法规，旨在为不透明的金融产品带来更多的透明度。

这个结论似乎是不可避免的：对美国来说，替代合规意味着市场份额、收入和工作岗位的损失，因为交易会转移到海外监管较少的市场。可以肯定的是，这种损失的规模现在还无法估计，但这是一种罕见的政策转变，即①使美国面临更大的风险；②同时使美国失去就业机会和市场份额，这种政策转变的逻辑需要更仔细的审查。

---

〔1〕 See CFTC Letter No. 13-75（Dec. 20, 2013）（标题为"对根据澳大利亚、加拿大、欧盟、日本或瑞士法律成立的某些掉期交易商和主要掉期参与者的委员会条例第45部分和第46部分的某些要求的限时无行动救济"）；CFTC Letter No. 13-78（Dec. 20, 2013）（标题为"对根据澳大利亚、加拿大、欧盟、日本或瑞士法律成立的某些掉期交易商和主要掉期参与者的某些实体内部商业行为要求的限时无行动救济"）。

在任何情况下，CFTC 的规则均处于悬而未决的状态，没有最终的规则，只是通过了解释性的"指导"。即使这个指导意见可能会不时地改变，但 CFTC 的立场在三个方面仍然比监管机构 SEC 的立场更激进。首先，CFTC 对"美国人"的定义涵盖了由美国人拥有多数股权或主要营业地在美国的离岸对冲基金。其次，CFTC 可能继续坚持认为，与美国人（美国银行的外国分行除外）进行交易的外国或国内互换交易商必须遵守 CFTC 的规则，而不是任何其他国家的规则。因此，替代合规只在 CFTC 的较小范围内运作。最后，也是最重要的一点，虽然 SEC 的规则要求在外国分支机构的掉期活动归属于美国母公司之前，必须有明确的、可依法执行的担保，但 CFTC 的"指导意见"也承认隐性担保。

（四）美国证券交易委员会的立场

尽管 CFTC 保证金规则的最终形式可能并不确定，但 CFTC 对替代合规议题的总体做法显然比 SEC 更严格。在其关于跨境掉期交易的拟议规则中，SEC 没有努力将与美国人的交易划分在替代合规的范围之外。尽管如此，SEC 还是明智地将其可比性分析细分为四个独立的类别，表明其对替代合规的要求。结果是，如果一个外国司法管辖区在四个类别中的三个方面取得了可比的监管结果，SEC 将允许对这三类可比要求进行替代合规，但对第四类要求则不允许[1]。这意味着 SEC 的方法并不像它最初看起来那么全面，因为这四个类别中的一个类别的密切（甚至完全相同）可比性不会溢出并影响另一个类别的比较。然而，SEC 已经认识到，有些问题是相互关联的。因此，它表示希望对整个相关要求组作出替代性的合规决定。它补充道，例如核心实体层面的要求与实体的资本和保证金的监管有关。但某些其他实体层面的要求（如风险管理、一般记录和报告以及勤勉监督）与资本和保证金的监督相互关联，以至于我们期望有必要时在资本和保

---

[1] 这四类要求：①适用于《交易法》第 15F 条规定的注册证券掉期商的要求；②与监管报告和公开传播证券掉期信息有关的要求；③与证券掉期清算有关的要求；④与证券掉期的交易执行有关的要求。

证金规则方面对整个实体层面的一揽子规定作出替代合规决定。

因此，从系统性风险的角度来看，那些具有最大意义的规则（最明显的是资本充足率和保证金）通常会在一个相互关联的基础上进行审查。这可能是有道理的，但 SEC 还认为，对于作为银行的掉期实体来说，实体层面的资本充足率和保证金决策不应由其做出，而应由相应的银行监管机构做出。由于银行是最大的互换交易商，这使得 SEC 可以正式确定替代的合规性，但要服从银行监管机构来确定该计算中最重要的条款（从系统性风险的角度）。与 CFTC 不同，SEC 确实在 2014 年通过了最终规则，但在这样做的时候，其规则中形成了一个巨大的漏洞。在两位民主党议员的抗议下，SEC 的规则将"美国人"定义为包括对交易方的义务由美国母公司合法担保的外国子公司，但不包括义务仅被隐性担保的外国子公司[1]。正如专员 Stein 和其他人所指出的，其结果是创造了一个不正当的激励机制。美国银行可以通过使用外国子公司并只为其债务提供隐性担保来规避美国的监管，人们已经发现了这一趋势[2]。因此，SEC 的规则鼓励银行将风险活动停放在海外子公司，唯一的区别是该债务没有得到正式的担保。我们已经完全回到了 2007 年的情形，下一场危机的监管种子已经播下。

（五）欧洲的反应和建议

截至 2014 年初，SEC 和 CFTC 在对美国人的保护程度上存在分歧。CFTC 要求所有掉期交易商在交易涉及美国人的情况下普遍遵守其规则（但不包括其他情况），而 SEC 允许所有离岸交易受尚在形成中的替代合规的约束（与美国人的交易没有任何特殊例外）。在大多数情况下，如果这两个机构判断它们的规则（在不同的力度级别）在功能上是等效的，那么它们都愿意听从外国监管机构。然而，目

---

〔1〕 See Exchange Act Release No. 34-72472（将"基于证券的掉期交易商"和"主要基于证券的掉期参与者"定义应用于跨境基于证券的掉期活动），79 Fed. Reg. 39, 068 (July 9, 2014).

〔2〕 See Peter Eakins, "Wall Street's Quiet Turnabout on Swaps", *N. Y. Times* (Dealbook) (May 2, 2014)（有关 Stein 专员关于该行业正在利用这一漏洞的观点的确认）。

前没有人知道适用的欧洲规则是什么。欧洲在许多问题上仍未作出决定[1]。与美国一样，欧洲从 2009 年峰会上 G20 关于场外衍生品的同一协议开始，进展就更为缓慢，其监管结构中出现了漏洞。2013 年 12 月，欧洲议会、欧盟委员会和欧盟理事会就这一问题进行的 "三方会谈" 以僵局而告终，英国和法国的代表互相批评。这种分歧并不令人惊讶，它反映了美国的联邦结构比欧洲强大得多。尽管美国关于金融监管的争论可能很激烈，但各个州并不干预（例如，加州不反对 SEC 也不起诉 CFTC）。但在欧洲，个别国家可以而且确实反对并推迟达成协议。可以预见的是，如果寻求全球统一监管，拖延的程度会更大，而行业团体善于利用这种分散的趋势来拖延对他们来说代价高昂的改革[2]。

前文提到在处理系统性风险时需要采取小规模谈判以解决基本的公共物品问题。欧洲在场外交易规则方面的困难说明了这种需要。简单地说，一些国家会抵制或推迟改革，因为：①改革对他们有不利的分配后果；②他们不期望承担系统性风险危机的全部成本。因此，如果欧洲难以采取行动，全球决议在短期内似乎更加不可行（这是因为许多国家会抵制那些他们认为是来自美国的过度压力，由此产生的原则可能过于模糊和笼统而无法产生很大影响）。一般来说，参加谈判的各方越多，某些集团行使少数人否决权的可能性就越大，从而减缓或阻止了改革的实际进行。虽然软法的支持者相信标准的统一，但他们忽略了一个在更大国际平台上进行的统一过程，更容易受到动机强烈的行业团体的蓄意阻挠。

鉴于这种困难，金融监管机构应该如何摆脱这种困境？目前的建议似乎只可能加剧这一问题。在其提议的跨境掉期规则中，SEC 设想掉期交易商或其团体将向其申请 "替代合规认定"，例如，X 国

---

[1] See Danny Hakim, Europeans Struggle to Set Derivatives Rules, *N. Y. Times*, Jan. 14, 2014, at B-1.

[2] 通常，对美国 "帝国主义" 的不满似乎是由代表该行业（有时总部设在美国）的游说公司激起的。在当前欧盟僵局的情况下，商品市场委员会（总部设在华盛顿）似乎在带头反对欧盟的拟议规则。

的监管制度在功能上等同于美国的制度。这一程序可能会导致活跃在 X 国的所有主要证券掉期交易商向 SEC 提交一份联合文件。可以说，这将使 SEC 面对强大的游说团体，也使其几乎没有机会与 X 国进行讨论和谈判。相反，更好的办法是由 X 国自己向 SEC 提交申请，以便共同讨论美国监管机构在认为 X 国的监管制度在功能上等同之前希望有哪些变化。其结果将是一个平和的双边谈判。根据 SEC 的拟议规则，美国监管机构和东道国的监管机构之间已经有必要进行一些双边谈判，因为 SEC 要求美国和东道国之间已经签署了关于监督和执法的谅解备忘录。这种方法的主要优点是：①它不把东道国的法律视为静态和固定的；②它没有将美国置于一种尴尬地位，似乎在告诉世界其法律必须说些什么。相反一个更安静的谈判将在功能对等问题上开始。可以肯定的是，双边谈判面临着外交方面的问题。一旦美国发现一些国家的法律在功能上是对等的（就像现在至少在实体层面的要求上是对等的），它暗示其他国家它们的法律制度是不对等的，这将是一种耻辱和潜在的羞辱，这意味着这些国家的法律和实践在某种程度上是落后的。

那么，什么是更好的监管策略？理想的情况是，美国（可能与欧盟一起）应该主动界定对场外衍生品的功能等同政策的关键要素。这些标准应该更多地关注那些与系统性风险真正有关的因素（如资本、杠杆、保证金等），而不是关注与消费者保护或商业行为有关的规则，并且应该在谈判之前宣布这些规则。渴望实现功能对等的国家可以事先给自己打分，并采取措施来遵守。激励他们的是一种潜在的威胁：如果不能与美国达成协议，就意味着美国的掉期实体（即交易商和主要掉期参与者）将无法与在他们管辖范围内的其他掉期交易商进行交易，至少在不完全遵守《多德-弗兰克法案》的要求的情况下是如此的。实际上，交易方将不得不同时遵守美国和外国法律，而这是不可能的。因此，对那些不愿意与美国达成友好关系的搭便车者而言，这种方法增加了成本。

此外，现在美国和欧盟已经就其掉期交易规则达成了部分协议（即使还有许多空白需要填补），一个迅速发展法律的机遇近在眼前。

美国和欧盟的实体在全球掉期交易中占了绝大部分，并且在鼓励其他国家遵守其规则方面拥有相当大的影响力。如果他们能够共同商定共同的标准，他们将因此通知其他国家（如日本、新加坡、加拿大、巴西）他们认为另一个监管制度在功能上等同所需的最低要求。也就是说，美国和欧洲可以事先主动宣布，在另一个监管制度有资格被替代遵守之前他们需要哪些最低限度的要素，而不是坐下来进行多次谈判或者召开旨在实现国际协调的全球会议。这将产生深远影响，因为许多国家仍在缓慢地处理如何设计他们的规则，并且在改革的速度上远远落后于美国。在这样一个成型的时刻，这样的指导将有效地确定前进的道路。

三、沃尔克规则和结构性改革

所谓沃尔克规则是《多德-弗兰克法案》中的一项预防性条款，即广泛禁止"银行实体""从事自营交易"或"收购或保留任何股权、合伙企业或其他所有权权益，或赞助对冲基金或私募股权基金"，例外情况除外[1]。《多德-弗兰克法案》的法定语言同时适用于美国银行控股公司及其附属机构和获准在美国开展业务的非美国银行控股公司，但当银行实体不受美国银行实体"直接或间接"控制时，它豁免了"完全发生在美国境外"的交易。因此，即使在美国有一个分支机构的外国银行也要遵守沃尔克规则，除非它能证明某个特定的交易决定"完全发生在美国境外"。在这种程度上，沃尔克规则实际上是在域外适用的，因为它至少要求在美国有分支机构的银行承担重要的合规义务，以确保其交易在美国境外进行。

原则上，美国金融监管机构有可能对沃尔克规则采取替代合规方法，但可能是出于各种原因他们没有那样做。相反，当金融监管机构在 2013 年 12 月联合发布《沃尔克规则》的最终版本时，他们详细地扩展了这个"完全在美国境外"的规则。根据最终规则，外

---

〔1〕 See Dodd-Frank Act § 619（2010）. This provision adds a new section 13 to the Bank Holding Company Act of 1956, 12 U. S. C. § 1841 et seq. The provision will be codified at 12 U. S. C. § 1851. The quoted language in the text is in section 13（a）（1）（A）and（B）.

国银行实体必须满足以下条件：

（1）银行实体（包括安排、谈判或执行买卖的任何人员）不得位于美国境内。

（2）做出购买或出售决定的银行实体（包括任何相关人员）不得在美国境内。

（3）作出购买或出售决定的银行实体（包括任何相关人员）可能不在美国，也不根据美国或任何州的法律组建。

（4）买入或卖出不是由位于美国或根据美国或任何州的法律组织的任何分支机构或附属机构直接或合并进行核算。

（5）位于美国或根据美国或任何州的法律组建的任何分支机构或附属机构没有为该交易提供资金。

（6）购买或销售不是通过任何美国实体进行的（某些有限的例外情况除外）。

与 CFTC 和 SEC 的场外交易法规不同，沃尔克规则的法律基础建立在固有主权和领土主义的结合之上。在其看来，对于美国自己的银行，即使它们在国外行事也应受到监督（即主张国家主权）；但外国银行只有在美国领土上行事时才会受到监督（即属地主义）。如果一个机构不是美国银行，而且其交易的所有属性都发生在国外，那么它就超出了沃尔克规则的范围，美国法律和外国法律之间的功能对等就变得无关紧要。这种限制性的方法并不是不可避免的，事实上，我们可以想象这种地域性的方法可能严重缺乏包容性的情况。例如，一家在欧洲注册的银行可能有 45% 的业务在美国（并向美国交易对手作出广泛承诺），其被允许在欧洲从事大量的自营交易，这将不受沃尔克规则约束，但这种交易可能会使其失败。它的失败可能会破坏其美国交易对手的稳定，但这种风险已经被沃尔克规则所接受。

从长远来看，这里的难题是，为什么银行业监管机构在界定美国法律的域外适用性方面采取了与证券和衍生品监管机构完全不同的做法。最初的原因可能是出于谨慎，沃尔克规则在欧洲受到了敌意和怀疑。正如国际银行家协会的首席执行官所反对的那样，沃尔克规则的最初提议版本的适用范围远远超出美国海岸并适用于在美国设

有哪怕是一个小分支机构的每一家外国银行的所有全球活动。[1]欧盟
内部市场和服务专员米歇尔·巴尼耶（Michel Barnier）也坚持认为
不能接受美国规则对其他国家产生如此广泛的影响。沃尔克规则的
广泛域外适用可能会引发一场政治风暴。

其次，历史也很重要。对银行业监管者来说，替代合规是一个新
兴概念。传统上，银行业监管机构认为，银行业只能在国家颁发的许
可证条款内进行活动。相反，对证券监管机构来说，交易（包括场外
衍生品）是任何人都可以做的事情，不需要特别的许可证[2]。另外，
可以理解的是，银行监管者认为银行倒闭是一个严重的事件，其严
重程度超过了经纪商破产，因为它可能有更大的外部性，所以他们
对自己在全球范围内监管银行活动的权利持更广泛的观点。

欧洲是否存在与沃尔克规则功能相当的规定是值得怀疑的（如
果没有这些规定，讨论替代合规就毫无意义）。沃尔克规则是美国独
有的创新，并不是 G20 商定的一揽子改革方案的一部分（而清算所、
交易所和场外衍生品保证金是该共同商定方案的核心部分）。然而，
第三个结论是可以商榷的。正如法律现实主义者所期望的那样，功
能上的等同性可能只存在于旁观者眼中。事实上，欧洲已经出现了
一种功能类似（但远不等同）的结构性保护，与沃尔克规则类似，
即所谓的"隔离"（ring-fencing），这种保护措施限制了银行内部可
能从事自营交易的人。2012 年 2 月，欧盟委员 Michel Barnier 任命了
一个关于银行结构性改革的高级别专家组[3]。该专家组由 Erkki Li-
ikanen 主持，举行了听证会，广泛征求意见，并在 2012 年 10 月发布

---

〔1〕 See Sally Miller, "Letter to the Editor, Why Non-US. Regulators Are Not Happy with
the 'Volcker Rule'", *Fin. Times*, February 21, 2012, available at http://www.ft.com/cms/s/
0/50d2c224-58b5-11el-b9c6-l0144feabdc0.html#axzz2uGPlXRHw. Ms. Miller is the chief ex-
ecutive officer of the Institute of International Bankers.

〔2〕 当然，经纪人必须获得许可，但经纪人被定义为"任何从事为他人的账户进行
证券交易的人"。Securities Exchange Act of 1934 § 3 (a) (4) (A), 15 U.S.C. § 78c. 积极
参与交易不需要执照；只有作为他人的代理人执行交易才需要成为有执照的经纪人。

〔3〕 See Final Report of High-Level Expert Group on Reforming the Structure of the E.
U. Banking Sector, At I (Oct. 2, 2012)（主席的信，阐述了报告的来龙去脉）。

了最终报告（该报告被称为《利卡宁报告》）。该报告的结论是：有必要要求将某些风险特别大的金融活动与接受存款的银行依法分开。该报告的主席说，这种改革的目标是：使银行集团，特别是其对社会最重要的部分（主要是吸收存款和向经济中的非金融部门提供金融服务）更加安全，减少与高风险交易活动的联系，并限制纳税人在银行集团交易部分的隐性或显性利益。具体来说，《利卡宁报告》建议，"如果要分离的活动在银行业务中占有很大的份额，那么自营交易和其他重要的交易活动应该由单独法律规定"。因此，在理论上，交易子公司的失败不会危及接受存款的银行。这比沃尔克规则的范围更广也更窄，因为它适用于所有的交易（即非专有交易）和其他风险活动，但它仍然允许银行集团从事一些交易，并且如果风险交易的水平较低，还包含一个最低限度的排除。这种对接受存款的金融机构进行"隔离"的想法在英国早有规定。英国银行业独立委员会（ICB）在2011年曾建议，英国大型银行应将其零售银行业务圈入法律上独立的子公司，并有自己的审慎保障措施。零售子公司将吸收存款并从事正常的零售银行业务活动，但它一般被禁止从事大多数其他形式的风险承担活动。虽然《利卡宁报告》尚未产生任何立法活动，但英国的国际银行报告在英国得到了强烈的支持，英国政府承诺在2015年之前将使所有必要的立法到位。

这些建议实质上与沃尔克规则不同。国际商业银行和利卡宁的建议似乎都主要关注对客户存款保护，从而避免需要由纳税人资助的救助。因此，只要客户存款得到保护，他们准备（在不同程度上）允许整个银行集团从事高风险的活动。相比之下，沃尔克规则似乎是为了保护大的金融机构免于破产，可能是由于它的倒闭可能会在高度关联的机构中引发一连串的如多米诺骨牌倒下的情况，从而推翻整个金融系统。另外，沃尔克规则的支持者可能会怀疑，接受存款的银行可能会想办法支持其证券交易附属机构（对其自身不利），即使它不能为后者的义务提供担保。因此，尽管这些建议的目的与沃尔克规则相似，但它们的预防作用较小，而且在目的或禁止规定方面也远不能等同。

　　然而，尽管存在这些差异，银行监管机构在某种程度上接受替代合规的想法也不是（此处是否应该加一个"不"字?）可想象的。出于各种原因，这似乎至少是合理的[1]。如果他们真的接受了这个概念，并认为"隔离"在功能上等同于沃尔克规则，这将允许美国的金融机构将其自营交易转移到伦敦，并将其自营交易放在独立的子公司，这些子公司将与接受存款的部门隔离。这样一来，后果将大为不同。例如，对于像高盛或摩根士丹利这样不作为标准商业银行经营或一般接受存款的机构来说[2]，无论是 ICB 还是 Liikanen 建议，都不会要求它们对其先前的做法和业务模式有任何改变。在这样的法律制度下，遵守英国的规则将意味着摩根士丹利或高盛将根据替代合规遵守美国的法律，至少在他们所有的自营交易转移到英国的情况下是如此。这样做的成本会更高，但也是可行的。总而言之，这个例子显示出替代合规的概念可以达到的范围有多广，以及它可以成为审慎银行监管的目标有多大的颠覆性（也就是说，如果它被解读为允许美国银行逃避沃尔克规则）[3]。

　　总而言之，尽管有可能提出合理的论点，认为所有三种方法（美国的沃尔克规则、英国的国际银行提案和《利卡宁报告》）都有类似

---

　　〔1〕 美联储尤其具有国际意识，长期以来一直就银行的资本充足率等议题协商制定软法标准。See, e. g., "Basel Regulatory Framework", *Federalreserve. Gov*, http://www. federalreserve. gov/ bankinforeg/basel/default. htm（last visited Feb. 24, 2014）. 他们可能也不想陷入不得不执行"僵化"的沃尔克规则，该规则不允许有任何例外。因此，他们可能会对替代合规的想法持开放态度，即使他们在找到功能等同性之前可能会比 SEC 要求更多。

　　〔2〕 高盛确实有一家小型商业银行获得了在英国经营的许可，See Ambereen Choudhury, "Goldman Sachs Gets U. K Approval to Operate Bank Unit", *Bloomberg*, Apr. 17, 2013, available at http://www. bloomberg. com/news/ 2013-04-17/goldman-sachs-gets-u-k-approval-to-operate-bank-unit. html. 然而，如果高盛允许其在英国从事自营交易，高盛可能愿意处置该部门或"隔离"它。

　　〔3〕 平心而论，这里可以对各种类型的"隔离"进行区分。如果所做的只是隔离金融机构的存款部门（但具有系统重要性的金融机构的其他部分却面临着自营交易的风险），那么沃尔克规则和"隔离"在功能上绝非等同。单独来看，沃尔克规则旨在保护具有系统重要性的机构（而不仅仅是其接受存款的部门）的偿付能力。但是，如果"隔离"要求从事自营交易的部门与金融机构的其他部门隔离（没有来自母公司或关联公司的直接或隐性担保），那么可以说这两种制度达到了大致相同的结果，宽泛地说，是等同的。美国和英国之间的谈判可能集中在这个从事自营交易的隔离部门可能有多大。

的目标，但它们在功能上并不等同，因为沃尔克规则单独禁止母公司承担特定的风险（而其他两个提案只要求保护存款人）。这就决定了最后一个问题：系统性风险规则必须严格到什么程度才能发挥作用？在这些规则的域外应用方面，能否在证券和银行监管之间做出有效区分？

四、《多德-弗兰克法案》中是否存在过度的域外管辖权？

美国法律是否需要像《多德-弗兰克法案》规定的那样宽泛地进行审查？在这一点上，本文认为美国金融监管机构需要对美国金融机构的子公司和附属机构的离岸活动进行管辖。银行当局显然有这样的权力，但证券和衍生品监管机构面临巨大压力，不得不根据替代合规的理由服从东道国的监管机构。但美国法律的适用范围甚至比这更广，因为《多德-弗兰克法案》有时也适用于在美国设有分支机构的外国公司和美国金融机构的交易方。但这（此处应为"是否"？）有必要？尽管2008年的危机无疑强调了离岸活动的危险性，但AIG的失败不应被过分解读。AIG的例子令人焦虑，但从中可以挖掘出很多问题。仔细观察，它表明一个不受监管的掉期交易对手可以导致金融崩溃。但这并不表明，如果一家外国银行的分支机构在美国，美国监管机构就对该外国银行有全球司法监督权。

更广泛地说，这里有一个基本的区别：在沃尔克规则的背景下，潜在的"公地悲剧"的可能性远远小于场外衍生品交易的情况。为什么呢？从经济学的角度来看，"公地悲剧"的一个决定性特征是，一个行为者可以避免将其施加给他人的成本内部化。因此，一个提供不受监管的衍生品交易的国家满足了这一条件，因为它不会承担金融传染的成本，但可以通过向世界提供一个危险的"金融赌场"而获利。相比之下，任何国家都无法承受自己的银行倒闭的成本。如果一个国家允许其主要的金融机构从事有风险的活动（如自营交易），它就必须将这些机构最终失败的成本内部化。这与一个司法管辖区仅仅允许外国第三方在其境内进行交易（这可能会因监管套利而导致收入增加，但即使在金融失败的情况下，对该司法管辖区来说也没有任何成本）是非常不同的。举例来说，开曼群岛可以允许

外国银行在其境内以低成本进行掉期交易而无需交纳保证金或隔离
抵押品，但即使是它也必须对自己的银行进行监管（或承担后果）。
因此，我们不应该期望，在美国没有域外监管的情况下，外国银行
会不受监管。事实上，欧洲决定对其银行进行隔离就说明了这一点。
从这个角度看，美国禁止其银行的附属机构和子公司在国外从事自
营交易可能是合理的，但它试图阻止外国银行这样做就没有理由了。
充其量它可以认定在美国境内的自营交易会危及其利益。因此，沃
尔克规则对外国银行的影响较为有限。

换句话说，所有国家都要担心自己的银行是否会倒闭。但是，
除非银行的倒闭会伤害到国内的交易对手，他们不必仅仅是因为一
家外国金融机构在他们的土地上运营而担心它倒闭。AIG 事件中的
历史性错误是没有认识到它的破产可能会伤害到全世界的交易方。
但这是例外，而不是常规（正如下文所述）。正因为所有国家都必须
将自己的银行破产的成本内部化，所以这里就不存在一个公共产品
的问题，因为外国银行在美国有实体存在，美国就可以通过制定规
则来监管外国银行的离岸自营交易。

第二个理由也支持场外掉期交易和自营交易之间的区别，并进
一步解释了为什么 AIG 的例子是例外而不是常规。实际上，只有在
场外交易（特别是长期合同的交易，如信用违约掉期）的情况下，
外国交易对手的失败才可能导致作为其对手的国内金融机构失败。
相比之下，大多数股票的自营交易将在交易所进行。在世界各地，
这种交易已经通过清算所（或类似机构）进行清算，消除（或至少
减轻）交易对手的风险。掉期交易的显著特点是没有清算所或交易
所，因此对交易对手而言风险是一个严重的问题，这就是导致 AIG
崩溃的原因。即使在《多德—弗兰克法案》之后，对手方风险在场
外交易的情况下仍然存在，至少当掉期过于定制而无法在交易所进
行清算或交易时是如此。因此，在《多德-弗兰克法案》第七章所
涉及的情况下，交易方可能会给美国金融机构带来潜在的破产损失，
但在自营交易的情况下，类似的情况要少得多，因为交易方的风险
很小。一般来说，在自营交易的情况下，证券对其所有者来说可能

是有风险的，但一方的失败很少会破坏其交易方，至少在他们之间有交易所的情况下是如此的。因此，在自营交易的背景下，美国不太需要监管外国交易对手。

回到中心主题，国际背景下的公共产品问题的关键是，一些司法管辖区不需要将金融传染的成本内部化。在场外衍生品的交易中，一个小国可能会支持一个危险的金融赌场，在那里所有的交易者都面临风险。可以肯定的是，我们在过去没有看到任何国家的这种行为，但那是因为在《多德—弗兰克法案》通过之前，各地的掉期交易基本上是不受监管的。在未来，小国提供金融赌场，因为他们面临的下行风险很小，这样的情景仍然是可信的，除非主要参与者（即美国和欧盟）禁止自己的金融机构进行交易。然而，一旦我们跳出场外衍生品的范畴，美国就没有那么多理由去监管外国交易方了。毫无疑问，美国在监管本国银行（及其子公司和关联公司）的离岸活动方面仍有利益。但是，除非外国银行在美国的活动规模非常大，否则非美国的银行在境外的鲁莽行为（即使它在美国有业务）似乎不太可能给美国带来巨大的成本。在这里，《多德-弗兰克法案》可能会涉及得太多了，事实上，有些人认为，银行业故意造成沃尔克规则的过度延伸，暗中试图使该规则无法执行。

因此，底线是沃尔克规则对外国银行的域外适用是有限的。它应该只延伸到美国银行（及其子公司和关联公司）的离岸活动，也可能适用于在美国有重要业务的外国银行。只有在交易对手的失败会危及美国机构的情况下，才有理由（甚至根据《多德-弗兰克法案》的法律措辞）[1]禁止外国实体进行自营交易。因此，即使外国

---

[1] 即使根据《多德-弗兰克法案》第722（d）条，美国法律的域外适用一般也被排除，除非有以下情形：①有争议的"交易活动"与美国商业活动有直接和重要的联系，或对美国商业有影响。②有争议的"交易活动"违反委员会可能规定或颁布的必要或适当的规则或条例，以防止规避本法案的条款。就沃尔克规则而言，很难说仅仅因为一家在美国有业务的外国银行从事一些自营交易就满足了这两个前提条件。举例来说，如果一家在美国设有小型分支机构的非美国银行在欧洲从事自营交易（订单源自纽约），那么不言自明的是，仅凭这一点就不能得出结论，这种交易将与美国的《多德-弗兰克法案》第722（d）条，7 U.S.C. § 2（i）（2012）有任何直接或重大联系。也不清楚在没有美国本土银行参与的情况

银行的交易活动是在美国计划和策划的，它们似乎也不可能威胁到美国金融市场的安全和健全。所有这些都表明，金融监管机构在界定沃尔克规则的域外范围时基本上是正确的，沃尔沃规则涵盖了全球范围内的美国银行，而仅在领土范围内涵盖外国银行。

五、结论："软法"模式下的缺陷

坦白来说，SEC 和 CFTC 为控制系统性风险而对场外衍生品进行监管的努力是失败的，因为他们没有能力（或不愿意）围绕其规则达成域外管辖权的结局。通过母公司不担保外国子公司，美国银行有能力像 AIG 在 2008 年那样肆无忌惮地行事。在恐慌中，这些"无担保"的子公司可能会像倒下的多米诺骨牌一样倒闭，把它们的对应机构也拖下水。

从这一监管不足中得到的教训是，国际金融监管不能继续像以前那样。过去，人们认为金融监管最好留给独立和成熟的技术专家，他们需要"受到保护，不受政治的扭曲影响"。今天已经证明金融监管太重要了，不能留给技术专家。正如其他人所描述的那样，独立的技术专家的旧模式似乎正在减弱，转变为"全世界危机后银行业监管中有更多的政治参与"[1]。随着这种转变，国际软法的传统风格也正在变得过时。曾经的软法标准是由独立的技术专家组成的跨国监管网络制定的，当选政府只在很小的程度上参与其中（如果有的话）。这一过程通常会制定广泛的一般原则，并提出自愿的最佳做法，但其结果没有约束力。在 2008 年金融危机之后，对具有约束力的法律规则的需求现在已经明确，但这些规则的出台却因各种因素而被推迟。其中最主要的是声称需要协调统一，事实上，这种需要越来越多地被那些试图推迟系统性风险改革的人所引用，并已成为他们最有效的武器。统一不再是曾经看起来的中立目标，但国际合作

（接上页）下，是否需要制定禁止在美国境外进行这种交易的规则来防止这种情况发生。

　[1] See Stavros Gadinis, "From Independence to Politics in Financial Regulation", 101 *Calif. L. Rev.* 327, 332 (2013).

的必要性更大。本文提出，最好的折中办法是微边主义和双边或小集团谈判。从这个角度来看，最初的问题应该是：需要达成协议的最低国家数量是多少？在场外衍生品的世界里，美国和欧洲之间的协议将有效地迫使世界上其他国家符合他们商定的标准。

替代合规所带来的危险，不仅仅是因为金融服务业希望摆脱限制性的监管，同样也是因为各国的发展速度不同。由于各种原因，美国在实施系统性风险改革方面比欧洲（或其他国家）走得更快。鉴于欧洲更加分散的性质，决策过程的放缓是可以预见的，并且可能会继续下去。在其他地方，一些国家可能希望在采取行动之前看到美国的行动；其他人可能担心，如果美国不效仿，美国会采取大胆的立场；还有一些国家只是陷入僵局或无动于衷。由于所有这些原因，美国的规则通常会排在第一位，并且仍然比其他国家的规则更严格。因此，当美国监管机构发现另一个司法管辖区的规则在功能上等同于替代合规的目的时，美国规则与其他司法管辖区的规则之间的严厉程度仍然可能存在很大的差距。这时，美国金融机构就会有动力将业务和人员转移到其他司法管辖区，在其更宽松和更低成本的制度下运作。随着时间的推移，这种监管套利将意味着美国的就业机会的丧失和市场份额的下降。

由此给美国带来的伤害是双重的。①由于美国的金融机构可以在国外较不严格的规则下运作，美国更容易受到系统性风险的影响；②就业机会和业务将从美国迁移。在过去，美国偶尔会放松管制，希望能刺激就业[1]，但在这种情况下，通过替代合规来放松管制，就意味着就业机会的丧失。最终，这种损失可能会变得很明显，但到那时，金融服务业会回应说，美国应该更全面地放松管制，以减少差距，实际上是将水平降低到最低的共同标准。任何这样的放松管制都可能使美国重新走上另一个 2008 年金融危机的道路。

那么答案是什么呢？小规模的谈判更有可能减少美国和参与谈

---

〔1〕 最近的主要例子是 2012 年通过的《就业法案》（"快速启动我们的创业公司"的首字母缩写）For a review, see generally Michael D. Guttentag, "Protection From What? Investor Protection and the Jobs Act", 13 *U. C. Davis Bus. L. J.* 207（2013）.

判的其他司法管辖区的规则之间的差异。可以肯定的是，这是一个程度问题，而不是种类问题。相比之下，采用多边的方法，如果产生不具约束力的软法律原则，将可能导致美国的规则和其他国家的执行规则之间的更大差距。更糟糕的是，就广泛的（但空洞的）软法律原则达成协议，可能会迫使美国承认所有声称遵守这些松散国际标准的制度都有资格被替代合规。小规模替代方案的一个关键优点是，由于美国和欧盟有效地主导了衍生品交易，它们有权制定衍生品交易的联合标准。如果他们能够达成一致，他们可以坚持要求他们的金融机构（以及他们的海外分支机构）不在任何地方进行与他们的联合标准不一致的交易。这时，硬法将大大优于软法。接下来，他们可以将商定的标准提交给金融标准委员会和 G20 等主要金融国家占主导地位的机构[1]。在这里，少数人的否决权和抵制不太可能产生影响，因此，软法可以更好地形成。只有最后一步，这个问题才应该被放在更大的全球机构的议程上（在那里，可能的免费搭车者更可能被动抵制）。

　　总而言之，有两个糟糕的政策选择。首先，将共识作为监管的先决条件，为金融监管的反对者提供了一个强大的武器，可以通过拖延来否决。其次，仅仅因为其他法律体系的规则与美国的规则相差无几，就听从这些规则（作为替代合规政策可能需要），将鼓励拖延和监管套利[2]。可以预见的是，美国的市场份额将下降，就业机

---

　　〔1〕 这场辩论的双方都认识到，美国和欧盟应该重振 G20，使其成为全球金融改革的卓越论坛，并启动一项旨在双边协调各监管机构实施其改革的综合计划。Chris Brummer, *The Danger of Divergence：Transatlantic Financial Reform & The G20 Agenda* 4 (2013). 虽然我不建议 G20 成为一个超级监管机构，能够审查和修改 SEC 或 CFTC 的政策，但议程是很重要的，需要重申或修订。

　　〔2〕 截至 2013 年夏天，金融服务行业正是以这个理由攻击 CFTC。2013 年 8 月初，在 CFTC 与欧盟谈判之后，35 名众议院议员写信敦促 SEC 和 CFTC 重新考虑他们关于跨境掉期交易的政策，认为将美国的衍生品法规单方面适用于目前正在制定自己的互补性衍生品监管制度的其他国家，将导致掉期活动从美国银行逃往海外。Jim Hamilton, "House Members Urge SEC and CFTC to Harmonize Derivatives Regulations Both Domestically and Globally", *Jim Hamilton'S World Sec. Reg.* (Nov. 15, 2013, 9：30 AM), http://jimhamiltonblog. blogspot. com/ 2013/11/housemembers-urge-sec-and-cftc-to. htm. 这是一个不足为奇的例子，说明了该行业最喜欢的策略，即在监管生效之前坚持拖延和达成共识。

会将转移到国外。为了避免这种情况，美国和欧盟需要积极主动地寻求形成一个全球共识，而不是把等待共识的到来作为先决条件。目前，美国的金融监管机构显然没有真正达成共识，但不会承认其分歧做法的不一致性。一方面，SEC 赞成替代合规的政策。另一方面，美国联邦储备委员会继续蔑视或无视这一政策。事实上，联邦储备委员会不仅在全球范围内对美国银行实施沃尔克规则，而且还刚刚坚持要求大型外国银行在资本充足率和杠杆率方面达到美国的更高标准。与 SEC 或 CFTC 不同，美联储似乎不受其符合国际标准的外国压力的影响[1]。这也有可能导致一些外国金融机构逃离美国市场（同样会导致失业率增长），这也是为什么更希望采取最小的双边方式（以及最终的共同规则）的另一个原因。

遏制系统性风险的事业没有天然的支持者，或许会有许多天然的敌人。关于公共产品最常见的看法之一是，它们往往供应不足（因为那些使用或依赖公共产品的人可能会逃避支付）。防范系统性风险是一种公共物品，就未来而言，最大的危险是公共物品的供应不足。很有可能的是，失败的原因不是直截了当地反对改革，而是拖延、零散地妥协和拖沓地做决定，使正式规则遭到破坏。公众的记忆力很差，但行业永远不会忘记。

（责任编辑：李贻奇　汤阳盼）

---

〔1〕 在 2014 年 2 月 18 日的命令中，联邦储备委员会确实承认，一些评论家敦促它依靠外国银行组织的替代合规制度，但解释说，根据第 165 条，它被指示重点关注外国银行组织在美国的活动及其对美国金融体系的潜在影响。See Federal Reserve System, Regulation Y, Docket No. 1438（RIN 7100-AD-86），Enhanced Prudential Standards for Bank Holding Companies and Foreign Banking Organizations, at § IV（A）（4）（b）（2014）. 但这一论点同样适用于 SEC 和 CFTC，因为外国监管机构没有关注美国和外国掉期交易商的掉期交易如何影响美国的金融稳定。为什么美联储能够独特地保持其独立性并抵制替代合规的压力？也许，联邦储备委员会更独立，因为它对国会（国会不为其提供资金）的责任较少。另外，它也在 2008 年大量贷款以支持外国银行，并可能更好地感知到了风险。此外，它也是独立于其他央银的。联邦储备委员会最近对外国银行采取的行动，与英国银行当局最近放宽对外国银行的规定以吸引它们回到伦敦的决定形成鲜明对比。See Margot Patrick, "UK. Regulator Poised to Change Rules for Foreign Banks", *Wall St. J.*, Feb. 24, 2014, available at http://online.wsj.com/news/articles/SB1000142405270230388 060457940319429370312 8.

>>>>>>>>>> **民商视野** <<<<<<<<<<

《民法典》视野下债务承担准用担保规则的检视与完善

——以公司为他人提供债务承担为例

包鸿举　傅伟芬*

内容提要：学理上债务承担可分为债务转移和债务加入，在《民法典》和《九民纪要》完善了债务承担规则的基础上，从体系解释、举轻以明重解释等角度剖析，债务转移应与债务加入一并准用担保规则。这将更有利于兼顾保护公司中小股东、其他债权人利益，避免债务承担无因性争论。但同时亦需要明确公司为他人提供债务承担与担保在法律属性、后果处理等方面的差异性。建议通过树立公司法定代表人代表权受限理念，填补法律漏洞；在司法解释中将债务承担准用担保规则具体化；条件成熟时，亦有必要推动立法完善债务承担裁判规则。本文将围绕前述问题梳理分析法律法规并加以探讨，以期完善我国债务承担裁判规则，促进债务转移和债务加入裁判规则的一致化。

关键词：债务承担　债务转移　债务加入　担保规则

一、前言

债务承担是指在维持债的同一性的情况下，替换或者增加债务人，使得债务关系不因债务人的改变而消灭，常用于债务结算和简

---

* 包鸿举，上海市浦东新区人民法院审判员，一级法官。傅伟芬，上海市高级人民法院审判员，三级高级法官。

化交易。[1]在民法理论中，债务承担分为免责的债务承担和并存的债务承担。《中华人民共和国合同法》（已失效，以下简称《合同法》）规定了债务人将合同的义务全部或者部分转移给第三人（承担人）的债务转移规则，属于免责的债务承担。《中华人民共和国民法典》（以下简称《民法典》）在完善债务转移规则的基础上，新增第552条债务加入规则，属于并存的债务承担。债务加入虽是《民法典》规定的新制度，但在司法实践中早已被广泛适用。2019年，最高人民法院发布《全国法院民商事审判工作会议纪要》（以下简称《九民纪要》），其中第23条规定了债务加入效力准用担保规则。鉴于债务转移和债务加入同属债务承担，两者在法律适用规则和法律效力上类似，由此产生了债务转移效力是否一并准用担保规则的法律适用问题。进一步来讲，如何处理公司承担债务无效的法律后果，债务承担与担保规则有何异同，均需要在审判实践中予以明确。

二、司法实践中公司债务承担的裁判规则及困境

我国《合同法》第50条规定，法人或者其他组织的法定代表人、负责人超越权限订立的合同，除相对人知道或者应当知道其超越权限的以外，该代表行为有效。关于公司法定代表人及其权限，《中华人民共和国民法总则》（已失效）第61条规定，依照法律或者法人章程的规定，代表法人从事民事活动的负责人，为法人的法定代表人；法定代表人以法人名义从事的民事活动，其法律后果由法人承受；法人章程或者法人权力机构对法定代表人代表权的限制，不得对抗善意相对人。《民法典》第61条、第504条沿用了上述规定。既然法定代表人是根据法律或法人章程产生，其代表权权限应根据法律和法人章程进行判断。对超越法定限制的行为，法人原则上不承受该行为的效果，除非第三人能够证明自己的善意，即在法人章程、决议对法定代表人权限进行限制的情况下，非善意的第三

---

[1] 肖俊：《债务加入的类型与结构——以民法典第552条为出发点》，载《东方法学》2020年第6期。

人不得主张法定代表人的行为效果归属于法人。在法定限制方面，《中华人民共和国公司法》2005 年修订时新增第 16 条规定，公司向其他企业投资或者为他人提供担保，依照公司章程的规定，由董事会或者股东会、股东大会决议；公司为公司股东或者实际控制人提供担保的，必须经股东会或者股东大会决议。根据上述法律规定，担保行为不是法定代表人所能单独决定的事项，而是对公司法定代表人代表权的法定限制事项，法定代表人未经授权擅自为他人提供担保的，构成越权代表，应依据订立合同时债权人是否善意分别认定合同效力。但《公司法》《民法典》等法律未对公司法定代表人代表公司为他人提供债务承担的行为作出法定限制，而意定限制由公司章程或者公司权力机构决定，因未采用登记等方式对外进行公示，难以证明合同相对人明知意定限制，所以以往司法实践并未从公司法定代表人的代表权限角度认定债务承担效力。《九民纪要》规定债务加入效力准用担保规则后，司法实践的审判理念逐渐转变，但债务转移效力裁判规则依然未准用担保规则，债务承担裁判规则面临新的困境。

（一）司法实践中的债务转移裁判规则

为探究审判实务中债务转移的认定规则，笔者于 2020 年 12 月 12 日在中国裁判文书网中检索民事案件的债务转移合同纠纷，共检索到 46 份最高人民法院的裁判文书，其中 15 份涉及公司债务转移。经统计，相关裁判文书多从债务应真实存在、债务转移成立要件、债务转移有无恶意串通等情形认定债务转移效力，均未涉及公司法定代表人代表权限制视角（见表 1）。

表 1 最高人民法院债务转移合同纠纷典型案例

（2020）最高法民申 3631 号	针对秋林集团公司的诉讼请求，警安公司提出了案涉三份《债务转让协议》项下基础债权债务关系不真实的抗辩，二审法院针对此抗辩予以审查认定，并无不当。因债之承担必须以债务的真实存在为前提，案涉三份《债务转让协议》项下基础债权债务关系，即秋林集团公司与温州商会之间的债权债务关系是否真实存在，系应否支持秋林集团公司诉讼请求的基本事实。

续表

（2016）最高法民申 3609 号	胡某某向李某某出具《退款承诺书》《欠条》时既是亿能房地产公司法定代表人，又是亿能酒店公司法定代表人，有权代表两家公司对外作出意思表示。亿能酒店公司再审申请依照《中华人民共和国民法通则》第 43 条，以其法定代表人胡某某代表该公司承担债务的行为不是经营活动为由，认为不能约束亿能酒店公司的观点，是对经营活动的片面理解。企业的经营活动既包括生产产品或提供服务等常规经营，也包括为解决纠纷而协商处理债权债务等其他为主业提供支持、协助等辅助经营。

除此之外，最高人民法院在（2013）民一提字第 162 号民事判决书中阐述了债务转移与近因债务承担协议效力的关联性，即若债务承担协议无效或被撤销，则债务转移无效，否定了债务承担无因性理论。其裁判理由为：本案中，丙公司与乙公司之间的资产转让关系被人民法院生效判决予以撤销，因此，丙公司向甲公司支付货款的原因既已不存在，三方业已成立的债务转移关系也随之解除；在此情况下，三方之间的法律关系应回归于乙公司与丙公司签订《补充协议》之前的状态，甲公司再向丙公司主张权利，没有合同及法律依据，其只能向乙公司主张权利；原一审、二审判决关于丙公司与乙公司之间所签《补充协议》已被生效判决撤销，其效力只能及于构成债务转移的原因法律关系，并不影响甲公司与丙公司的债权债务关系的效力的认定，没有法律依据，应予纠正。[1]然而，由于该案例不是指导性案例或公报案例，对类似案例参照性不强，是否应采纳债务承担无因性规则仍有争议。

（二）现行司法实践中债务加入裁判规则

为探究司法实务中债务加入相关认定规则，笔者于 2020 年 12 月 12 日在中国裁判文书网中检索民事案件，全文检索债务加入，共检索到 259 份最高人民法院的裁判文书。经统计，《九民纪要》发布

---

〔1〕 李光琴：《慎待债务承担无因性理论》，载《法律适用》2015 年第 3 期。

前有 203 份裁判文书从债务加入意思表示真实的角度认定效力问题，但未涉及公司决议对债务加入效力的影响（见表2）。

表2　《九民纪要》发布前最高人民法院债务加入典型案例

（2018）最高法民终904号	根据鑫和公司向坤茂公司出具的《对账确认函》，鑫和公司承诺偿还坤茂公司欠中国民生银行台州分行2.2亿元借款本息。鑫和公司的承诺构成债务加入（并存的债务承担），在该2.2亿元本息范围内，鑫和公司与林某某共同承担清偿责任。
（2018）最高法民终263号	中广核公司与丽江西南公司签订的《备忘录》表明丽江西南公司自愿加入中广核公司与永保公司有关生产线的合同关系中。一审法院认定丽江西南公司应对生产线2014年9月后的应付节能收益款的本金部分及停产补偿款与永保公司一同承担连带支付责任，并无不当。
（2019）最高法民申466号	华悦公司虽非案涉350万元借款的借款人，但因其在《顶账协议》中承诺徐某某的上述借款由其偿还，二审法院依据该承诺认定华悦公司的上述行为为债务加入符合法律规定，并无不当。

分析《九民纪要》发布后的 56 份裁判文书，最高人民法院依然强调债务加入应为承担人的真实意思表示。其中，有 3 篇文书在分析法律适用理由时，从公司债务加入准用担保规则的新视角来认定债务加入的效力（见表3）。

表3　最高人民法院认定债务加入准用担保规则的典型案例

（2019）最高法民再236号	与债务加入在法律性质上最接近的为连带责任保证法律关系，因此，对于苏某某以兰林阁昆明分公司的名义而为的债务加入行为是否构成有权代表及相应效力，可参照适用担保法的相关规定加以评判。连带保证责任保证人依法享有追偿权等权利，其保证责任相较于债务加入的责任更轻。企业法人分支机构对外提供责任较轻的保证尚须企业法人授权，否则无效，根据举轻以明重的逻辑，则其对外加入债务更须得到企业法人的授权，否则应认定为无效。

续表

（2019）最高法民终1451号	《会议纪要》系昆丰集团公司时任法定代表人刘某某以昆丰集团公司名义向瓮福农资公司表示承担兴隆公司的债务，该行为在性质上属于债务加入。该债务加入相比于他人提供担保，可能会对昆丰集团公司及其股东的权益造成更为不利的影响，故该债务加入的意思表示同样需要参照《公司法》第16条第1款规定的精神，按照该公司的章程的规定，由公司股东会或者董事会决议。
（2019）最高法民申5503号	《担保合同》的约定符合债务加入的法理，构成债务加入。相较于案涉担保责任而言，债务加入属于法律后果更为严重的责任形式，举轻以明重，在当事人双方约定现代房地产公司提供物保尚需要经过该公司股东会决议的情况下，该公司以债务加入的方式承担主债务的连带清偿责任更应该经过该公司股东会决议同意。在没有现代房地产公司相关股东会决议的情况下，不能认为约定该内容的条款已经生效。

从上述裁判文书可以看出，最高人民法院在最新审判实践中以债务加入与连带责任保证的比较、举轻以明重法律解释规则、债务加入对公司及其股东权益的影响等为论据，论证债务加入效力亦应参照适用公司为他人提供担保的有关规则。

（三）现行司法实践中债务承担裁判规则面临的新困境

从上述裁判文书来看，在《九民纪要》出台前，最高人民法院虽强调公司为他人提供债务转移或债务加入时，债务承担应为公司真实的意思表示，但公司决议不能等同于公司的真实意思表示，公司决议也不是债务承担效力的考虑因素，债务承担裁判规则采取统一的单轨制。《九民纪要》发布后，公司如果为他人提供债务承担，债务转移裁判规则继续沿用之前的规则，债务加入裁判规则转而准用担保规则，债务承担裁判规则自此采用区分的双轨制。

公司为他人提供债务承担，无论是债务转移，还是债务加入，都是公司自身的安排。债务承担裁判规则采取区分的双轨制，既面临着裁判标准不一致的逻辑困境，也面临着法律适用不统一的适法困境，需要检视债务转移效力应否一并准用担保规则。

三、《民法典》视野下债务转移效力准用担保规则的检视

《公司法》对公司为他人提供担保作出了法定限制，《九民纪要》规定了债务加入效力准用担保规则，《民法典》则完善了公司法定代表人代表权限理论，并将债务转移和债务加入一并规定在同一章中。鉴于此，对我国现行债务转移认定规则进行制度检验，研究债务转移效力是否可一并准用担保规则问题就很有实践意义。

（一）从法律体系解释角度

法律体系可分为外在体系及内在体系，均属法律解释应予考虑的因素；法律外在体系指法律的编制体例，如民法第几编、第几章、第几节、第几项、第几款，及前后条文的关联位置，均可资阐明法律的规范意旨；法律的内在体系指法律秩序的内在构造、原则及其价值判断。[1]据此，《民法典》第三编"合同"的第一分编"通则"的第六章为"合同的变更和转让"，其中第551条规定了债务转移，第552条规定了债务加入，紧随其后的第553条和第554条规定了债务人转移债务对新债务人（承担人）的法律效力，即新债务人可以主张原债务人对债权人的抗辩、应当承担与主债务有关的从债务。上述法律效力与《合同法》规定的债务转移法律效力内容一致，按照体系解释方法，其应同时适用于债务转移和债务加入。否则，立法应另行规定债务加入对新债务人的法律效力，而非将债务加入放在规定上述法律效力的法条之前。

考虑到法律规定的债务转移和债务加入对承担人的上述法律效力相同，并且对于债权人而言，两者的承担人都是主债务人，承担全部债务清偿责任，因此按照体系解释方法，两者理应适用统一的效力认定规则。《九民纪要》规定债务加入效力认定准用担保规则，则债务转移效力认定理应一并准用担保规则。

---

〔1〕 王泽鉴：《民法总则》（增订版），中国政法大学出版社2001年版，第51页。

（二）从当然解释规则角度

当然解释，指法律虽无明文规定，但依规范目的的衡量，其事实较之法律所规定者更有适用理由，而径行适用法律规定之一种法律解释方法，当然解释之法理依据，即所谓举重以明轻，举轻以明重。[1]正如最高人民法院在三个判例中所言，相较于担保责任而言，债务加入属于法律后果更为严重的责任形式，根据举轻以明重的逻辑，更应由公司股东会或董事会作出相关决议，这实质上进一步阐述了《九民纪要》规定债务加入效力准用担保规则的法理依据。

同理，债务加入中公司虽与原债务人承担连带债务，但原债务人并未脱离债务，根据连带债务法律规定，公司在其承担责任范围内对原债务人享有追偿权。相比而言，债务转移中公司对被转移的债务承担全部清偿责任，原债务人则脱离债务，且在原债务人与承担人未约定债务转移对价的场合，法律又未明确公司承担责任后对原债务人是否享有追偿权。因此，相对于债务加入，债务转移对于承担人而言属于法律后果更为严重的责任形式。既然债务加入效力准用担保规则，举轻以明重，债务转移效力更应准用担保规则。

（三）从平衡公司、中小股东和债权人利益角度

为保护公司及其中小股东利益，《公司法》第 21 条规定，公司的董事、高级管理人员不得利用其关联关系损害公司利益。第 148 条规定，董事、高级管理人员不得有违反对公司忠实义务的行为。上述法律规定属于对公司法定代表人代表权的法定限制，如合同相对人知道或应当知道公司法定代表人代表公司与其签订债务转移合同，系利用关联关系损害公司利益或违反对公司的忠实义务，该代表行为无效，债务转移合同亦无效。

然而，在司法实践中，案件审理难点在于从工商登记等证据中难以查明实际存在的关联关系，法定代表人代表公司为他人提供债务承担也难以界定为违反对公司的忠实义务。例如 A、B、C 三公司

---

[1] 梁慧星：《民法解释学》，中国政法大学出版社 1995 年版，第 225 页。

中，A 欠 B 借款 100 万元，C 欠 B 借款 100 万元。从证据上无法认定 A 和 C 存在关联关系，但三方以各自法定代表人加盖公司公章的形式签订协议书，约定 C 欠 B 的借款 100 万元由 A 归还，C 为 A 应归还 B 的上述 200 万元借款提供连带责任保证，对此约定 A 和 C 未作出股东会或董事会决议。现 B 以 C 将债务转移给 A 为由，要求 A 归还借款 200 万元，C 承担连带保证责任。按照现行法律规定，债务转移约定有效，保证约定无效。但从法律适用结果来讲，A 承担转移的债务将对其中小股东的权益产生严重的不利影响。对公司其他债权人而言，如上述债务转移为无偿赠与行为，A 的债务清偿能力将明显降低，即使债务转移为有偿行为，A 的责任财产总额依然面临减少的风险。而根据《民法典》规定的债权人代位权，公司为他人提供债务承担不属于无偿处分财产权益，也难以界定为以明显不合理的高价受让他人财产，亦不属于为他人的债务提供担保。因此，A 公司法定代表人的上述行为可能严重影响到债权人债权的实现，且债权人行使撤销权面临法律障碍。

因此，在无法充分保护公司中小股东利益及未赋予其他债权人代位权的法律前提下，有必要从限制债务转移效力方面进行利益平衡，规定债务转移效力准用担保规则，加强对他们合法权益的保护力度。

（四）从债务承担无因性争论的角度

司法实践中，对于债务转移，债务承担合同一般由债务人和承担人签订，或者由债务人、承担人、债权人三方签订。债务承担则是债务承担合同履行的结果。对于债务转移而言，除赠与外，原债务人应给予承担人合理的对价。德国和瑞士承认债务承担无因性，如《德国民法典》第 417 条规定，承担人得以基于债权人与原债务人间法律关系所生之抗辩，对抗债权人；承担人不得以其与原债务人间债务承担基础法律关系所生之抗辩对抗债权人。[1] 又如，《瑞

---

[1] 台湾大学法律学院、台大法学基金会编译：《德国民法典》，北京大学出版社 2017 年版，第 370 页。

士债法典》第 179 条规定，对于债务承担中的事实，即使基于该事实新债务人对原债务人享有抗辩权，但新债务人不得基于该事实对债权人提出抗辩。[1]我国一些学者坚持债的相对性并支持该理论，另有学者认为，我国未采纳物权行为理论，债务承担是一事实行为，是债务人承担债务的结果。债务承担、债务承担合同大多采取有因原则，债务承担合同这个原因行为无效、被撤销，会导致债务承担的效力丧失，债务复归于债务人。如此，承担人时常可以援引行为无效、被撤销等对抗债权人。[2]最高人民法院（2013）民一提字第162 号民事判决书也是基于债务承担有因性理论作出裁判，未采纳一审、二审法院坚持的债务承担无因性这一裁判理由。

虽然是否采纳债务承担无因性在理论界和实务界有争议，但债务承担的近因即当事人签订的债务承担协议本身是否对债务承担的效力产生实质性影响，乃是否承认债务承担无因性的关键所在，德国债务承担无因性理论人为割断的，正是近因与债务承担的效力联系。[3]为平衡债权人、原债务人、承担人三者利益，应探究的是公司为他人承担债务是否为其真实意思表示，这需要准用担保规则来认定合同效力，以确保公司法定代表人的意思表示与公司股东会或董事会决议的集体意思表示一致，避免司法审判中债务承担无因性争论。

四、公司为他人提供债务承担与担保的法律差异性评析

史尚宽先生认为："准用指为法律简洁，避免复杂的规定，以明文使类推适用关于类似事项之规定；准用非全部照样适用，如其事件有差异时，于性质许可之限度，应基于其差异，加以取舍变更，以变通适用，此点与适用应完全适用者不同。"[4]因此，公司为他

---

〔1〕《瑞士债法典》（2017 年 1 月 1 日瑞士联邦议会官方法文修订版），于海涌、[瑞士] 唐伟玲译，法律出版社 2018 年版，第 58 页。

〔2〕崔建远：《合同法总论》（中卷·第 2 版），中国人民大学出版社 2016 年版，第525、539 页。

〔3〕李光琴：《慎待债务承担无因性理论》，载《法律适用》2015 年第 3 期。

〔4〕史尚宽：《民法总论》，中国政法大学出版社 2000 年版，第 51~52 页。

人提供债务承担的效力虽应准用担保规则，但两者在法律性质、无效后果、无须公司机关决议的例外情况方面仍存在差异性。

（一）债务承担与担保法律性质、无效后果的区分

关于债务加入和担保的异同，有学者指出："对于债务加入，以担保原债务人之债务为目的，此点与保证尤其与抛弃先诉抗辩权之连带保证，同其性质；然承担人之债务，为与原债务并立之自己债务，而保证债务则为保证他人之债务，即附属于主债务之债务，二者截然有别。"[1]因此，连带保证和债务加入担保债务履行的目的相同，差异在于保证债务为从债务，承担人承担的债务则是与原债务并立的债务，且该债务以约定的承担人愿意承担的债务范围为限，故两者合同无效的法律后果不一。

对于公司法定代表人越权代表公司订立担保合同，主合同有效而担保合同无效情况下的公司责任承担问题，一般认为根据《最高人民法院关于适用〈中华人民共和国担保法〉若干问题的解释》（已失效）第7条规定，主合同有效而担保合同无效，债权人（没对决议进行形式审查）、公司（法定代表人越权）有过错的，公司承担民事责任的部分，不应超过债务人不能清偿部分的二分之一。[2]对于公司法定代表人越权代表公司订立债务加入合同，债务加入合同无效并不是从合同无效，而是独立的合同无效，根据无效合同独立处理法律后果；原债务合同也不是主合同，其有效也不是主合同有效。

对于公司法定代表人越权代表公司订立债务转移合同，债务转移合同无效后，不发生债务转移的法律效果，债务仍应由原债务人向债权人清偿，债务转移合同无效根据无效合同独立处理法律后果。债务转移合同无效一般发生在原债务人与承担人未约定债务转移对价，或者约定的债务转移对价明显不合理，且债务转移未经公司股东会或董事会决议等场合中。

---

〔1〕 史尚宽：《债法总论》，中国政法大学出版社2000年版，第750~751页。

〔2〕 最高人民法院民事审判第二庭编著：《〈全国法院民商事审判工作会议纪要〉理解与适用》，人民法院出版社2019年版，第190~193页。

（二）债务承担与担保无须公司机关决议例外情况存在的差异

《九民纪要》从担保是为了公司利益、公司具有对外担保的真实意思表示等角度考虑，认定了 4 项无须公司机关决议而担保合同有效的例外情况。债务承担效力准用担保规则时，需要基于两者差异加以取舍，变通适用。考虑到不存在以为他人提供债务承担为主营业务的企业，故第 1 项例外情况不适用于债务承担。考虑到未经公司决议对外提供债务承担的情况普遍存在，因此对于其余 3 项例外情况变通适用为：①公司为其直接或者间接控制的公司开展经营活动向债权人提供债务承担；②公司与债务人之间存在相互担保、相互提供债务承担等商业合作关系；③债务承担由单独或者共同持有公司三分之二以上有表决权的股东签字同意。另需增加一项例外情形：在债务承担基础法律关系方面，原债务人就债务承担约定给予公司合理的价款、标的物等对价。理由在于，法定代表人有权代表公司对外从事正常经营活动，原债务人就债务承担约定给予公司合理的对价，公司法定代表人予以同意符合正常经营规则，这表明债务承担是为了维护公司的利益，该情形常见于债务转移合同中，法律应予保护。上述例外情况，应当认定为债务承担符合公司的真实意思表示，债务承担合同有效。

五、对于完善公司为他人提供债务承担准用担保规则的思考

《民法典》对公司法定代表人代表权的法定限制和意定限制作了基本规定，如何参照《公司法》规定的担保规则并将此准确适用于《民法典》中债务承担的相关规定，平等保护债务人、债权人、承担人的合法权益，则需要进一步完善公司为他人提供债务承担准用担保规则。

（一）树立公司法定代表人代表权受限理念，准确界定其代表权限

权利禁止滥用原则为基本民法法理。根据《民法典》第 61 条的规定，公司法定代表人的代表权受法律的法定限制，受公司章程和公司权力机构的意定限制。《民法典》第 76 条第 1 款规定，公司是

以取得利润并分配给股东为目的成立的营利法人。公司法定代表人以公司名义代表公司从事民事活动，包括为他人提供担保、债务承担，均受上述法律规定的法定目的限制。《公司法》作为组织法，规定了公司权力机构、执行机构、法定代表人之间的权限划分。法人机构与代表人之间的权力划分，是法律在法人机构分权的基础上对业务执行权的一种特别限制，应当解释为法定限制事项，未经有权机构决定，代表人依法不享有代表公司的权限，不得对外签订合同、实施相关行为，必须将代表权限的审查置于法人分权治理结构的法律框架之下，根据法律和章程规定加以审查、确定。[1]

因此，司法实践必须改变以往公司法定代表人签字或加盖公司印章就是法人行为的传统思维模式，树立从公司组织法对法定代表人代表权的限制视角理解代表行为效力的新裁判理念；秉持公正司法理念，居中保护当事人的合法权益，既依法保护债权人利益，又平等保护作为承担人的公司及其中小股东的利益，还兼顾保护公司其他债权人的利益。

（二）填补债务承担裁判规则的法律漏洞，通过司法解释明确其效力认定准用担保规则

法律漏洞，系指关于某一问题，法律依其内在目的及规范计划，应有所规定，而未设规定而言，其中最常见的公开漏洞应类推适用其他规定加以填补，类推适用的法理在于"相类似者，应为相同处理"。[2]对于公司为他人提供担保，《公司法》第16条明确地对公司法定代表人代表权作出了法定限制性规定，但《民法典》《公司法》等法律缺乏对相类似的公司为他人提供债务承担的法定限制性规定，存在法律漏洞。《九民纪要》仅规定公司为他人提供债务加入效力的司法认定规则，填补了部分法律漏洞，但未涉及其他事宜，

----

〔1〕 最高人民法院民法典贯彻实施工作领导小组主编：《中华人民共和国民法典总则编理解与适用》（上），人民法院出版社 2020 年版，第 321~322 页。

〔2〕 王泽鉴：《民法学说与判例研究》（重排合订本），北京大学出版社 2015 年版，第 70~71 页。

需要司法解释进一步填补上述法律漏洞。因此，最高人民法院在制定《民法典》适用的司法解释时，应吸收《九民纪要》关于公司为他人提供担保、债务加入的合理规定，明确公司为他人提供担保的有关规则，并规定公司为他人提供债务承担的效力准用担保规则，以及债务承担无效的特殊法律后果。

具体而言：①法定代表人以公司名义与债务人约定加入债务并通知债权人或者向债权人表示愿意加入债务，该约定的效力问题，参照公司为他人提供担保的有关规则处理。依据上述规则，该约定有效的，债权人请求公司在其约定承担的债务范围内和债务人承担连带债务，人民法院应予支持；该约定无效的，对于原债务人不能清偿的部分，应当根据公司、债权人的过错程度各自承担相应的责任，但公司承担的赔偿责任以原约定的公司愿意承担的债务范围为限。公司承担责任后，有权向原债务人追偿。②法定代表人以公司名义与债务人约定将债务的全部或者部分转移给公司并经债权人同意的，该约定的效力问题，参照公司为他人提供担保的有关规则处理。依据上述规则，该约定有效的，债权人请求公司承担转移的全部或者部分债务清偿责任，人民法院应予支持；该约定无效的，对于原债务人不能清偿的部分，应当根据公司、债权人的过错程度各自承担相应的责任，但公司承担的赔偿责任以原约定的债务转移范围为限。公司承担责任后，有权向原债务人追偿。③依据上述规则，债务加入或者债务转移约定无效的，公司因债务承担基础法律关系而从原债务人处取得的财产，应当予以返还；不能返还或者没有必要返还的，应当折价补偿。④公司举证证明债权人明知法定代表人超越权限或者机关决议系伪造或者变造，债权人请求公司承担债务承担约定无效后的民事责任的，人民法院不予支持。

（三）从立法角度促进立法完善公司为他人提供债务承担裁判规则

对于司法实践证明可行的，由最高人民法院提出法律修改案，报请全国人大常委会立法修改《公司法》，完善公司为他人提供债务承担的决议规则。建议将《公司法》第 16 条第 1 款、第 2 款修改为：①公司向其他企业投资或者为他人提供担保、债务承担，依照公司章程的规定，由董事会或者股东会、股东大会决议；公司章程对投资或者担保、债务承担的总额及单项投资或者担保、债务承担的数额有限额规定的，不得超过规定的限额。②公司为公司股东或者实际控制人提供担保、债务承担的，必须经股东会或者股东大会决议。

六、结语

《民法典》规定了我国法人制度和债务承担的基本规则，司法机关将其准确适用于公司为他人提供债务承担的情形，既是确保《民法典》顺利实施的必然要求，也是用民法新理念革新审判理念、推进审判能力现代化的重要体现。因此，我国需要通过司法解释将公司为他人提供债务承担参照适用担保规则具体化，并在条件成熟时修改完善《公司法》，构建完善的债务承担裁判规则，以平等保护当事人的合法权益，着力营造稳定公平透明、可预期的法治化营商环境。

（初审：王诺方　何思璇）

以物抵债问题的法律研究

——以《九民纪要》第 44 条和第 45 条为基础

袁萍萍*

◆--

内容提要： 2019 年最高人民法院发布的《全国法院民商事审判工作会议纪要》第 44 条和第 45 条明确以物抵债的裁判规则，指导司法实践，但是其中仍然存在疑义，本文结合最高人民法院审判经验的发展趋势，从理论上厘清以物抵债的裁判规则。本文认为，"履行期届满"要素是意思表示解释的线索，结合当事人的目的有利于区分以物抵债协议与让与担保，无须依靠自然之债效果的路径将让与担保排出以物抵债的范畴。另外，将以物抵债协议定性为诺成合同，较于实践合同而言，更有利于实现当事人的利益平衡，符合合同自由原则。

关键词： 以物抵债 诺成合同 履行期间届满前的以物抵债协议 让与担保

一、问题的提出

2019 年 11 月 8 日，《全国法院民商事审判工作会议纪要》（以下简称《九民纪要》）正式发布施行。其中，《九民纪要》第 44 条和第 45 条确立了以物抵债裁判规则，作为下级法院的说理依据，必然对司法实践产生重大影响，因此《九民纪要》第 44 条和第 45 条关于以物抵债的裁判规则需要重点分析和考察，文章主要针对三个

---

* 袁萍萍，女，西北政法大学民商法学院博士研究生。

问题进行分析与论述：

首先，"履行期届满"作为分界线是否存在合理性？《最高人民法院关于当前商事审判工作中的若干具体问题》首先提出"履行期届满"要素，主要目的为平衡当事人的利益；《最高人民法院民事审判第二庭法官会议纪要——追寻裁判背后的法理》认为"履行期届满"作为分界线有利于审查以物抵债的真实目的，防止恶意逃避债务、损害第三人的合法利益，避免出现流质（或流押）的情形。[1]但债务履行期间届满之前达成的以物抵债协议，若债权债务关系已经成立，债务人为何处于弱势地位？另外，基于逻辑一致性，相同的合意内容应产生同等的效力，《九民纪要》规定不同的时间段缔结的以物抵债协议具有不同的效力，且受到履行行为的影响，是否限制当事人的意思自治，破坏以物抵债协议的同质性？

其次，债务履行期届满前达成的以物抵债与让与担保的关系？《九民纪要》以"履行期届满"为分界线将以物抵债协议划分为债务履行期间届满前达成的以物抵债协议与债务履行期间届满后达成的以物抵债协议，并且明确履行期间届满前达成的以物抵债协议中，若债权人尚未交付标的物，则不同于让与担保。若债权人交付标的物，以物抵债协议与让与担保之间是否存在区别？

最后，以物抵债协议的性质是实践合同或是诺成合同？《九民纪要》第44条和第45条明确债务履行期届满后达成的以物抵债协议为诺成合同，但对债务履行期届满前达成的以物抵债协议是诺成合同或是实践合同尚未明确。其中《九民纪要》第45条规定，债务人尚未交付标的物的，债权人将无权请求债务人交付标的物，只能按照原债权债务关系进行诉讼，此时的以物抵债协议是尚未成立、已成立但未生效或是无效？若是实践合同，则债务履行期届满前达成的以物抵债协议尚未成立；若是诺成合同，则以物抵债协议已经成立但未生效或是无效。因此，为判定债务人尚未交付标的物时，债

---

〔1〕 贺小荣主编：《最高人民法院民事审判第二庭法官会议纪要——追寻裁判背后的法理》，人民法院出版社2018年版，第1~11页。

务履行期间届满前达成以物抵债协议的状态，明确以物抵债协议的性质存在必要性。

二、《九民纪要》的"履行期届满"存在合理性

《九民纪要》沿用 2015 年《最高人民法院关于当前商事审判工作中的若干具体问题》提出的"履行期届满"要素，但笔者认为"履行期届满"要素提出的目的并不是平衡当事人的利益。《最高人民法院民事审判第二庭法官会议纪要——追寻裁判背后的法理》认为，若当事人在债务履行期满前达成以物抵债协议，标的物缔约时的价值与实现时的价值往往存在差距，直接认定以物抵债协议有效，易导致双方当事人的利益显著失衡，存在流质的嫌疑。[1]意思自治原则保障民事主体的自由是有限制的自由，限制自由充分且正当的理由为公共利益，其中包括弱势群体的利益。[2]笔者并不认同以上理由。首先，意思自治的限制在债务履行期间届满之前，债权成立之后，债务人已获得旧债的标的物，并不因贫困或是其他原因处于弱势地位，而被迫达成以物抵债协议；其次，当事人被假定为自身利益的最佳判断者，债务人作为以物抵债协议的一方当事人，对自身利益具备最佳判断角度；最后，债权人与债务人意思一致达成以物抵债协议，"标的物缔约时的价值与实现时的价值存在较大差距"[3]的可能性不属于公共利益的范畴，以此为理由否认债务履行期届满前达成的以物抵债协议的效力，违背意思自治原则。因此，平衡当事人之间的利益不能成为论证"履行期届满"分界存在合理性的原因之一。

尽管如此，《九民纪要》提出的"履行期届满"分界仍有合理性，因其有利于结合当事人订立协议的目的，区分以物抵债协议与

---

〔1〕 贺小荣主编：《最高人民法院民事审判第二庭法官会议纪要——追寻裁判背后的法理》，人民法院出版社 2018 年版，第 1~11 页。

〔2〕 王利明主编：《民法》（第 8 版·上册），中国人民大学出版社 2020 年版，第 42~44 页。

〔3〕 贺小荣主编：《最高人民法院民事审判第二庭法官会议纪要——追寻裁判背后的法理》，人民法院出版社 2018 年版，第 1~11 页。

担保合同，同时其不会破坏以物抵债协议的同质性。首先，"履行期届满"要素是意思表示解释的线索，结合当事人的目的有利于区分以物抵债协议与担保合同。"履行期届满"为分界线，可将以物抵债协议划分为债务履行期间届满前达成的以物抵债与债务履行期间届满后达成的以物抵债，其中，债务履行期间届满后达成的以物抵债协议与让与担保明显不同：一方面，因担保合同设立目的为确保债权的实现，需在债务履行期满前达成；另一方面，债务履行期满，债务人理应清偿债务，不存在担保问题。换言之，债务履行期间届满后达成的协议一般是以物抵债协议而不是让与担保。而债务履行期间届满之前达成的协议是以物抵债协议或是让与担保，则需要结合当事人订立合同的目的进行判断，若当事人订立合同的目的是为及时清偿债务，则为以物抵债协议，若是为担保债权的实现，则为让与担保。《九民纪要》提出"履行期届满"要素，可结合当事人的目的将担保排出以物抵债的范畴，区分以物抵债协议与让与担保。另外，因《九民纪要》严格按照当事人的合同目的判定合同是以物抵债协议或是让与担保，没有限制当事人意思自治。其次，《九民纪要》以"履行期届满"为基础划分以物抵债协议，不会破坏以物抵债协议的同质性。结合之前的审判经验，《九民纪要》提出"履行期届满"要素，作为意思表示解释的参考物，以"履行期届满"为基础，结合当事人的目的，确定双方的意思表示以及协议的性质。换言之，以"履行期届满"为分界线划分以物抵债协议，不是直接确定以物抵债协议的效力，而是对当事人的意思表示进行解释，在此基础上明确以物抵债协议的效力。因此，"履行期届满"要素本身不是划分以物抵债协议效力的标准，即不存在相同的合意内容产生不同的效力的问题，未破坏以物抵债协议的同质性。

综上所述，《九民纪要》以"履行期届满"为基础划分以物抵债协议存在合理性，即使平衡当事人之间的利益并非其存在合理性的原因，但是"履行期届满"要素结合当事人的目的有利于区分以物抵债协议与让与担保，同时不会破坏以物抵债协议的同质性。

三、债务履行期届满前达成的以物抵债与让与担保的关系

2014 年第 12 期《最高人民法院公报》发布的"朱某某案"[1]与"武侯国土局案"[2]，均是当事人为融资在债务履行期间届满之前达成协议，约定若到期无法偿还债务，以抵押物抵顶借款。学界将这种法律现象称为"买卖型担保"，对其属于以物抵债协议或是让与担保存在着分歧，主要观点有二："附条件代物清偿合意"和"让与担保"，其中"附条件代物清偿合意"的观点认为，代物清偿协议以债务人无法按期还款或者无力还款为条件，一旦条件成就，则代物清偿协议发生效力；[3]"让与担保"的观点则认为，当事人订立协议的目的在于担保债权不能实现的风险，基于合同自由原则自然应该获得效力，需要的只是为之附加必要的清算条款。[4]"附条件代物清偿合意"是从债务人的抵顶意图出发，而"让与担保"则是从当事人订立协议的目的出发，仅此而已。《九民纪要》第 45条明确，当事人在债务履行期届满前达成以物抵债协议，标的物尚未交付债权人时，此种情况不同于让与担保。即《九民纪要》坚持"担保排除出以物抵债范畴"的观点，认为以物抵债协议与让与担保不同。需要指出的是，《九民纪要》区分以物抵债与让与担保具有重要意义，因为以物抵债协议与让与担保的性质以及法律后果不同，司法实践中，将双方当事人之间达成的协议界定为以物抵债协议或让与担保足以影响当事人的利益平衡。让与担保与以物抵债协议的主要区别有三：

---

[1] 朱某某与山西嘉和泰房地产开发有限公司商品房买卖合同纠纷案，载《最高人民法院公报》2014 年第 12 期。

[2] 成都市国土资源局武侯分局与招商（蛇口）成都房地产开发有限责任公司、成都港招实业开发有限责任公司、海南民丰科技实业开发总公司债权人代位权纠纷案，载《最高人民法院公报》2012 年第 6 期。

[3] 陈永强：《以买卖合同担保借贷的解释路径与法效果》，载《中国法学》2018年第 2 期。

[4] 庄加园：《"买卖型担保"与流押条款的效力——〈民间借贷规定〉第 24 条的解读》，载《清华法学》2016 年第 3 期。

一是以物抵债协议的目的是清偿而非担保。让与担保是指债权人与担保人订立移转财产所有权合同，使债权人获得担保财产的归属性权利，若债权到期无法实现时，债权人可以就取得的财产优先受偿的交易方式。[1]以物抵债是指"当事人双方达成以他种给付替代原定给付的协议。"[2]即以物抵债协议达成的目的在于清偿旧债，而让与担保的目的则是保障债权的实现。其中，已经公示的以物抵债协议，债务人为清偿旧债将标的物交付给债权人，则旧债因以物抵债协议的履行而消灭，债权人与债务人之间不存在债权债务关系。但让与担保不同，债务人为担保债权的实现将担保物交付给债权人，此时债权人与债务人之间存在两种权利义务关系：债权债务关系和担保关系。因此，法律将当事人之间的协议认定为以物抵债对债权人更为有利，让与担保可以保障债权人实现债权，但以物抵债协议中，债务人将标的物交付给债权人，其债权可直接获得清偿。

二是以物抵债可以直接主张新债给付的内容，而让与担保则需要就担保物拍卖、变卖或折价受偿。我国以物抵债的规则并没有要求债权人对标的物进行变价和清算，《商事审判指导（2016年卷）》明确规定，以物抵债协议的标的物是否履行清算程序的问题，存在两种不同的意见。一种意见认为应当履行，债权人不能就超过债权部分受偿；另一种意见认为，因以物抵债协议是旧债达成后形成，不存在对债务人不公平的因素，故无须履行清算程序，可就标的物直接受偿。[3]从债务人的角度出发，明确事后达成的以物抵债无须履行清算，可就标的物直接受偿，符合我国的交易习惯，因此，《九民纪要》延续立场，在第45条规定，如果在履行期届满前，当事人已经完成交付，债权人有权受领，不需要进行清算。但是对于履行期届满之前双方达成以物抵债协议并且自愿交付的，债权人是直接

---

〔1〕 杨立新：《后让与担保：一个正在形成的习惯法担保物权》，载《中国法学》2013年第3期。

〔2〕 崔建远：《以物抵债的理论与实践》，载《河北法学》2012年第3期。

〔3〕 最高人民法院民事审判第二庭编：《商事审判指导（2016年卷）》，人民法院出版社2018年版，第51~56页。

获得标的物还是清算，《九民纪要》经历过一个摇摆的态度。之前《九民纪要》的草案中，选择的立场是规定标的物交付需要按照抵押合同的清算条款处理，但是《九民纪要》最终删除了这一规定，选择《最高人民法院关于当前商事审判工作中的若干具体问题》的立场，并且明确增加了一个申明，"因此种情况不同于本纪要第71条规定的让与担保"。笔者认为，对债务履行期间届满之前达成的以物抵债协议可以无须经过清算程序，直接就标的物受偿。学者对于以物抵债协议是否可以就标的物直接受偿，主要考虑的是当事人之间的利益平衡，防止出现流质契约的问题。[1]但是禁止流质契约，主要是受"暴利"思想的影响。[2]其源于罗马法，社会背景为经济落后，贫富差距巨大，若法律不强制干预经济生活，将极易发生债权人对贫弱担保人的暴利盘剥，但现在债务人在经济生活中的借贷行为已由缓解窘迫生活之目的逐渐转向生产经营之目的，因此债务人已经不是担保中处于弱势地位的当事人。更进一步，以物抵债协议通常在旧债成立之后达成，此时债务人已经获得旧债标的物，则债务人并不处于弱势地位。另外，依据2014年"朱某某案"公报摘要的逻辑，以物抵债的功能可以扩张到为担保而给付的领域，由此也就不必采用利息管制和抵押物清算等相关条款。

三是以物抵债协议与旧债的关系是新旧而非主从。让与担保存在两个合同：借款合同和买卖合同，担保责任是否需要履行取决于主债务是否履行，换言之，在当事人到期未履行借款合同时，债权人才可以主张清算，即借款合同与买卖合同存在紧密的从属性。而以物抵债协议达成后，新债与旧债则不存在从属性，对于债权人，存在着明确的先后新旧给付顺序，只能优先主张新债，在债务人无法履行新债或履行存在瑕疵时，债权人可以主张履行旧债；但如前所述，若新债与旧债皆存在且无瑕疵的情形下，债务人对于履行新

---

〔1〕 贺小荣主编：《最高人民法院民事审判第二庭法官会议纪要——追寻裁判背后的法理》，人民法院出版社2018年版，第1~11页。

〔2〕 张伟：《买卖型担保中流质条款效力的证成与强化》，载《商业经济与管理》2020年第3期。

债或是旧债享有优先选择权。如,《最高人民法院关于审理民间借贷案件适用法律若干问题的规定》第 23 条第 1 款规定,当事人以订立买卖合同为民间借贷合同提供担保,若是到期后债务人无法履行债务,人民法院按照民间借贷法律关系审理案件。这意味着,在债务人不履行原债的情况下,当事人不能主张新债关系(买卖合同),只能主张原来的借款合同,在债务人无力履行借款合同时,债权有权请求对买卖合同的标的物拍卖、变卖或折价受偿。《九民纪要》第 45 条规定,当事人在债务履行期间届满之前达成的以物抵债协议,若债权人尚未将标的物交付给债务人,则债权人只能按照原债权债务关系进行诉讼。由此,若债务人已将标的物交付给债权人,则债权人有权受偿,不构成不当得利,亦无权拒绝受偿。

四、以物抵债协议定性为诺成合同

(一) 以物抵债与代物清偿的比较分析

"成都市国土资源局武侯分局与招商(蛇口)成都房地产开发有限责任公司、成都港招实业开发有限责任公司、海南民丰科技实业开发总公司债权人代位权纠纷案"一案中明确,债务人与次债务人签订的《债权债务清算协议书》为代物清偿,并将代物清偿定性为诺成合同,[1]但在 2012 年《最高人民法院公报》颁布的指导性案例中,该案裁判摘要改变了上述判决立场,认为代物清偿为实践合同,即代物清偿协议的成立以物权变动为要素。[2]其学理基础应来自传统学说和主流教科书,如我妻荣《我妻荣民法讲义Ⅳ:新订债权总论》明确"无论代物清偿给付的种类为何,并不单纯地以约

---

〔1〕 成都市国土资源局武侯分局与招商(蛇口)成都房地产开发有限责任公司、成都港招实业开发有限责任公司、海南民丰科技实业开发总公司债权人代位权纠纷案,最高人民法院 (2011) 民提字第 210 号民事判决书。

〔2〕 成都市国土资源局武侯分局与招商(蛇口)成都房地产开发有限责任公司、成都港招实业开发有限责任公司、海南民丰科技实业开发总公司债权人代位权纠纷案,载《最高人民法院公报》2012 年第 6 期。

定为满足，须给付被实现为要件"；[1]史尚宽在《债法总论》中明确"代物清偿，谓债权人受领他种给付以代原定给付，而使债之关系消灭之契约"，其性质为要物契约，以现实完成他种给付为必要，否则为债务标的之更新。[2]即传统民法上的代物清偿性质为实践合同，但是我国以物抵债与传统民法上的代物清偿存在区别，不可因代物清偿直接将以物抵债定性为诺成合同。

对以物抵债与传统民法上的代物清偿的关系，学界中存在不同的认识：崔建远教授认为，我国的以物抵债协议包括性质为诺成合同的以物抵债与传统民法上的代物清偿；[3]房绍坤教授认为以物抵债只是在实践过程中形成的一种债务变通履行的方法，代物清偿是属于债的消灭原因之一，其本身即代表一定的法律效力和法律后果，换言之，代物清偿强调的是清偿结果，而以物抵债强调的是清偿方法；[4]夏正芳、潘军锋则认为以物抵债协议与代物清偿一致，应定性为实践合同，须履行物权转移手续方成立。[5]

代物清偿是指"债权人受领他种给付以代原定给付，而使债之关系消灭之契约。"[6]传统理论上的代物清偿的中心词是清偿，放置在债的消灭或终止的清偿篇幅，[7]即代物清偿的目的是消灭旧债务。依照当事人的意思，只有在债务人现实地提出他种给付，且债权人受领他种给付的情况下，旧债务才为消灭。但是笔者认为，不可直接将以物抵债等同于传统上的代物清偿，而将以物抵债协议同样定性为实践合同。首先，债权人与债务人达成以物抵债合意且直

---

〔1〕 ［日］我妻荣：《我妻荣民法讲义Ⅳ：新订债权总论》，王燚译，中国法制出版社2008年版，第265~273页。

〔2〕 史尚宽：《债法总论》，中国政法大学出版社2000年版，第814~821页。

〔3〕 崔建远：《以物抵债的理论与实践》，载《河北法学》2012年第3期。

〔4〕 房绍坤、严聪：《以物抵债协议的法律适用与性质判断——最高人民法院(2016)最高法民终484号判决评释》，载《求实学刊》2018年第5期。

〔5〕 夏正芳、潘军锋：《以物抵债的性质及法律规制——兼论虚假诉讼的防范》，载《人民司法》2013年第21期。

〔6〕 史尚宽：《债法总论》，中国政法大学出版社2000年版，第814~815页。

〔7〕 黄耀文：《再论以物抵债行为的性质与效力》，载《江西财经大学学报》2020年第2期。

接履行的情形在实践中较少发生，相反，双方仅达成以物抵债合意但并未履行的情形较多，此点无法为传统民法上的代物清偿所涵盖；另外，传统民法上的代物清偿定性为实践合同，倾向于保护债务人的"反悔权"，不利于平衡当事人利益。

（二）以物抵债协议不宜定性为实践合同

若以物抵债协议定性为实践合同，则当事人达成以物抵债协议，却未完成标的物交付或登记的，以物抵债协议对当事人无拘束力。支持"实践合同说"的学者认为以物抵债为传统理论中的代物清偿，且即使采纳"实践合同说"亦不影响债权人的利益，因双方当事人达成合意后，债务人反悔，债权人仍可按照原债权债务关系进行诉讼。[1]

《中华人民共和国民法典》（以下简称《民法典》）第 483 条规定，除法律另有规定或当事人另有约定，合同自承诺生效时成立，即确立"诺成合同为主，实践合同为辅"的原则。其中，实践合同源于罗马法，以"无借则无还"的朴素思想为基础，此类契约多为无偿契约，为使无偿给付方不受单纯允诺所拘束，赋予其悔约权。承继罗马法立法思想，我国法律明确规定借用合同、自然人之间的借款合同、保管合同、定金合同为实践合同，使出借人、寄存人等在交付标的物前保有慎重考虑的机会，授予其"反悔权"。就以物抵债而言，"湖北江山重工有限责任公司与襄阳华康投资有限公司房屋买卖合同纠纷案"[2]一案的终审判决书明确坚持以物抵债的实践性特点，认为将以物抵债协议定性为实践合同，可以令债务人在达成合意后标的物实际交付前再次理性评估利弊，保有"反悔权"，以此避免可能给债务人造成的不利。即司法实践认为，将以物抵债定性为实践合同，赋予债务人"反悔权"，债权人在无法请求债务人履行债务时，可以依照原债权债务关系进行诉讼，保护债务人的同时，

---

〔1〕 夏正芳、潘军锋：《以物抵债的性质及法律规制——兼论虚假诉讼的防范》，载《人民司法》2013 年第 21 期。

〔2〕 湖北江山重工有限责任公司与襄阳华康投资有限公司房屋买卖合同纠纷案，湖北省襄阳市樊城区人民法院（2019）鄂 0606 民初 417 号民事裁定书。

也不会伤害债权人和第三人的利益。

但笔者认为将以物抵债定性为实践合同不利于保障债权人实现债权，实践中"当事人达成以物抵债协议与实际履行之间存在间隔"〔1〕，订立与履行同时完成的情形很少见，将以物抵债协议定性为实践合同引发一个问题，即在没有完成替代给付的提出和受领之前，双方达成的以物抵债协议不具有拘束力，债权人仅可要求债务人履行旧债务，无法请求债务人履行新债务。如，在最高人民法院指导性案例"汤某、刘某某、马某某、王某某诉新疆鄂尔多斯彦海房地产开发有限公司商品房买卖合同纠纷案"〔2〕中，债务人在债务履行期届满后无力偿还部分债务，故与债权人签订房屋买卖合同，以全部借款本息抵顶部分购房款，但债务人拒绝履行房屋买卖合同，债权人将债务人诉至法院。此时，若将以物抵债协议定性为实践合同，因债务人尚未将房屋交付债权人，导致案涉房屋买卖合同无法成立，债权人无法请求债务人履行房屋买卖合同，则债权人丧失通过履行买卖合同的方式及时实现债权的利益。综上所述，以物抵债协议定性为实践合同不利于平衡当事人利益。

另外，"实践合同说"损害合同自由原则。虽然民事主体的自由是有限制的自由，受到公共利益（包括弱势群体的利益）限制，〔3〕但针对以物抵债协议而言，当事人达成以物抵债协议时，原债权债务关系已经成立，债务人获得债权人的标的物，此时债务人并不因贫困或者其他原因处于弱势地位，不足以限制合同自由。当事人达成以物抵债协议，目的是消灭旧债，"实践合同说"却明确在标的物交付前以物抵债协议不成立。如果仅因保护债务人利益，对合同成立自由予以限制，将与倡导合同自由的价值体系相矛盾。

---

〔1〕 刘琨：《以物抵债协议不宜认定为流质契约》，载《人民司法》2014年第2期。

〔2〕 汤某、刘某某、马某某、王某某诉新疆鄂尔多斯彦海房地产开发有限公司商品房买卖合同纠纷案，载《最高人民法院公报》2017年第6期。

〔3〕 王利明主编：《民法》（第8版·上册），中国人民大学出版社2020年版，第42~44页。

（三）以物抵债协议宜定性为诺成合同

在我国，实践合同必须有法律特别规定，但是法律并未明确以物抵债协议属于实践合同，则原则上以物抵债协议属于诺成合同。[1]因此，除当事人明确约定以债权人受领标的物作为成立要件外，以物抵债协议为诺成合同，自当事人意思表示一致即成立。

另外，采"诺成合同说"有利于实现当事人之间的利益平衡。首先，以物抵债采"诺成合同说"，协议自当事人意思表示一致时成立，按照新债与旧债的关系，以物抵债及协议可能构成债之更改或是新债清偿。相反，采"实践合同说"，因债务人交付标的物时，合同成立，此时债务已得到清偿，则不存在新债与旧债并存的现象。其次，以物抵债协议一般采取"新债清偿"理论，"通州建总集团有限公司与内蒙古兴华房地产有限责任公司建设工程施工合同纠纷上诉案"中，最高人民法院表明，债务人和债权人在债务清偿期届满后达成的以物抵债协议，可能构成债的更改或是新债清偿。[2]换言之，在以物抵债协议达成后，最高人民法院将新债与旧债的关系归属为债的更改或新债清偿。其中，就债的更改而言，是指"因使成立新债务，而使旧债务消灭之契约"。[3]在考察当事人是否具有"更新意愿"时，学说上经历了从客观要件向主观要件的转变，强调当事人之间的"更新意愿"，即债之更改的成立，必须具备新债成立，旧债消灭的意图。[4]如果当事人在设立新债时没有明确宣布这一"更新意愿"，则会产生旧债并未被更新的效果。《德国民法典》第 364 条第 2 款规定："债务人为清偿债务对债权人承担新债务，若

---

〔1〕 司伟：《债务清偿期届满后的以物抵债纠纷裁判若干疑难问题思考》，载《法律适用》2017 年第 17 期。

〔2〕 通州建总集团有限公司与内蒙古兴华房地产有限责任公司建设工程施工合同纠纷上诉案，最高人民法院（2016）最高法民终 484 号民事判决书。

〔3〕 史尚宽：《债法总论》，中国政法大学出版社 2000 年版，第 825~828 页。

〔4〕 刘敏：《新债与旧债的关系：以物抵债适用规则研究》，载《华南理工大学学报（社会科学版）》2018 年第 3 期。

存在疑义时，不得认为债务人承担该债务以代替清偿。"[1]可见，在德国的"为清偿的给付"中，原债权并不消灭，债权人应当从为清偿之目的而交付于自己的标的物上获得清偿。如债权人获得清偿，则旧债务消灭；如债权人未获清偿，则债权人有权就原债权请求清偿。另外，其他大陆法系国家或是英美法系国家对新债清偿协议的解释规则具有高度的一致，如《法国民法典》第1273条规定："债之更新不得推定，进行债之更新的意思，应在文书中有明白表示。"因此，结合债之更新和新债清偿理论，若当事人对新债与旧债的关系存在争议，应以遵循当事人的意思自治为原则，当事人在代物清偿协议中明确约定旧债消灭时，则代物清偿协议为债之更改，但当事人并未约定或无法确定有此约定，应认定新债务未履行前，旧债务仍不消灭，即新债与旧债并存，换言之，以物抵债协议的性质认定一般采"新债清偿"理论。最后，因以物抵债协议采纳"新债清偿"理论，则当事人达成以物抵债协议后，新债与旧债并存。对于债务人而言，存在多种清偿债务的方式，若因以物抵债协议的成立与履行之间的时间较长，标的物价值存在重大变化，债务人可以作为自己利益的最佳判断者，选择履行新债或是旧债；对于债权人而言，旧债不因新债的成立而消灭，旧债的担保也相应存在，有利于保障债权人实现债权。

《九民纪要》中债务履行期届满之后达成的以物抵债协议的性质界定为诺成合同毋庸置疑，但是对债务履行期届满之前形成的以物抵债协议的性质界定仍需仔细评析与解读。如前所述，债务履行期届满之前达成的以物抵债协议采"实践合同说"存在缺陷，"诺成合同说"更为适宜。学界中对于以物抵债协议的性质认定存在部分否定说，即应当按照司法实践中发生的具体情况进行分析与论断来认定以物抵债协议是实践合同或者诺成合同，其中学者的主要理由：①概念上，代物清偿仅是以物抵债中的一类，由此不可以代物清偿协议属

---

[1] [德]迪尔克·罗歇尔德斯：《德国债法总论》（第7版），沈小军、张金海译，中国人民大学出版社2014年版，第144页。

于实践合同为基础，认定以物抵债协议全部属于实践合同；[1]②法律未明确规定以物抵债协议属于实践合同或是诺成合同，则应该从有利于实现当事人的合法权益，贯彻意思自治原则立场出发，类推适用有关法律规定，若无类推，则援用公平原则等基本原则予以裁判。[2]笔者认为，即使存在学者认为以物抵债协议可根据不同情况分别界定为诺成合同和实践合同，但是如《民法典》第483条规定，除法律另有规定或者当事人另有约定，合同将定性为诺成合同。若在以物抵债协议中，双方当事人明确该合同自债务人交付标的物起成立，则以物抵债协议是实践合同，否则，如上所述，以物抵债协议定性为诺成合同更合理。其次，债务履行期间届满之前达成的以物抵债界定为诺成合同，根据《民法典》第502条规定，依法成立的合同，自成立时生效，但是法律另有规定或者当事人另有约定的除外。《九民纪要》仅是以物抵债的裁判规则，不是法律或者司法解释，其无权规定债务履行期间届满之前达成的以物抵债协议无效，若此时的以物抵债协议未违反法律的禁止性规定，在认定以物抵债协议的性质是诺成合同的基础上，以物抵债协议成立则生效，不存在成立但无效的情形。

（四）债务履行期间届满之前达成的以物抵债与自然之债的关系

《九民纪要》第45条规定，债权人与债务人在债务履行期届满前达成以物抵债协议，若标的物尚未交付债权人，其应当根据原债权债务关系提起诉讼，因此种情况不同于《九民纪要》第71条规定的让与担保。有学者认为《九民纪要》第45条在提出"履行期届满前以物抵债"概念基础上，否认它的拘束力，债权人只能根据原债关系提起诉讼而不能主张抵偿物，此时的以物抵债协议只产生自然之债的效果，即债务人不履行时，债权人不能请求法院强制执行，

---

〔1〕 司伟：《债务清偿期届满后的以物抵债纠纷裁判若干疑难问题思考》，载《法律适用》2017年第17期。

〔2〕 崔建远：《以物抵债的理论与实践》，载《河北法学》2012年第3期。

债务人自愿履行，则不得请求返还。[1]

债务履行期届满前达成的以物抵债协议是不是自然之债？所谓自然之债，罗马法学家用"自然债"指称在市民法上没有诉权的债。[2]自然之债虽然符合债的本性，但因债之主体不是市民，不属于市民法调整的范围之内，在一定程度上减弱债的效力，即债权人不具备请求债务人履行的权利。笔者认为，对于自然之债，债权人与债务人之间的约定具备债因，而非不当得利，但仅是因债因比较弱，无法上升到法定之债的地位。但是，根据契约自由原则，任何一方的许诺都会产生相应的义务，只要合同未被宣告无效或者被撤销，则应当履行义务。在债务履行期间届满之前达成的以物抵债协议是以当事人的意思表示为基础，同时"债因"是当事人之前达成的旧债，则债权人有权获得标的物清偿，债务人有义务交付标的物，清偿旧债。但是《九民纪要》第45条明确弱化债务期间届满之前达成的以物抵债协议的效力，提供有限的法律保护，即在债务人尚未交付标的物时，债权人无权请求债务人履行债务，但是若债务人交付标的物时，则债权人可以保有而非为不当得利。那么《九民纪要》是否可以对债务履行期间届满之前达成的以物抵债协议实施国家的强制性干预，弱化以物抵债协议的效力？《九民纪要》为全国法院针对司法实践中相关疑难问题，如何开展审判工作制定的统一裁判规则，其不是法律或是司法解释，无相关法律依据，其不可随意弱化相关协议的法律效力。

总之，《九民纪要》中以物抵债的性质被认定为诺成合同，债务履行期间届满之前达成的以物抵债协议不是自然之债。因此，笔者认为，虽《九民纪要》第45条为区分以物抵债与让与担保，令债务履行期间届满之前达成的以物抵债协议产生自然之债的效果。但如前所述，《九民纪要》为明确当事人的目的，以"履行期满"为基

---

〔1〕 肖俊：《以物抵债裁判规则的发展趋势与建构方向——2011—2019 年最高人民法院审判经验的考察与分析》，载《南大法学》2020 年第 1 期。

〔2〕 李永军：《以自然之债理论对最高法院关于民间借贷司法解释的解读》，载《中国政法大学学报》2016 年第 1 期。

础，划分以物抵债，结合当事人的目的以及新债与旧债之间的关系，足以将以物抵债与担保相区分，无须依赖弱化以物抵债协议的法律效力这一路径。

五、结语

本文结合最高人民法院审判经验的发展趋势，明确《九民纪要》关于以物抵债的争议问题认定。首先，明确"履行期届满"要素存在合理性，其结合当事人的目的，区别履行期届满前达成的以物抵债协议与让与担保，将担保排出以物抵债的范畴。同时，债务履行期间届满之前达成的以物抵债本身不同于让与担保，如当事人达成的以物抵债协议以清偿为目的而不是担保，另外，新债与旧债之间的关系为并存关系而不是主从，债权人可以无需经过清算程序，直接请求债务人交付标的物。最后，以物抵债协议不同于传统民法上的代物清偿，应定性为诺成合同，平衡债权人与债务人的利益，实现合同自由原则。

（初审：高艺恒　黄秋莹）

法定代表人越权担保下表见代表的解释基础

—— 简评《民法典》第 504 条的适用

史一楠*

◆┈┈

内容提要：法定代表人越权担保行为之效力认定及第三人保护问题，历来聚诉不休。既有的规范限制说、目的限制说各有不足，均难厘清此难题。而在"代表权内部限制说"与"代表权法定限制说"之争中，前者因违背基本法理而无法适用于实际，于是本文立足于后者，在考察类推适用代理制度的合理性基础上，将代理权的范围、代理权的内部限制之区分，与法定代表人代表权的法定限制、约定限制之区分予以妥善对应，使得法定限制中特殊事项的权利划分成为平衡公司利益与交易安全、便捷的利器。在此解释基础上，作为越权担保请求权基础的《民法典》第 504 条应解释为类推适用表见代理制度，即第三人在尽到一定审查义务时才能被推定为善意。

关键词：法定代表人　越权担保　区分理论　法定限制　表见代表

一、问题的提出

目前司法实践中法定代表人越权担保的案件虽适用《中华人民共和国民法典》（以下简称《民法典》）第 504 条[1]〔对应《中华

---

* 史一楠，华东政法大学法律学院 2019 级民商法学硕士研究生。

〔1〕《民法典》第 504 条：法人的法定代表人或者非法人组织的负责人超越权限订立的合同，除相对人知道或者应当知道其超越权限外，该代表行为有效，订立的合同对法人或者非法人组织发生效力。

人民共和国合同法》（已失效）第 50 条〕的规定进行判决，但对"知道或者应当知道"的判断常出现分歧。例如，在"福建香樟林房地产开发有限公司、叶某某企业借贷纠纷案"中，法院认为担保函系由法定代表人持章所盖，该行为足以让善意第三人取得该意思表示可以代表公司的信赖利益，故而认定担保行为有效。[1] 而有的法院则认为善意要以一定的审查义务为前提，只是审查义务的范围无需过于严苛，审查股东会决议、董事会决议或者二者中一个即可。[2]由此观之，在不同法院的判决之中，存在"无条件推定善意"与"尽有限审查义务"两种判决模式，产生了一定分歧。

事实上，法定代表人越权担保纠纷引发的争议，即如何平衡公司自身的财产权益的保护与交易安全、便捷，不仅存在于司法实践中，而且在学术上也争论已久。[3] 究其原因，主要系越权担保法律效果的缺失。《中华人民共和国公司法》（以下简称《公司法》）主要旨在规范公司内部治理，保障公司的持续经营。观其相关条文，多数旨在安排公司内部机构的设置和职权划分，如《公司法》第 16 条、第 121 条对公司担保、上市公司的特别事项中公司内部决议的

---

〔1〕 参见福建香樟林房地产开发有限公司、叶某某企业借贷纠纷案，福建省福州市中级人民法院（2017）闽 01 民申 176 号民事裁定书。更多近似观点，参见江苏银大科技有限公司与中建材集团进出口公司担保合同纠纷上诉案，何波：《公司法定代表人越权对外签署的担保合同的效力》，载《人民司法·案例》2011 年第 12 期；许某某诉金烁置业公司、汪某某等公司为其股东提供担保效力认定纠纷案，江苏省高级人民法院（2014）苏商终字第 00472 号民事判决书；南通隆达置业有限公司诉祝某某等民间借贷纠纷案，浙江省衢州市中级人民法院（2016）浙 08 民终 941 号民事判决书。

〔2〕 参见兴业银行股份有限公司长春分行与相某某、肖某某、长春高新房地产开发有限责任公司借款合同纠纷案，吉林省长春市南关区人民法院（2018）吉 0102 民初 1607 号民事判决书；杨某与四川三洲特种钢管有限公司、储某某民间借贷纠纷案，四川省成都市中级人民法院（2019）川 01 民初 7034 号民事判决书。

〔3〕 一种观点认为：越权担保的效力取决于《公司法》第 16 条的规范性质，参见赵德勇、宋刚：《关于公司对外担保的法律问题》，载《理论探索》2007 年第 2 期；胡光宝主编：《〈中华人民共和国公司法〉释义及适用指南》，群众出版社 2005 年版，第 84、475 页。另一种观点认为：越权担保应以《民法典》第 504 条（对应《合同法》第 50 条）的理解适用为中心，参见沈晖：《背离公司担保决议规制的法效果——分析路径的困境与出路》，载《南京大学法律评论》2011 年第 2 期；高圣平：《公司担保相关法律问题研究》，载《中国法学》2013 年第 2 期。

有权主体作出要求，即仅股东大会或董事会才有权限为之，而没有涉及具体的法律效果。于是，当公司法定代表人越权担保导致与外部相对人发生纠纷时，单依靠《公司法》及目前的司法解释难以判断合适的请求权基础究竟为何，也无法确定越权时法律行为的效力。

《民法典》颁布后，基于《民法典》的总体统筹作用，在商事领域缺乏有效对应规范的情形下，应当适用或参照适用《民法典》中的规定。我国《民法典》第 504 条规定了法定代表人越权代表行为的效力，但是即便如此，如上述案例所示，在实践中对该条如何具体适用于越权担保仍有不同观点，学术界对第 504 条的理论基础及解释也同样存有争议。[1]本文将从代理制度中的区分理论入手，为商法领域中法定代表人越权担保问题建立统一的解决路径，建构合体系的解释基础，并在此之上简要分析《民法典》第 504 条的适用。

二、对现有学说之反思

学界对法定代表人越权这一问题讨论颇多，贡献了多种解释的路径，主要有规范限制说、目的限制说、代表权限制说这三种学说，其中"代表权限制说"又存在"代理权不受限制说"和"代理权受限制说"的学说分立。但现有的三种学说或存在解释论上的不足，或存在立法论上的龃龉，因而难以达致"事实与规范之间"的融贯性要求。

（一）"规范限制说"之不足

规范限制说认为越权法律行为的效力取决于相关法律规范的性

---

〔1〕 不同观点，参见李建华、许中缘：《表见代表及其适用——兼评〈合同法〉第50 条》，载《法律科学（西北政法学院学报）》2000 年第 6 期；何波：《公司法定代表人越权对外签署的担保合同的效力》，载《人民司法·案例》2011 年第 12 期；朱广新：《法定代表人的越权代表行为》，载《中外法学》2012 年第 3 期；杨代雄：《公司为他人担保的效力》，载《吉林大学社会科学学报》2018 年第 1 期；吴越、宋雨：《公司担保合同中善意相对人认定标准研究——基于〈民法总则〉对〈合同法〉50 条之扬弃》，载《社会科学研究》2018 年第 5 期；刘俊海：《公司法定代表人越权签署的担保合同效力规则的反思与重构》，载《中国法学》2020 年第 5 期。

质。根据《最高人民法院关于适用〈中华人民共和国合同法〉若干问题的解释（二）》（已失效）第 14 条的规定，违反效力性强制规范的法律行为无效。根据这一学说的观点，法定代表人越权担保的法律行为发生后，首要的是判断《公司法》中相应的规制条文属于效力性强制规范抑还是管理性强制规范。若属前者，越权作出的担保一律认定无效；若属于后者，则应当认定为有效。

规范限制说的不足之处有三点：

第一，将强制规范的划分径直适用于私法内部的合理性存疑。[1]私法中对内容界限的逾越（如公序良俗的违反）才存在强制规范违反无效的问题，而对处分权的逾越属于私法内部的界限，二者不可相提并论。越权代表本出于公司内的职权划分，引发的争议也仅涉及私法主体之间的法律关系，将公法与私法间并不相通的强制性规范作为此类问题的解决路径，有违整体法律体系。

第二，规范限制说存在循环论证的嫌疑。[2]为了探求违反某一具体规范是否会直接导致法律行为无效，在判断该规范的性质时，又以违反某一具体规范是否影响法律行为之效力为标准。这样一来就形成了"无效→属于效力性强制规范→无效"的逻辑链条，陷入了自说自话的困境。

第三，法律效果之判定过于刚性。[3]在此类越权行为下，如果单以规范性质作为判断越权行为效力的唯一标准，以章程之限制否定外部交易的效力，会导致公司内外部关系的界限模糊，没有考虑到商事交易中善意相对人的保护问题。比较法上显然注意到了这一问题，在解决这类问题时，英美法的禁反言原则、大陆法中类推适用代理规则，都是为了避免一刀切做法下无法平衡公司利益与确保

---

[1] 参见苏永钦：《以公法规范控制私法契约——两岸转介条款的比较与操作建议》，载《人大法律评论》2010 年第 1 期。

[2] 高圣平、范佳慧：《公司法定代表人越权担保效力判断的解释基础——基于最高人民法院裁判分歧的分析和展开》，载《比较法研究》2019 年第 1 期。

[3] 参见苏永钦：《以公法规范控制私法契约——两岸转介条款的比较与操作建议》，载《人大法律评论》2010 年第 1 期。

交易安全、便捷的弊端。

（二）"目的限制说"之缺陷

目的限制说认为判断越权代表行为的效力要从具体规范入手，通过目的解释进行法律效果的司法续造。支持该说的部分学者认为，第16条的根本目的在于治理现实担保中的乱象、降低法定代表人越权担保的发生率。而达到这一目的的最佳行为范式乃是法定代表人在自身权限范围内代表公司与第三人签订担保合同，第三人对法定代表人是否超越权限负有一定的审查义务。[1]实践中却与之相反，大部分的法院认为，第16条的目的仅系对公司章程就特别事项如担保作出指示，因此公司章程对此类事项设置的权限和程序只是内部规范，不具有对世的效力。[2]由此观之，目的限制说并不能很好地化解司法裁判说理的分歧。

易言之，二者同样以目的为出发点，却推导出了不同的法律效果，这一分歧暴露了目的限制说的两个缺点：

第一，规范目的的认定难以统一。分歧之下的各方观点都没有展示出能够压倒另一方的说服力，容易让人产生各有其理的感觉。耶林在其著作《法律中的目的》中指出"目的是所有法律的创造者"，之后由于"目的解释"的滥用引起了人们对"目的因素"的检讨，尤其牵涉两个冲突利益的适当保护时，法律目的必须"升级"以合理地兼顾到它们。[3]但是，目的限制说局限于片段式的价值主张，没有建构起统一的内在体系。

第二，存在解释方法适用顺位的跳跃。目的限制说主张，在目的解释后通过类推适用无权代理的规则，进行法律效果的漏洞填补以构造解决路径。这种忽视其他，径直以目的解释得出结论的解释方法的可靠程度有待商榷，并因"目的"的不确定性而容易危及法

---

〔1〕 吴飞飞：《公司担保合同行为的最佳行为范式何以形成——公司越权担保合同效力认定的逆向思维》，载《法学论坛》2015年第1期，第63页。

〔2〕 陈冲、丁冬：《公司对外担保效力问题研究——基于司法裁判的分析与反思》，载《金融法苑》2011年第2期，第130~149页。

〔3〕 黄茂荣：《法学方法与现代民法》（第5版），法律出版社2007年版，第282页。

的安定性。[1]与此同时，因《公司法》中此类条文不下一二，目的限制说仅在某一具体规范的层面上展开讨论，缺少较直接的、可统一适用的学理基础，不利于对日后类似问题的解决。

（三）代表权限制说内部之争

代表权限制说以《民法典》第504条为出发点，从对法定代表人权利限制的性质入手，为法定代表人越权行为建立统一的解决路径，又结合商事法自身的特点如强调交易安全、交易便捷，进一步对该条文进行适用上的解释。而根据对限制性质的观点不同，学说又分为两种观点：

第一种观点是"代表权内部限制说"。该说认为，第504条的基础是法人内部关系与外部关系的区分理论。法定担保人对外提供担保的限制属于公司章程的内部约束，法定代表人提供担保时是否越权与相对人无关，相对人被法律完全推定为善意之人。[2]法人只有证明相对人是恶意时，才能主张合同法律效果不归属于自己。在这一观点下，相对人不负有审查决议的义务。第二种观点是"代表权法定限制说"。该说则认为法定代表人的担保权自始受到限制，越权担保中只有相对人查看了法律规定应当出具的相关决议时，方具备可归责于法人的权利外观，类推适用表见代理的规则，此时相对人的交易安全才能够得到保护。[3]

二者最大的不同之处在于对法定代表人对外担保限制的认识不同。前观点认为对法定代表人对外担保权的限制属于公司的内部限制，除非相对人明知，否则不能对抗第三人。对外担保规定于《公司法》第16条，对该条进行反面解释即可以得出，法定代表人不具有对外提供担保的权限。任何人在法律一经公开后即被推定知悉法律内容，正所谓"不知法不免责"。而前观点却在该条存在的前提

〔1〕 参见雷磊：《法律方法、法的安定性与法治》，载《法学家》2015年第4期。

〔2〕 朱广新：《法定代表人的越权代表行为》，载《中外法学》2012年第3期。

〔3〕 不同观点，参见李建华、许中缘：《表见代表及其适用——兼评〈合同法〉第50条》，载《法律科学（西北政法学院学报）》2000年第6期；周伦军：《公司对外提供担保的合同效力判断规则》，载《法律适用》2014年第8期。

下，无条件地推定相对人为善意，这一做法虽然保全了交易安全，却违背了基本的法理。

相较之下，"代表权法定限制说"则认为法定代表权存有一定的权限范围的限制，法定代表人越权时存在构成表见代理的适用空间，相对人是否能得到保护，取决于其是否具备一定的权利外观。该说更具合理性，是名副其实的"代表权限制说"。另《全国法院民商事审判工作会议纪要》（以下简称《九民纪要》）虽并非法源，但其中的规定可以反映出实务中的裁判态度，从对外担保一节来看，其也更倾向于有条件地推定相对人为善意。但毕竟，代表与代理之间，还存在着构成要件与效力归属的区别。[1]因此，如何跨越此种区别，便是能否"峰回路转"从而适用该说之关键。

初步看来，"代表权法定限制说"符合法人机关越权的处理路径，并以我国法上发展较为完善的代理制度作为突破点，为法定代表人越权行为提供了统一的解释路径。同时，在我国民商合一的立法体制之下，这一学说关注到了商事立法规范的缺乏，能够促使民法与商法进一步衔接，最大化地发挥了《民法典》的统领功能。

三、以代理为核心的解释路径之重构

（一）法人实在说下代理路径构造的可能性

理论上关于法定代表人与法人之间的关系有两种不同的学说，分别是法人拟制说和法人实在说。通说认为，我国采纳法人实在说中的组织体说，[2]认为法人人格的正当性在于它的事实存在。[3]基

---

〔1〕 就构成要件而言，代表人与被代表的主体之间是同一个民事主体；代理人与被代理人是两个民事主体间的关系，是两个独立的民事主体。就效力归属而言，代表人实施的民事法律行为就是被代表的主体实施的民事法律行为，因此不存在效力归属问题；代理人从事的法律行为不是被代理人的法律行为，只是其效力归属于被代理人。

〔2〕 梁慧星：《民法总论》（第4版），法律出版社2011年版，第120页。

〔3〕 谢鸿飞：《论民法典法人性质的定位——法律历史社会学与法教义学分析》，载《中外法学》2015年第6期。

于不同的法人学说，在与第三人法律关系的问题中，分别对应法定代表人的代理说和代表说。比较法上，采纳法人拟制说的国家，如德国、英美、日本，在解决法人机关越权问题时均适用代理制度解决。[1]

法人拟制说之所以需要采用代理构造，是因为机关的行为与法人的行为具有独立性，必须借助代理制度的归属原则才能使行为的法律效果由法人承担。但是在法人实在说下，法人不仅具有权利能力，而且具有行为能力。法人通过内部组织机关形成意思表示，无需再借助代理制度使法律效果归属于法人。这一层面上法人与代表人是一个人格，虽名二而实一，不存在两个主体[2]。因此按照传统理论，即使代表人超越权限，其责任也应由法人承担，才有法人实在说无需另行架设代理制度一说。

代表理论的同一主体、同一人格的逻辑只能解释部分现象，却不能解决代表制度面临的所有问题。[3]在促进商业便利性的同时，我国单一的法定代表人制度也带来了不少弊端。在法定代表人与法人利益发生冲突时，因为缺少对权力的限制，导致损害法人利益的情形时常发生。为弥补法定代表人制度的不足，法律对法定代表人的权限进行了限制。在代表权限被法律所限制时，法律行为的效力无法如原先实在说下一般自然而然归于法人承受。此时法定代表人需要特别授权，才能使实施的法律行为归属于法人。于是代理制度在这一情况下拥有了在法人实在说中适用的必要性。且在受到限制时，代表人的权限总是小于法人的权利能力范围，此时就必须面对交易安全与第三人信赖保护的问题。除归属功能之外，代理中外观主义的运用能够在法定代表人超越法定权限的情况下，保护尽到合理注意义务的相对人，平衡交易安全与法人的利益，弥补法人实在

---

[1] 参见《德国民法典》第 26 条：董事会在裁判上与裁判外代表团体，董事会具有法定代理人的地位。

[2] 梁慧星：《民法总论》（第 4 版），法律出版社 2011 年版，第 130 页。

[3] 殷秋实：《法定代表人的内涵界定与制度定位》，载《法学》2017 年第 2 期。

说仅具有归属功能的缺陷。故有学者认为代表和代理在效力归属方式上的区别仅具有表面性和形式性，代表理论中无法完全消灭两个独立主体资格的现实原因使得二者并没有实质差别。[1]这一观点在比较法上也可得到印证。韩国同样采用法人实在说，也存在代表与代理的区别，但是法律并未对代表进行特别规定，而是参照适用代理制度的规则。[2]

从反面来看，法人拟制说和法人实在说的区别并不会导致在适用代理制度上的分歧，忽略概念层面上关于法人本质的争议，代表人其实也是代理人。[3]虽然在本质构造层面，法人实在说与法人拟制说大相径庭，各国采用了不同的学说，但为了满足现实社会发展的需要，在具体问题的处理上它们的态度却变得一致。以侵权责任为例，从法人拟制说之本质出发，不法行为不能够被代理，受害人只能请求具体的行为人承担责任，这一做法显然不符合法律的公正要求，故即使是采法人拟制说的国家也承认法人具有侵权行为能力。[4]由此观之，学说的不同，并不会必然导致代理制度的不可适用。制度设计时，应首要考虑实践的需要而不是理论的逻辑要求。[5]

法人的本质理论构造并不妨碍代理制度的类推适用，代表与代理在构成要件和效力归属层面的区分，在代表越权行为类推适用表见代理的问题之中，并不构成阻碍。因此在中国法的法人实在说语境下，越权代表可类推适用代理制度的规定。

（二）代理权范围与内部限制之厘清

自拉班德（Laband）发现代理制度中授权行为的无因性以来，除

---

〔1〕 殷秋实：《法定代表人的内涵界定与制度定位》，载《法学》2017 年第 2 期。

〔2〕 《韩国公司法》，吴日焕译，中国政法大学出版社 1999 年版，第 62 页。

〔3〕 杨代雄：《公司为他人担保的效力》，载《吉林大学社会科学学报》2018 年第 1 期。

〔4〕 相关规定例如《德国民法典》第 31 条、《日本民法典》第 44 条。参见蔡立东：《论法人之侵权行为能力——兼评〈中华人民共和国民法典（草案）〉的相关规定》，载《法学评论》2005 年第 1 期。

〔5〕 蔡立东：《论法人之侵权行为能力——兼评〈中华人民共和国民法典（草案）〉的相关规定》，载《法学评论》2005 年第 1 期。

德国民法学说之外，其他国家如日本成文法之制定受其影响颇深。[1]拉班德的这一理论建立在德国商法典确立的商业代理制度的基础之上。1861 年颁布的《德国一般商法典》（又称"德国旧商法"）将已具有法律效力的商事习惯制定成文，明确法定代理商身份的取得以登记为要件，其代理权限的范围贯彻法定主义，即法定代理商的代理权限涵盖法定代理商营业范围内的一切行为，即使被代理人和法定代理商在协议中对代理权的限制为第三人所明知，也丝毫不影响法定代理商的代理权限。细观，德国旧商法中区分了代理权范围与代理权限制的概念，其中，代理权范围与法律规定有关，属于对代理权自始的范围确定；代理权限制则与内部基础关系有关，属于被代理人对代理权的进一步限制。[2]

后拉班德将委任与代理授权的区别论引入民法中，使之同样成为民法代理的一般原则。此举从法释义学的角度来看具有深刻的意义，通过剥离出抽象的法律概念，建立起民事与商事统一的代理体系，但这也导致德国无因性理论在随后的发展中一直坚持代理与委任分立的观念，认为代理权限属"得为"、基础关系属"应为"。在这种着重强调代理与委任分立的情况下，原本的基础即代理权范围和代理的内部限制的区分被淡化，取而代之的是僵化的、抽象的"得为"与"应为"的概念辨析。

受德国法的影响，继受德国民法的国家或地区也存在同样的问

---

〔1〕 根据拉班德的理论，所谓授权行为，是指依法律行为授予他人代理权限。这种授权行为一般均有基础法律关系的存在，这些基础法律关系有可能是委任，也有可能是雇佣、合伙等具有处理事务性质的法律关系。首先，授权行为与基础法律关系是相互独立的，即基础法律关系决定本人与代理人之间的内部关系，而授权行为决定代理人与第三人之间的外部关系；其次，授权行为相对于基础法律关系而言是无因的，即代理权的授予并不受其基础法律关系的影响，即使基础法律关系不成立或无效，代理权的授予仍然是有效的。参见梅仲协：《民法要义》，中国政法大学出版社 1998 年版，第 139~141 页。

〔2〕《德国一般商法典》具体规定：第一，代理权的范围由法律明文规定，不能加以限制；第二，代理权之范围由法律规定，但仅第三人明知时，代理权之限制方有效；第三，代理权之范围虽以契约定之，但法律推定其范围，对推定范围之限制，仅在第三人明知或可得而知方有其效力；第四，代理权之范围以契约定之，法律亦不推定，第三人须证明代理人有代理权限。

题，将无因性局限在基础关系无效或撤销时授权行为效力是否受影响的问题上，类似于处理物权行为无因性的问题，与拉班德本人提出的委任与代理区别理论有所差距。[1]无因性理论的精华实际上在于代理权的范围与委任中代理权限制的区分。而本人对代理人的代理行为有其他指示，本人不得以其对抗第三人，更像是其附带效果。

这两个不同概念的区分天然地延伸于无因性理论下，然而既有学说几乎对其不作区分，鲜有关于代理权范围与代理的内部限制的讨论，二者概念含糊不清。[2]我国民法学者陈自强教授认为，代理权范围由外部授权行为而定，通过法律行为意思表示解释规则的方法来解决；代理权的内部限制则单指基础法律关系中委托人对受托人作出的指示或者限制，无因性主要在此发挥作用，委托人不得以内部关系之限制来对抗第三人。[3]由于现实生活中，委任的内部指示与授权的限制并非泾渭分明，所以必然会存在代理权范围与代理的内部限制相同的情况。故即使是受外部授权影响的代理权范围，其内容也并非仅能由"得为"一词所涵盖，仍需要通过外部授权的意思表示解释规则来进行判断。

我国没有独立的《商法典》，也不存在专门的商事代理规定，所以民事代理制度自然也适用于商事代理。通说认为，我国采纳了授权行为独立性原则，严格区分了代理权授权行为与委托，代理权产生于独立的授权行为，与委托形成的基础关系并无关系。[4]但由于无因性理论引入民事代理制度后产生了上述重心偏离的问题，导致

[1] 陈自强：《代理权与经理权之间——民商合一与民商分立》，元照出版公司2006年版，第84~85页。

[2] 朱庆育认为授权行为与基础关系的分离，可能影响代理权范围的界定，代理权范围由授权行为界定，但基础法律关系中的约定内容亦可成为授权范围的依据。参见朱庆育：《民法总论》（第2版），北京大学出版社2016年版，第346页。王泽鉴的《债法原理》一书中提及了内部授权与外部授权，但未涉及代理权的范围与代理的内部限制。参见王泽鉴：《债法原理》（第2版），北京大学出版社2013年版，第283页。

[3] 陈自强：《代理权与经理权之间——民商合一与民商分立》，元照出版公司2006年版，第55页。

[4] 梁慧星：《民法总论》（第2版），法律出版社2001年版，第220页。

目前代理的讨论与研究多集中于无因性理论的合理性上，[1]忽视了区分代理权范围与代理的内部限制的重要意义。但是如前所述，这种区分理论诞生于商事交易中，与商事代理有着天然的贴合性，在商事交易中具有重要的意义。而在我国商事专门立法空缺、商事代理发展较为不独立的背景下，《公司法》上的区别理论与商事代理联系较少，自然在我国商法领域也鲜有人进一步分析代理权范围与代理的内部限制的区别及意义，故有必要重塑区别理论在我国商事代理中的重要地位，将其适用于解决目前我国司法实践中法定代表人越权担保的问题。

（三）表见代表下构成要件之内涵

法定代表人越权代表类推适用表见代理之规定，除符合一般代理的要件外，还需要满足表见代理的特别要件，并根据越权代表的内容加以解释。

1. 构成无权代表

根据《民法典》第 61 条第 3 款的规定，法人章程或者法人权力机构对法定代表人代表权的限制，不得对抗善意相对人，一般情况下法定代表人的行为均属于有权代表。但不容忽略的是法律已经明确对法定代表人的担保权限作出限制，运用上述代理权范围与代理权内部限制区分的理论，可以将法定代表人的权限也作出类似划分，本文采纳现有学者提出的概念，即法定限制与约定限制。

具体言之，法定限制是法律出于保护公司、股东的合法权益之目的对法人机构之权利划分作出的安排，其特点为，存在于现行法律中，具有公开性、强制性。法定限制等同于"代理权的范围"，未得法人就此作出特定的授权，法人机构无权在这一范围内行使代表权利。约定限制是指法人章程、董事会决议、股东（大）会决议对法人机构作出的权利限制，这类限制的特点是具有封闭性，不容易为第三人知晓。约定限制取决于公司自身的经营需要，公司可以在

---

〔1〕 殷秋实：《论代理权授予与基础行为的联系》，载《现代法学》2016 年第 1 期；梁慧星：《民法总论》（第 4 版），法律出版社 2011 年版，第 228 页。

法定限制的基础之上视自身的情况通过章程作出对法人机构权利的进一步限制。约定限制等同于代理制度中的"代理权的限制"，法人可自由决定对法定代表人的法定权限加以内部限制。

如何判断《公司法》中哪些条款设置了法定权限是至关重要的。法律经常使用的日常用语与数理逻辑及科学性语言不同，它具有弹性的表达方式，可能会依当时的情况、所指事物、句中的位置等而有不同的意涵，因而需要对条文进行解释。[1]从立法轨迹来看，《公司法》第16条是2005年修订草案第二稿中增设的，系基于全国人大常委会委员和地方、部门、企业提出，公司为他人提供担保时，可能给公司财产带来较大的风险。[2]可见，第16条的根本立法目的在于整治实践中的担保乱象，维护公司利益。只有当第16条发挥前置性程序的作用，为第三人附加审查义务时，才能真正使法定代表人越权代表的可能性降低，而如果仅认为第16条是对公司内部的约束，不涉及第三人，这不仅不符合法律具有公开性、公布的法律推定所有人明知的特点，最重要的是法定代表人越权代表的法律行为仍有效，法人仍需要承担担保责任，这将使得根本的立法目的无法得到实现。另《民法典》第504条中的"应当知道"一词的使用显然使第三人负担了一定的审查义务，体系上将《公司法》第16条理解为法定限制顺理成章。《九民纪要》第17条与《最高人民法院关于适用〈中华人民共和国民法典〉有关担保制度的解释》第7条所体现的司法审判观点，均肯定了《公司法》第16条的法定限制功能。

据此《公司法》第16条的规定属于法律对法人机构的权利划分作出的特别限制。[3]法定限制等同于代理制度中的"代理权的范

---

〔1〕　［德］卡尔·拉伦茨：《法学方法论》，陈爱娥译，商务印书馆2003年版，第193页。

〔2〕　洪虎：《全国人大法律委员会关于〈中华人民共和国公司法（修订草案）〉修改情况的汇报》，2005年8月23日在第十届全国人民代表大会常务委员会第十七次会议上。

〔3〕　根据《公司法》第16条的规定，法定代表人代表公司为其他企业或者他人提供担保时，需要根据章程的规定获得董事会或者股东（大）会的决议，其没有权力单独决定。参见周伦军：《公司对外提供担保的合同效力判断规则》，载《法律适用》2014年第8期。

围"，将特殊事项的决定权从法定代表人的代表权范围中除去，因而法定代表人在擅自对外提供担保时，并不具有代表之权限，属于无权代表。

2. 存在代表权表象

根据《公司法》第 16 条的规定，目前司法实践和学界通说认为，在订立担保合同时，能够构成代表权表象的应当是董事决议或者股东（大）会决议。[1]本文认为，法定代表人提供公司就具体担保事项作出的批准决议即可构成代表权的表象，无须再具体考虑是由董事会还是股东（大）会作出。具体理由如下：

首先，商事交易以便捷、快速为优先目标，而实质审查程序繁杂，不符合通常的商事交易习惯，且第三人身为公司外部人员，难辨信息真假，负担实质审查义务太过沉重，要求第三人做到必要的形式审查即可。在交易成本的考量中，鉴于担保交易关系中被担保人系纯获利益，理应负担较重的审查义务。[2]再者，担保本就是复杂的交易，自应当投入更多的交易成本。为平衡担保中的交易关系，向被担保方分配适当的程序上的注意义务，也是符合《公司法》中资本维持原则和社会责任的考量的。

其次，根据区别理论，法定限制中法律只是将法定代表人的相关权利剥夺，但此权利归属于何种法人机构需由章程进一步具体规定，后者属于约定限制的范畴。既有《民法典》第 61 条约定限制不得影响外部交易的明确规定在前，第三人即不负有查看公司章程来明确此类事项具体权限归属的义务。故第三人只要查阅董事会决议或者股东（大）会决议之一即可，无需再查明相关章程的具体规定。实践中，有法院在判决中认为因有限责任公司的章程不具有对世效

---

〔1〕 司法实践观点，参见《九民纪要》第 9 条；学者观点，参见徐海燕：《公司法定代表人越权签署的担保合同的效力》，载《法学》2007 年第 9 期；高圣平：《公司担保中相对人的审查义务——基于最高人民法院裁判分歧的分析和展开》，载《政法论坛》2017 年第 5 期。

〔2〕 高圣平：《公司担保相关法律问题研究》，载《中国法学》2013 年第 2 期。

力，故第三人不负有审查义务。[1]我国现行法并未基于有限公司和
股份公司类型的不同，而在二者的章程效力上予以区分。同时，在
立法论抑或解释论上也难寻此种做法的合理依据。因而所有的约定
限制不应当因为公司种类不同而产生效果上的差异，有限责任公司、
股份有限公司的章程均无法产生对世的效力。

表象之存在由相对人负证明责任。这一点从《民法典》第 504
条中无法直接得出结论，而是表见代理适用之结果。根据《九民纪
要》第 18 条可知，实践中也将此证明责任分配给相对人。

3. 代表权表象属于被代表人的风险范围

对外担保时，在法定代表人实际并未被授予担保权限却向相对
人提供了相关决议的情形中，是因法定代表机关的过错而导致相对
人误以为系争法律行为没有超越代表机关权限。根据风险原则，法
人应当承受法人机关所为的行为后果。当过错系法定代表人过失造
成时，例如法定代表人因疏忽而未留意章程中明确规定对外担保须
由股东会决议，此时法人既选定法定代表人作为其机关，就理应承
受其疏忽带来的风险。法定代表人故意的情形其实与过失情形并不
存在本质上的区别，因为当法人赋予法定代表人身份时，从工商登
记、法人印章到对法人人事和物资的支配，都为法定代表人故意超
越代表权限创造了充分的机会。故意越权代表显然与法定代表人的
地位、权力具有密切关联性。[2]代表人的地位、权力既由法人所赋
予，则越权代表表象的造成应属于被代表人的风险范围。再者，在
风险归责中考察风险由谁承担时，应当考量谁开启了风险、谁更有
能力控制风险的发生、谁有能力转嫁风险等因素。[3]而在越权代表
的情形中，表象的造成通常是因为先前作出的决议内容未收回、未
妥善管理公章等，比起外部的第三人，法人显然更能够实现对法人

---

[1] 中建材集团进出口公司诉北京大地恒通经贸有限公司、北京天元盛唐投资有限
公司、天宝盛世科技发展（北京）有限公司、江苏银大科技有限公司、四川宜宾俄欧工
程发展有限公司进出口代理合同纠纷案，《最高人民法院公报》2011 年第 2 期。

[2] 杨代雄：《越权代表中的法人责任》，载《比较法研究》2020 年第 4 期。

[3] 朱虎：《表见代理中的被代理人的可归责性》，载《法学研究》2017 年第 2 期。

机关的约束和管理，因此法人不能够通过主张自己的"不知情"而将交易风险移转至外部，而应承担风险。

4. 相对人是善意

与民事交易不同，商事交易注重快捷、便利，较高的审查义务会使得第三人不容易满足有理由信赖法定代表人的权利外观，因而上述理论适用于商事交易时，善意的标准要根据商事习惯、部门规章、业务指引等规范进行相应调整。[1]在商事交易之中，第三人并不负有检查公司章程的义务。约定限制的意义在于明确地区分公司的内外部关系，使得外部交易不受内部限制的影响，这也是区别理论的精华之所在。换言之，第三人无论在何种情形下均不负有审查与之交易的公司章程的义务。

在审查董事会或股东会决议时，相对人尽到形式审查的义务即可。至于具体内容，不仅应当包括就特定交易作出的批准决议，同时应当包括公司名称、公章、法定代表人等事项是否与实际情况相符。根据《公司法》的规定，这类事项应当在工商部门进行登记，登记后的信息均已对外公示，方便外部第三人查阅，故并不会额外增加交易费用和难度，不构成对外部相对人的过重负担。[2]

表见代表的内涵确定之后，在此之上可以进一步对《民法典》第504条进行解释。接纳法定限制的概念后，该条中的"权限"一词应作法定限制之解释，范围上包括法律法规中对公司法人机构对外交易的特殊事项作出的权利划分，比如《公司法》第16条、第121条等。故所谓"超越权限"，实际上是指"超越法定的权限"。此时如若法定代表人对外越权提供担保，担保的法律行为属于无权代理。当第三人尽到形式审查义务时，即向法定代表人索要并查看了法定代表人提供的公司就相关特定交易作出的批准决议，同时核

---

[1] 徐海燕：《公司法定代表人越权签署的担保合同的效力》，载《法学》2007年第9期。

[2] 上述仅对商事交易中第三人审查义务进行了一般性概括，是提取最小公因数的结果，实践中可能针对不同的商事行业进一步扩大审查义务的范围。如有学者认为，根据商业银行的商事习惯，甚至应要求商业银行索取公司担保的章程。

对相关信息无误时，可以认为此时法定代表人具有公司授权的外观表象，第三人的信赖属于合理信赖，得类推适用表见代理的规定，越权担保的法律行为有效。故"知道或者应当知道其超越权限"应当作保护范围的反面解释，即第三人没有进行形式审查，或者虽然进行了形式审查但仍然是恶意的。这里的形式审查的内容是指公司就法定限制中的特定交易作出的决议。第三人只有在查看了法定代表人获得的相关决议后，才可认为法定限制下法定代表人权利的缺陷已被弥补。此时，第三人才能被认为是有合理信赖的第三人，应当类推适用表见代理制度的规定，与外部相对人的法律行为有效，该行为对法人发生效力。[1]

综上，将代理权范围与代理权内部限制的区分用于法定代表人越权代表后，二者的构成要件具备可类推性。因此，足以证成在第三人具备合理信赖的场合，《民法典》第504条应采类推适用表见代理的解释路径。而对于未尽到形式审查义务的情形，第504条未有具体规定。《九民纪要》认为，此时担保合同直接无效。这一结论略显仓促，根据上述理论基础，当不满足表见代理条件时应适用无权代理的规定，只有法人拒绝追认时，法律行为才最终确认为无效。

四、结语

在法定代表人越权代表中，既有的规范限制说、目的限制说各有不足，未能从体系上为此难题之解决提供合适路径。为弥补我国法定代表人越权代表中法人和第三人利益平衡制度的不足，本文从整体体系构建入手，在代表类推适用代理制度具有合理性的基础上，将现有学说的法定代表人代表权法定限制、约定限制区分的概念同代理权的范围、代理权的限制一一对应，使得代理制度中的区分理论完整地类推适用于商事代表中，从而能够在现有体系下建立起一个平衡装置，兼顾公司利益与商事交易的安全便捷。

---

〔1〕 当第三人未被认定为有合理信赖时，笔者认为，应当适用无权代理的规定，法定代表人越权签订的合同处于效力待定的状态。如若法人追认了法定代表人的行为，合同转为生效；未被追认时，合同确认不生效力。因非本文探讨之重心，故不对此展开论述。

虽然表见代表与表见代理的内部要件并不完全相同，但本质均是权利外观理论运用的结果，且表见代理的法律效果恰好符合法定代表人越权代表下利益平衡的需要。根据越权代表的内涵，当法定代表人超出《公司法》第16条的规定对外代表法人提供担保时，属无权代表，相对人对法定代表人提供的股东会或者董事会决议进行形式审查后，即可被推定为善意，构成表见代表，担保法律行为对法人生效。自此，代表越权担保类推适用表见代理的路径构造完成。进而，在这一理论下，《民法典》第504条应解释为表见代理适用于代表制度之后的产物，在法定限制与约定限制概念的区分下，"超越权限"应理解为超越法定限制，"知道或者应当知道"即为没有进行形式审查或者明知且恶意的情形。

如此一来，类推适用表见代理的构造为我国实践中法定代表人"私自代表"损害法人利益的乱象提供了合理的处理路径，更重要的是解决了法定限制缺乏效力规定的问题，无需再苦苦徘徊于效力性强制规定与管理性强制规定的认定之间，并与《公司法》第16条作了体系上的衔接。

至此，越权代表的法律行为归属问题已得到较为妥当的解决，但在后续的责任承担上尚存在未解之困境。根据《最高人民法院关于适用〈中华人民共和国民法典〉有关担保制度的解释》第7条的规定，相对人非善意、不构成表见代表的情形下，法人应参照本解释第17条的有关规定向相对人承担赔偿责任。第17条中区分了债权人与担保人存在过错的不同情形，但《公司法》第16条既为法定限制，则无论如何债权人的过错均被推定，未尽到审查义务时推定其主观为明知法定代表人越权，此时法人的过错应当如何认定、如何按照有过错规则分担责任均成为遗留之疑问，留待日后研究解决。

（初审：何舒婷　熊海涛）

有限公司股权转让准用善意取得的制度澄清

——兼论与内部股东优先购买权的冲突

张子帅*

◆--

内容提要：《公司法司法解释（三）》第25、27条为股权准用物权善意取得的参引性规范，其正当性应以目标规范与待决案件是否具有法律评价上的同一性为前提。最高人民法院拟基于外观的形式一致将工商登记与不动产登记簿进行实质关联。但不动产登记簿除了变动模式所赋予的正确性推定外，亦借公信制度拟制了不可推翻的实体权利外观。由于股权变动采纳意思主义，工商登记不仅存在较弱的正确性推定，还存在不可消解的公信拟制障碍，二者之间的准用关联受到学界的诸多质疑。由于不动产登记公信与动产善意取得均系权利外观责任的具体阐发，基于信赖保护的本质，应以外观的可信赖程度确定准用目标。工商登记与动产占有的可信赖程度类似，因此在动产善意取得的准用上存有解释的空间。在具体适用上，应以二者之间的差异对动产善意取得的要件予以修正，尤其是股权对外转让的人合性限制。有限公司的人合性具有规范价值上的优先性，二者的冲突应在合同效力的解释中予以缓和，将股权对外转让的人合性限制以合同效力的停止条件订入合同。"同等条件"的确认具有终局性，从而形成内部市场的价格机制，应当排除善意取得中"合理对价"的要件限制。

关键词：股权转让 善意取得 权利外观责任 内部股东优先购买权

---

* 张子帅（1998—），男，爱丁堡大学2023级LLM，研究方向为民商法学。

一、问题的提出

在股权领域，有限责任公司具有人合性和封闭性的特征，公司的组织结构也并未实现经营权与所有权的分离，因而极其强调股东之间的人身信赖关系。对此，《中华人民共和国公司法》（以下简称《公司法》）对股权转让施加了诸多的人合性限制，公司章程亦可因股东合作的信赖需要而完全封闭股权的对外交易。但股权转让仍然是股东的重要权益。一方面，作为所有人的权利应当享有处分自由，即便公司章程对其予以限制，而能否对抗善意第三人亦非绝对；另一方面，股权转让也能避免持续性交易关系对股东人身产生永久性拘束，是股东实现退股自由的合理渠道。况且，股权作为一项综合性权利本身就具有财产属性，可在交易中实现价值变现。因此，股权转让在实践中多有发生，对于第三人的信赖保护亦为司法实践所关注。

遗憾的是，《公司法》并未对股权转让中善意第三人的保护予以特别的制度设计。因此，《最高人民法院关于适用〈中华人民共和国公司法〉若干问题的规定（三）》（以下简称《公司法司法解释（三）》）第25、27条在股权转让中引入善意取得制度，[1]从而填补了股权领域对第三人信赖保护的空白，此举被学者们赞誉为一项"极具学理分析价值的司法造法的创举"[2]。但该准用规范自其施行以来在学界引起了诸多质疑。有学者从股权的性质出发，认为股权作为一项兼具人身权与财产权的权利束，套用纯粹的财产权制度势必导致有限责任公司的人合性被架空。同时，股权的丧失将使得真实权利人面临比物权人更为严重的权利剥夺（人身权一同失去），

---

〔1〕 该司法解释经过两次修正，第一次修正（法释〔2014〕2号）对条文顺序进行了修正，第二次修正（法释〔2020〕18号）因《中华人民共和国民法典》（以下简称《民法典》）的颁布，对准用对象的规范名称修正为《民法典》第331条，除此之外并未实质改变规范内容。

〔2〕 参见张双根：《德国法上股权善意取得制度之评析》，载《环球法律评论》2014年第2期。

是否适用善意取得也应慎重对待；[1]另有学者则对司法解释所涉的
准用情形与善意取得的要件进行一一对比，指出"股权代持"与
"一股二卖"的情形不属于无权处分，且不存在善意认定的空间，在
对权利外观进行更精细的补正之前即准用善意取得显得过于激
进。[2]诚然，学理上业已意识到股权与物权之间的差异，而对该准
用技术的正当性提出疑问。但法官不能回避此问题而拒绝裁判，善
意取得的适用也满足了司法实践对信赖保护的路径依赖。同时，第
25、27 条的规定只是简单的参引性规范，此种参照是完全的准用，
还是附条件的准用，司法实践存在不同的裁判标准。这导致受让人
的信赖保护丧失明确的预期，更加深对其正当性的质疑。因此，本
文拟从民商法的基本理论以及司法实践的分歧出发，就有限责任公
司股权转让参照适用物权善意取得的不足以及如何修正的问题予以
讨论，以求教于大家。

二、股权准用善意取得的缺陷

《公司法司法解释（三）》第 25、27 条在法技术上属于准用性
规范（或称参引性规范）。准用性规范的正当性在于被征引规范所适
用的案件类型在构成要件、法律效果或者立法目的上与待决的案件
类型存在本质上的相似性，基于"同一事物应当作同一评价"的基
本原则而适用目标规范的构成要件和法律效果，从而实现规范设置
的简约。[3]因此，对该规范技术的正当性评价应当在目标规范（即
《民法典》第 311 条[4]）与待决案件类型（股权转让）之间展开，
探析二者之间是否存在法律评价上的相似性。同时，亦需比较二者
之间的差异以明确准用的界限，是否应当予以限制或者修正，以避

---

〔1〕 参见陈彦晶：《有限责任公司股权善意取得的质疑》，载《青海社会科学》2011
年第 3 期。
〔2〕 参见谭津龙：《中国有限公司股权善意取得的质疑——基于〈公司法解释三〉
及其扩大适用》，载《重庆大学学报（社会科学版）》2019 年第 4 期。
〔3〕 参见黄茂荣：《法学方法与现代民法》（第 5 版），法律出版社 2007 年版，第
172 页。
〔4〕 后文若不特别说明，所有条款均指《民法典》之条款。

免"准用"与"适用"的性质混淆。[1]

（一）不动产与动产善意取得区分的逻辑基础

我国物权善意取得统合了不动产与动产变动的信赖保护，在规范设置上采纳同一构成要件。而在善意取得的母法国（德国）其适用范围仅限于动产，不动产变动中的信赖保护由不动产登记簿的公信规则予以解决，二者的规范基础与适用逻辑界限分明。德国作为大陆法系法典化的典范，为我国的规范设置乃至解释论的展开提供了比较经验的素材。缘于此，我国民法学界对第311条的解释始终存在统合说与区别说的分歧。[2]

是否应当区分不动产和动产，需回归信赖保护的本质，即权利外观责任的阐发。不论是不动产登记簿的公信原则还是动产善意取得均以信赖外观的存在为其基础，没有权利表象便丧失了主观信赖的对象，也就谈不上信赖保护，进而才能够以之为中心对交易各方进行利益衡平。对于失权人，当考虑其对权利外观存在的可归责性，如失权人自己诱发了某种权利表象，或者负有交易上涤除该权利表象的义务却容忍其存在的；而受有利益的一方，要求其尽到交易上必要的注意义务仍信赖这一事实并积极行为。[3]简而言之，真实权利人系因可归责于自己的原因而导致权利表象与真实状态错位的，相对方基于对该表象的合理信赖而作出信赖投资时，应使其处于其所期待的交易地位而受到保护。归责性与善意的认定均系弹性判断，认定标准取决于权利外观的可信赖程度（或权利表征与归属状态联

---

〔1〕 参见刘牲：《民事准用制度的探析》，载《苏州大学学报（哲学社会科学版）》2016年第4期。

〔2〕 统合说立于文义解释，认为立法者抛弃了不动产公信制度而将善意取得的适用扩张至不动产，因此二者的信赖保护统一于同一要件，善意、对价的要件设置对于失权判断也更为谨慎，参见孟勤国、申惠文：《我国〈物权法〉没有承认登记公信力》，载《东方法学》2009年第5期。区别说则认为，二者在信赖外观上存在显著差异，因而无法统一予以适用，不动产登记的信赖保护应归第216、217条不动产登记簿公信推定，第311条受体系强制予以目的性限缩，参见朱广新：《不动产适用善意取得制度的限度》，载《法学研究》2009年第4期。

〔3〕 参见［德］C.W.卡纳里斯：《德国商法》，杨继译，法律出版社2006年版，第401页。

系的松散程度）。[1] 权利外观的一致性程度越高，对于归责性以及善意的判断标准就会随之降低，以此实现利益衡量上的动态平衡。因此，不动产与动产是否应循同一标准取决于二者权利表征的一致程度。

由于物权客体的稀缺性以及使用的可损耗性，要求赋予其对世效力以防止权利的争夺，此种效力显现为非权利人均负有消极的不作为义务。为了划定义务人行动自由的边界，自然就产生了权利表征的需求，也就有了在一般合意的基础上要求权利变动履行特定的公示要件，即不动产登记以及动产交付。由于公示要件与权利变动直接相关，也就产生了对权利归属的正确性推定，由此，可以认为登记与占有的推定力系形式主义变动模式下的必然推论，当然此种推定在程序上可予推翻。[2]

但两者不同的是，动产占有的占有外观以交易事实所形成的自然状态为基础，即占有本身就显现了对权利客体有形的、直接管理控制的支配状态，法律对其一致性予以修正的空间并不多。而不动产登记完全属于人为拟制的权利外观，一致性程度取决于相关的制度设计。德国为保证不动产登记簿的正确性提供了一系列的规范设计：其一，合法性审查原则。要求登记机关对引起权利变动相关事项的有效性，包括当事人主体资格、债权合意、物权合意等，均应予以实质审查。由此避免因基础行为的效力瑕疵而导致的登记错误。其二，程序合意原则。登记机关不能依职权以其查明的权利归属状态主动进行登记，登记程序的启动必须以当事人的一致同意为前提。其三，登记簿连环背书原则。变更登记所涉之权利人必须为当前登记簿上载明的权利主体，未被载于登记簿上的真实权利人径直申请权利转让之变更登记的，登记机构不予支持。正是基于连环背书的登记原则，辅以异议登记制度以修正登记错误的情形，使真实权利

---

〔1〕 参见吴国喆：《债权让与中的受让人保护——以债权善意取得为中心》，载《西北师大学报（社会科学版）》2012年第6期，第26页。

〔2〕 参见［德］鲍尔、施蒂尔纳：《德国物权法》（上册），张双根译，法律出版社2004年版，第63页。

人得以阻断失权的风险，也保证了不动产登记簿的正确性。[1]这一系列规定构成了不动产登记簿的公示公信规则，除了登记机关因职务过失发生登记错误的情形外，登记簿大都能正确表征权利的归属状态，从而产生"纯粹权利外观"的信赖效力。由此，不动产公信制度得以实现可推翻的程序性推定到不可推翻的实体性拟制的转变，从而与动产善意取得相分离。[2]此种拟制具有实体法上不可推翻的意义，但不考虑真实权利人的可归责性：在善意认定上，仅需具备消极的善意，即受让人不知存在登记错误即可；同时，虽以交易行为为其必要（《德国民法典》第816条第2款），但无合理对价的限制，此时合理性的限定不具有善意补足的意义。相反，若仍需就可归责性与善意进行认定，无疑使登记制度所投入的立法成本无法在交易便捷与安全的立法目标上得到满足。因此，德国法区分不动产公信原则与动产善意取得就具有体系逻辑上的正当性。

我国《民法典》第216、217条为不动产登记簿效力的辅助性规范，仅确立了不动产登记簿的推定效力，似乎并无区分对待的体系基础，且物权法在立法时放弃了"不动产登记簿具有公信力"的表达，转而扩张善意取得的适用范围。但是，善意取得的适用扩张不能直接得出不动产登记簿欠缺公信力的结论，况且参与物权法草案制定的学者对于单独设立不动产登记公信规则均无异议[3]。于此，我国亦围绕不动产的权利变动形成了公信拟制的规范群：在权利变动上我国同德国一样，对于物权的权利变动采取了形式主义的变动模式，登记具有设权效力（第209条）；第211条与第212条则确定了登记机构的实质审查原则，如确有必要的实地审查权，并成为登记错误之行政赔偿责任的基础；第220条也植入更正登记与异议登

〔1〕 参见程啸：《论不动产登记簿公信力与动产善意取得的区分》，载《中外法学》2010年第4期。
〔2〕 Wacke / MünchKomm，§892, Rn. 2. 转引自王洪亮：《论登记公信力的相对化》，载《比较法研究》2009年第5期。
〔3〕 参见中国物权法研究课题组：《中国物权法草案建议稿：条文、说明、理由与参考立法例》，社会科学文献出版社2000年版，第156、363页；王利明主编：《中国物权法草案建议稿及说明》，中国法制出版社2001年版，第185、233页。

记制度，其中"经登记簿记载权利人书面同意"意味着登记簿采连环背书的基本原则。如此，若不承认我国对不动产登记簿的公信拟制，上述的规范设置将毫无必要，成为法上的"无物之言"。

否定者则是在规范施行的实然层面提出反对理由，也是善意取得扩张适用的原因。如，某些历史遗留的登记问题（如福建土楼的登记），所面临的是归属确定的困难，而非不动产登记规范本身的问题。况且，随着不动产确权登记的全面展开，将逐步解决农村地区不动产确权所遗留的历史问题，而不动产统一登记的制度改革是以维系不动产登记公信的强度为其核心，[1]并将在体系上影响不动产交易可以适用的制度范围。[2]另外，在婚姻家庭领域，主流观点认为，夫妻因结婚事实形成财产集合体，且以婚姻公示登记取代财产变动的公示登记，因此结婚这一事实将直接发生物权变动的效果。同时，限制法定财产制适用的约定财产契约亦将具有物权的拘束效力。[3]依此观点，婚姻关系的存在将损及不动产登记的公信力。然而，婚姻公示登记取代不动产登记存在技术上的解释障碍，即婚姻登记属于身份登记，并不涉及财产内容，同时婚姻登记不可查询，便谈不上公示效果，于此物权变动说便不具有合理性。即便承认其具有物权变动效力，此种变动亦属于非基于法律行为的物权变动，权利人未予登记所为的处分亦不发生物权效力（第232条），即受登记公信的效果约束。

综上而言，因实然的施行障碍而降低法律规范的适用标准未免有本末倒置之嫌，而不动产统一登记的制度改革也为未来不动产脱

---

〔1〕 参见宋才发、马国辉：《农村宅基地和集体建设用地使用权确权登记的法律问题探讨》，载《河北法学》2015年第3期。

〔2〕 如，为保障不动产登记的公信效力，在登记之外不得对不动产物权变动施加其他条件，因此所有权保留的交易模式不适用于不动产交易。登记确权的展开，将会使农村土地承包经营权等不动产物权变动中的例外规定复归登记生效主义，所有权保留交易将在这些领域进一步缩减。参见王立栋：《〈民法典〉第641条（所有权保留买卖）评注》，载《法学家》2021年第3期。

〔3〕 参见薛宁兰、谢鸿飞主编：《民法典评注（婚姻家庭编）》，中国法制出版社2020年版，第251页。

离善意取得的适用范围奠定了基础。目前而言，对第 311 条的解释仍应基于权利外观的基本原理，在各要件上对不动产登记簿与动产占有予以区别对待。

（二）工商登记准用不动产登记簿的制度缺陷

如上述所言，目标规范应遵循区别说的基本立场。那么在股权转让善意取得的问题上就应当明确其准用对象，是参照不动产登记簿的公信规则还是动产占有之善意取得。由于股权本身属于无形财产，并不存在所谓的交付，也谈不上占有的权利外观。而根据《公司法》第 32 条第 3 款的规定，公司应当根据股东名册向工商登记机关办理股东登记，至此股权转让可以信赖的权利外观就是工商登记。由此推定，最高人民法院意欲准用的对象应当是不动产登记簿。那么工商登记是否与不动产登记簿一样具有推定效力乃至公信力，即是否应作同一评价的关键所在。

不动产登记公信系绝对权对外表征的内在需要而产生的制度结果，因此，准用比较应以权利的性质作为逻辑起点。对于股权的性质在理论上多有论及，目前也并未形成统一的定论。从权利的发生基础出发，大陆法系的通说是将其视作一种社员权，即股东通过发出一项团体加入的要约（出资等行为），经团体成员的一致承诺而取得社员地位。从这个意义上，股权并不是一项权利，而只是产生一系列法律关系总和的法律地位。而从公司与股东产权关系的角度出发，亦有所谓的共有说、双层所有权说等。[1]但上述学说均未触及权利表征的问题，即绝对权与相对权的区分问题，在此应当考察的是权利内容的实现方式（支配权、请求权与形成权的划分基础），即权利满足是否需要不特定的当事人负担特定的义务。事实上，股东因承诺向公司认缴出资（或通过其他方式继受取得股权）而对公司享有请求或者负担义务，公司也只能基于股权对特定的股东请求履行相应的义务，自此属于联结特定当事人之间的权利义务关系，而无关乎他人，在性质上同债权一样具有相对性。由于权利的实现并

---

[1] 参见江平、孔祥俊：《论股权》，载《中国法学》1994 年第 1 期。

不及于当事人之外的第三人，也就不存在采取形式主义变动模式的动因。

有所疑问的是，《公司法》第32条是否就股权变动作出了特殊规定。根据《公司法》第32条的规定，股权变更时，受让人只有被记载于股东名册时才能对公司产生请求效力，在对外关系上，采纳登记对抗效力。根据对抗规则的反向推定，自可认为未经登记对第三人不发生权利变动的效果。[1]由此似可认为股东名册、工商登记的变更程序在法技术上将其纳入了形式主义变动模式的权利类型项下，在结构上属于双层效力的变动模式。[2]但这一结论将形式变动化约为合意之外的任意行为，却不论该行为是否与权利变动本身紧密相关，不具有说服力。首先，初始形成的股东名册只是股东与公司相互请求的权利凭证，类似于债权合同的权利书证。股东并非出资完毕就退出与公司的关系，而可基于股东身份持续地对公司享有权利和承担义务，对于公司而言也是如此，两者之间形成持续性的交互关系。但股权本身的财产属性使其可作为流通标的进行交易。基于权利的可处分性，在符合人合性的前提下股东当可自由地对外转让其股份，但股东的自由变动就会对二者的持续性关系造成请求障碍，[3]因此变更股东名册的意义就类似于债权让与中对债务人的通知（德国法上类似的表达为"依转让依据向公司进行申报"），使得公司能明晰股权关系的相对方。因此，股东名册的变更效力应当类推适用《民法典》第546条债权让与通知规则：未予变更对公司不发生请求效力；反之，一经登记公司即受该外观的信赖保护，不论公司是否明知股权发生变动。由此可见，股东名册的设立实为保护公司信赖而非权利变动要件。

---

[1] 参见姚明斌：《有限公司股权善意取得的法律构成》，载《政治与法律》2012年第8期。

[2] 参见赵旭东主编：《公司法学》（第3版），高等教育出版社2012年版，第310~311页。

[3] 参见张双根：《股权善意取得之质疑——基于解释论的分析》，载《法学家》2016年第1期。

事实上，若以工商登记作为权利变动要件更加不具有妥当性。根据《公司法》第 32 条第 3 款的规定，工商登记的主体为公司，如果将其作为权利变动要件，将对私法自治造成不当干涉，即权利的处分和享有需依赖交易之外第三人的积极作为。这将导致在实践中（尤其是在一股多卖的情形下），数位受让人之间的权利竞争取决于公司为谁办理了工商登记，无形之中使公司对股权变动拥有了决定权或反悔权，[1]不当地激励了公司的背信行为，从而丧失准用的正当性。同时，根据该条的对抗性规定，意味着立法者并未将其视作权利变动的生效要件，而只是通过登记形成一项权利外观。综上所言，股权的变动仍系意思主义。

正是由于变动模式的显著差异，以及登记主体与股权转让当事人的分离，使得中间的任何一个环节都不可避免地存在时间差。甚至，由于公司独立的法人地位，公司交易的相对方并不在意股东的真实情况（出资瑕疵以及滥用股东有限责任的除外），进而公司办理股东变更登记的动力更加不足。因此，股权工商登记本身即存在无法克服的公信拟制障碍。

三、权利外观的技术拟制——德国法对股东名单的改造

即便如此，德国法仍然选择了公信拟制的路径进行相应的制度改造。但与我国不同的是，德国法所选取的权利外观为"股东名单"而非商事登记簿。其缘由在于，商事登记主要是围绕公司与其相对方的交易活动展开，例如公司章程对法定代表人的权限限制、经营范围或者涉及责任财产信用的注册资本等，主要体现的是交易方对公司状况的信赖利益。相反，在不存在公司人格否认的情形下，股东名单只涉及股东自身的"私"的利益，以之作为权利外观进行改造就能避免对公司自身的交易事项造成影响，也符合了德国法一贯严谨的体系思维。

---

〔1〕 参见王涌：《股权如何善意取得？——关于〈公司法〉司法解释三第 28 条的疑问》，载《暨南学报（哲学社会科学版）》2012 年第 12 期。

在技术改造上，德国法循公信登记的拟制逻辑以期提升股东名单在公示上的广泛性和准确性。一方面，强化了呈报主体的诚信与勤勉义务，即股权受让人得以确实的权属变动依据（股权转让合意）请求公司予以变更，公司负责登记申报的责任人负有毫不迟延之义务向商事登记机关提出变更登记，否则将面临义务违反的损害赔偿与罚金惩罚。对股权变动依据的审查，要求转让方应当是被记载于股东名单上的权利人否则将不予变更，实现股东名单的连续背书原则。另一方面，强化了股东对于股东名单控制，确立了异议归入规则，并在技术上将异议查阅作为其他事项查询的前提。[1]

但是，对股东名册的改造仍然无法弥补其与权利变动相脱离所造成的公信力不足的问题，即权利变动与股东名册的公示变更并非同步发生。为弥补这一缺陷，德国法引入等待期制度，从而彻底将其拟制为一项纯粹的权利外观，得与不动产公信力位于同一效力位阶。即，登记错误的情形持续三年以上则不考虑真实权利人的可归责性。[2]然而，等待期对于股东名册的公信拟制并非妥当。时间延续的规范效力无法形成实然状态的一致，因而只是一种假定的一致，只能借由立法权这一终极命题赋予其正当性。

四、权利外观责任对股权善意取得的修正

股权自由对外转让是公司独立人格与股东有限责任这一基本构造的价值体现。[3]否则，对于公司交易的相对方而言，股东亦属于债务人，应与公司一同承担连带责任。于此，股权对外转让将异变为一种免责的债务承担，因而必然受到债权人意志的约束而不具有单独处分的自由。既然股权独立且自由转让是公司有限责任的必然

---

〔1〕 参见张双根：《德国法上股权善意取得制度之评析》，载《环球法律评论》2014年第2期。

〔2〕 参见余佳楠：《我国有限公司股权善意取得制度的缺陷与建构——基于权利外观原理的视角》，载《清华法学》2015年第4期。

〔3〕 参见［美］罗伯塔·罗曼诺编著：《公司法基础》，罗培新译，北京大学出版社2013年版，第101页。

推论，那么必须将股权转让中的信赖保护纳入法律规范的范畴，这也是最高人民法院准用善意取得的动因。

（一）以动产善意取得为准据

如上所述，权利外观的技术拟制在耗费了较大的立法成本后仍需考量原权利人的可归责性，那么在解释论上就没有必要以外观上的形式对应来确定准用对象，而应回归权利外观责任的本质，由权利外观的一致性程度来决定股权善意取得的准用对象。换言之，工商登记所彰显的一致性程度与动产占有相当，在准用上应放弃不动产登记簿的准用而适用动产善意取得的规范路径。由于占有仅具有权利归属的推定效力而不具有公信力，在要件判断上需要信赖保护的三要素协同发生作用。虽然目标规范的文义未见可归责性的限制，但是 312 条有关遗失物的规定显现了对可归责性的考量。于此，动产善意取得的三个要素仍然完整，在股权转让的准用上就不会发生要件缺失的解释障碍，而只需要根据股权自身的特殊性对适用标准予以修正。

《民法典》第 65 条关于商事登记的一般性规定似乎也可以作为第三人信赖保护的依据，并且补正了《公司法》第 32 条第 3 款"不得对抗第三人"的规定，增加了善意的限定。但是这一规范在利益衡量上只考虑了信赖外观和第三人善意两个要素，在冒名处分的情形下就存在过分褫夺权利人归属利益的问题。同时，"法人的实际情况"是否包括股东变更也并不明确。有学者指出工商登记中的股东名单只是关于有限公司人合性的状态信息，而商事登记的外观效力并不及于此类状态信息。[1] 那么，《民法典》第 65 条可以视作关于商事外观确立的一般性规定，即将登记作为商事交易中的信赖外观，而信赖保护的其他要素则以之为基础在具体的制度框架下予以细化。因此，仍需回到股权善意取得具体的要件判断上。

---

〔1〕 参见〔德〕鲍尔、施蒂尔纳:《德国物权法》（上册），张双根译，法律出版社 2004 年版，第 491~492 页。

（二）股权善意取得的要件构成

1. 股权善意取得应以转让合同有效为前提

股权善意取得的一个前置性问题就是转让合同的效力问题，即善意取得是否以股权转让合同有效为前提。之所以存在这一疑问，是因为在前民法典时代，无权处分对合同效力的影响在善意取得问题上会产生连锁反应。除此之外，股权转让亦存在特殊的处分限制，即在对外转让上需经其他股东过半数同意以及内部股东的优先购买权，此时就会出现人合性限制与善意取得的冲突。而为了缓解这一冲突，司法实践往往将人合性限制与合同的效力认定相关联，并以合同无效为基础否定善意取得的适用。

（1）无权处分合同的效力认定。学理上一般将善意取得视作原始取得，并将第 313 条动产善意取得法律效果作为这一论断的佐证。事实上，善意取得之原始取得系规范解释的结果。在前民法典时代，处分权的欠缺在未受有权追认时属于效力待定的合同，拒绝追认则直接导致合同无效。[1] 其理据在于《合同法》并未承认物权行为理论，因此合同表示不仅容纳了请求履行之债权债务的效果意思，还一并吸纳了引发物权变动的效果表示。两组要素共同构成了买卖合同的效果意思，[2] 原本属于处分行为的无效瑕疵也成了买卖合同本身的效力瑕疵。由于善意取得的适用前提为无权处分，自然的结论就是善意取得并不以合同有效为前提，准确来说善意取得下的信赖保护并不存在有效的合同。因此，善意取得并不具备有效的交易基础，属于法定的原始取得。[3] 但是，取消负担行为与处分行为的区分无疑将增加交易的风险，订立合同的当事人将穷尽一切调查手段以确

---

〔1〕《中华人民共和国合同法》（已失效，以下简称《合同法》）第 51 条：无处分权的人处分他人财产，经权利人追认或者无处分权的人订立合同后取得处分权的，该合同有效。

〔2〕参见崔建远：《无权处分辨——合同法第 51 条规定的解释与适用》，载《法学研究》2003 年第 1 期。

〔3〕参见郭富青：《论股权善意取得的依据与法律适用》，载《甘肃政法学院学报》2013 年第 4 期。

定相对方的处分权限，进而可能因交易成本过高而导致交易失败，最终的结果就是阻却经济市场的活跃发展。更为重要的是，将处分行为与负担行为统合进合同整体的效果意思中，意味着权利变动成为合同法的调整范围，使得物债二分的体系构建遭到破坏，也与物权法上的区分原则发生严重抵牾。因此，《民法典》放弃了《合同法》第 51 条的规定，而基于合同债权请求性的本质将负担行为与处分行为相分离，实现了对负担行为效力的独立认定，以及物权变动采纳债权形式主义的基本原则。

可能的质疑在于，统合的思想虽不足以作为物权变动中合同效力认定的基础，但在债权合意的变动模式下似乎还有其存在的空间。股权与债权一样遵循意思主义的变动模式，即达成债权合意与权利变动具有同时性，在客观上并不存在一个独立的物权行为，并且当事人也不会多余地再单独达成一个处分合意。在此情形下，似乎只得将处分行为纳入负担行为中，而再次回归《合同法》第 51 条的规范逻辑。事实上，合同无论如何只能发生债权债务的规范效力，即股权转让合同只是使受让方取得请求对方移转股权的债权，并不能因其请求就直接发生权利变动的效果，否则无异于形成权的性质。转让方仍负移转股权的债务，只是其履行的方式因相对权的本质而经"逻辑上的一秒"被拟制完成。由于股权本身的请求性，其转让的只是一种相对法律关系中的主体地位，并不存在所谓的交付问题，只需对此种地位予以明确地放弃即可，同时相对性的本质也意味着并无登记公示之必要。因此，股权变动的效果并非债权合同引起，而是由权利客体的特殊性决定的。综上所述，不论采纳何种变动模式，负担行为的效力认定均应与权利变动问题严格区分。

回归到善意取得的问题上，其制度目标是为了维护交易上的安全，并不覆盖所有权利变动的问题，因此就必须以交易行为为基础，即只涉及转让问题而不包括赠与、继承等。进而，在剔除处分瑕疵对合同效力的影响后，需要确认转让合同本身应不存在其他的效力瑕疵，例如行为能力、意思表示真实等，这些属于交易行为本身的构成要素，当优位于第三人的信赖保护，不能因善意取得的适用而消解掉。至此，股权准用善意取得应以转让合同有效为前提，善意取得在理论上也应修正为继受取得，《民法典》第 313 条的规定则属于信赖保护的体系延伸而非原始取得的规范准据，如果受让人对标的物上的权利负担不具有善意，亦得继受该标的上的权利瑕疵。[1]

（2）人合性限制对股权转让合同的效力影响。有限公司对外转让股权的人合性限制是股权领域的特殊问题，也是部分学者反对股权准用善意取得的理由之一。二者之间的逻辑结点在于股权变动采纳意思主义，当双方达成合意时其履行也因相对权本身的性质而同时完成，在满足善意取得的其他构成要件时，股权就能同时就发生移转，此时第三人的介入就会破坏有限公司原有的人合性结构。那么，在合同效力的规范解释上就要衡量有限公司的人合性、股权的处分自由、以及信赖保护三者之间的价值序列。

有限责任公司作为一种介于合伙与股份公司的中间形态，实为满足中小投资者弱化风险的投资需求。[2]一方面，借股份公司中的有限责任使得股东与公司的责任财产相互独立，弱化连带责任带来的投资风险；另一方面，又以合伙中经营与所有的同一性降低企业的经营成本，进而承继了合伙企业的人合性特征。也正是基于此，公司法才赋予有限公司章程更多的自治权。在内部治理结构上，由于规模集中可控，有限公司的章程得以对股份公司严格的资本多数决予以变通，允许人头意义上的多数决甚至是一致决；在对外关系上，经营与所有的高度重合使得公司的独立性极其脆弱，极易发生人格混同的情形，而公司的人格否认制度亦补足了对外关系上人合性的不足。由此可见，人合性实为有限公司的基本价值，对人合性的破坏就意味着上述所有的制度构造都将丧失正当性，进而有诱发公司经营僵局的风险。因此，对第三人的信赖保护就不得在破坏公

---

〔1〕 参见彭诚信、李建华：《善意取得合同效力的立法解析与逻辑证成》，载《中国法学》2009 年第 4 期。

〔2〕 参见李劲华：《有限责任公司的人合性及其对公司治理的影响》，载《山东大学学报（哲学社会科学版）》2007 年第 4 期。

司人合性的基础上被承认。也正是基于此种理由，股东的优先购买权通常被视作形成权，内部股东得以"同等条件"之主张在其与转让股东之间形成一比一的股权转让合同，从而在股权未予变动前阻却第三人的取得。但有学者就此提出疑问，认为司法解释赋予转让股东"反悔权"意味着采取了请求权的基本构造，[1]实然是大谬其言。反悔权的发生机制是在不破坏人合性的基础上最大程度地保障股东的处分自由，此时的处分自由表现为消极的处分，即不论对内对外股东均放弃转让，此时股东优先购买权的产生条件已不存在，而非是对形成效力的否定。

由于股东优先购买权须以"同等条件"的存在为前提，就意味着转让股东已经与外部交易人达成债权合意。基于变动上的同时性，若不赋予合同上的阻却效力，优先权将无行使的可能，此时所谓的优先权就被化约为一项消极的损害赔偿，更谈不上所谓的形成效力。因而，有裁判将此限制认定为效力性强制性规定，从而否定该合同的效力。[2]此种解释虽得以维护有限公司的人合性价值，但也存在逻辑上显见的漏洞，即在双方达成合意时合同即已陷入无效状态，因而难以解释第三人为何会积极订立一份确定无效的合同。若其他股东放弃行使优先权，第三人还想取得该股权就得重新订立同一份转让合同，这无疑增加了交易成本，背离商事实践的效率要求。为了避免重复订立的弊端，《最高人民法院关于适用〈中华人民共和国公司法〉若干问题的规定（四）》采取了有效说的解释路径，这也是目前学界的通说观点。[3]但在本文看来，有效说同样存在缺陷。

---

〔1〕 参见赵磊：《股东优先购买权的性质与效力——兼评〈公司法司法解释四〉第20条》，载《法学家》2021年第1期。

〔2〕 山东省高级人民法院（2006）鲁民四初字第2号民事判决书、江西省赣州地区（市）中级人民法院（2006）赣中民二终字第127号民事判决书。

〔3〕 参见曹兴权：《股东优先购买权对股权转让合同效力的影响》，载《国家检察官学院学报》2012年第5期。采纳同一观点的文章有，胡晓静：《论股东优先购买权的效力》，载《环球法律评论》2015年第4期；李建伟：《有限公司股东优先购买权侵害救济研究——兼评〈九民纪要〉的相关裁判规则》，载《社会科学研究》2020年第4期；王东光、虞琦楠：《股东优先购买权与股权善意取得的冲突及解决路径》，载《北方金融》2018年第2期。

除了上述提到的意思变动上的冲突，重要的是人合性的价值优位导致内部股东得以形成权之效力阻却第三人的履行请求，此时转让股东因无法履行而承担违约责任，责任范围及于积极地履行利益赔偿，因而向内部股东转让取得的大部分经济利益将被剥夺以满足第三人的违约损害赔偿。于此，转让股东在对外交易上就面临两难境地，要么承担侵害优先权的损害赔偿责任，[1]要么承担违约的履行利益赔偿，于是必然伴随背信的利益衡量，从而引发效率违约的风险。当然，当事人可以通过附条件等行为控制此种交易风险，但并不意味着当事人未能主动控制时就应当然承受，最终要看规范解释是如何分配此种交易风险的，即在当事人没有风险控制条款时，法律规范应如何合理分配交易风险。为了避免转让股东承受如此不合理的交易风险，将其界定为可撤销的合同似乎是更妥当的衡量。[2]当内部股东行使优先购买权时，撤销权的产生条件得以满足，合同撤销后溯及地不发生效力而无需承担合同责任。但撤销权的本质属于形成权，须以权利人的行使为前提，而无法自动解消转让协议的效力。若转让股东怠于行使该权利，就会同时存在两个有效的合同，而优先购买权的形成效力也不能影响对外转让协议的效力，否则就会突破合同的相对性原则。此时，第三人仍可依该有效合同办理工商登记，进而引发外观上的名实不符，增加无权处分的风险。因此，更为合理的解释路径是将《公司法》以及公司章程中有关对外转让的人合性限制订入转让协议，并包含于合同的停止条件。由于《公司法》第71条明确规定了内部股东的优先购买权，并且提示了公司章程变通的特别效力，作为实施投资行为的商事主体应当在交易中承担更为谨慎的注意义务。因此，推定双方均对该项限制有所认识，合意的达成也意味着双方对此均无异议，从而以默示合意的方式订

---

〔1〕 此时的损害赔偿多指，第三人已经长期且持续地参与公司的经营管理，形成了新的人合性结构，此时再强制实现其他股东的优先购买权已经不具有实际意义，则予以损害赔偿的救济。

〔2〕 参见刘俊海：《论有限责任公司股权转让合同的效力》，载《法学家》2007年第6期。

入双方的转让协议。基于人合性的优位衡量，只有在内部股东放弃优先购买权时，转让合同发生效力，经"逻辑上的一秒"而发生股权变动。由此，在优先权的行使期限内，对外转让的合同未生效，当无法发生善意取得的效果，如此就不存在准用上的障碍。

2. 工商登记外观的正确性修正

动产善意取得的构成要件一般包括，真实权利人对错误表象的可归责性、第三人善意、合理对价以及形式变动要件的完成。在权利外观的一致性程度上，相较于不动产登记簿，工商登记更接近于占有的推定状态。但是基于变动模式的差异，工商登记的正确性推定还是略低于动产占有，因此只有在规范设计上进一步提升工商登记的正确性，才能在解释上尽可能地统一其他要素的适用标准。

工商登记的绝大部分事由都与公司自身的交易活动有关，并且在公司人格否认情形下，股东名单的表征对于公司的债务分担仍具有重要意义，因此公司与工商登记的利益关联更为密切，作为登记主体仍然合理。以此为前提，应当加强股东对于公司登记义务的约束。其一，强化公司对于股东变更登记的勤勉义务。公司受变更申请时应当毫不迟延地办理变更登记，违反该项义务工商登记机关将对公司施予罚金等惩罚措施，负责登记申报的公司管理者应当对真实权利人的失权损失承担连带损害赔偿责任。受让股东依据股权转让协议向公司提出变更申请的，公司应当向股权登记名义人进行确认审查，未经审查即办理变更登记的，公司负责人亦应承担连带赔偿责任。其二，植入异议登记。股东得以其为真实权利人的凭证向工商登记机关申请异议登记，在阻却善意的效力期间内，异议股东必须向错误登记主体提出权利确认诉讼，或者向公司提出变更申请，否则期限届满登记机关将涤除该项异议。于此，可视工商登记与占有外观的一致性大致相当。

在前述修正的基础上，就可比照动产善意取得的适用要件逐一确认具体的适用标准。

在适用情形上，无需限于登记错误的情形。之所以存在无权处分与登记错误的界分，乃不动产登记簿公信拟制的反射。由于不动产登记簿因公信规范的拟制而形成一项纯粹的权利外观，在实体法上登记名义人就是所有权人，其所作出的处分就是有权处分，因而第三人可径直依有权处分继受取得该物权。但是，不动产登记簿也有可能发生错误表征，即登记机关的职务过失导致的登记错误，而此时真实权利人可能并不存在过错，因而在失权判断上就要适度予以限制。因此，将登记错误从有权处分中摘出，将其视作无权处分的特殊情形，从而纳入权利外观责任的规范范畴，要求第三人对登记错误存在善意。但是，工商登记并不具有公信拟制效力，自然无法将登记名义人的处分行为直接等同于有权处分，所以将"股权代持"视作有权处分而将其从善意取得的规范适用中排除并无正当性，更何况是否记载于股东名册亦非股权变动要件。如此，亦不能否定隐名股东享有股权。大多数反对的理由以《公司法司法解释（三）》第24条第3款为基础，认为承认隐名投资人股东地位将直接导致有限公司人合性的破坏。诚然，这是将股权中的人身权益与财产权益进行捆绑研究的结果，若依如此，在众多有关股权变动的问题上就会产生二者的适用排斥：要不就是人身权的价值优位对财产流转自由的过分限制，要不就是人身权被简单视作财产权实现的手段而复归于单一财产权。[1]于此，要求对股权的权利束进行区分研究，即所谓的股权二分论。在隐名投资的情形下，名义股东与隐名股东分别享有股权的两种权益，名义股东以其人身信用而取得股权中的共益权；而隐名股东以其实际出资而享有财产性自益权。而司法解释第24条的显名规则其约束对象当为股东人身所体现的人合性，隐名股东意欲取得该项权益自得满足其他股东的同意等要件。相反，若名义股东对外处分股权（整体性移转），对于股权人身权益的处分自为有权处分，但并不享有财产自益权的处分地位，于此仍然构成了无权处分。因此，"一股二买"与"股权代持"以及其他"从无权利人处取得"的情形均属于善意取得的适用范畴。

---

〔1〕 参见蔡元庆：《股权二分论下的有限责任公司股权转让》，载《北方法学》2014年第1期。

在可归责性的判断上，一般剔除冒名处分的情形，除非真实权利人对冒名行为的存在提供了原因力。第三人善意则要求其对该登记错误不知且无重大过失。当然，有限公司股份的转让亦可在内部股东之间进行，所以应当区分内部股东和外部股东，内部股东更容易了解股权归属的真实情形，因此负有更高的注意义务。

需要特别注意的是，依股权的变动模式，似乎无需履行登记或者交付即能产生善意取得的法律效果。但此时业已发生权利变动，而登记外观仍然存在错误，若不将其涤除，登记名义人就有可能再次实施无权处分，从而存在数个善意取得人的权利竞争。在先取得人怠于变更登记可视作后续失权的可归责性基础，但善意取得需以裁判的方式综合各个要件予以确认，这无疑会增加实务中确权纠纷的数量。并且由于多个交易的分散性，管辖的不统一就会使得法官无法就所有的善意取得进行顺位确认，因而也只能是个案的独立认定。于此，就有必要在善意取得的要件上要求履行登记，以阻却数个善意取得的发生，进而提升工商登记对权利归属的正确性推定。

3. "同等条件"对"合理对价"的排除

善意取得中"合理对价"的要件地位在理论上多有争议。德国法上只有有偿性的限制，至于对价的合理性并不具有决定意义。我国之所以将其纳入善意取得的规范体系，是因统合性的立法模式将不动产纳入了善意取得的适用范围。作为公民重要的财产内容，不动产涉及基本的生存利益，因此在失权的利益衡量上应当更加严格。[1]而股权交易系纯粹的投资行为，股权的变动并不会对转让人的基本生存产生影响，此种考虑就不再具有正当性。即便是基于体系适用上的一致性，合理对价的适用空间也极其有限。对内转让股权时，由于内部股东负有更为严格的注意义务，极难满足善意的认定标准，也就无需审查对价的合理性。而对外转让股权时，合理对价已经在内部股东与第三人"同等条件"的竞价中得以实现，也无

---

〔1〕 参见孟勤国、申惠文：《我国〈物权法〉没有承认登记公信力》，载《东方法学》2009 年第 5 期。

需叠床架屋。

　　具体而言，优先购买权的形成效力系以限制转让股东的处分自由来满足内部股东维系人合性的需要，但被牺牲的利益并非完全被忽视，它构成了获胜利益可得以满足的程度。因此，确保内部股东人合性的需要亦不能完全剥夺转让股东处分利益的有效实现。优先购买权的行使以"同等条件"为基础，条件形成的节点对于利益衡量具有重要意义。一般而言，第三人首次提出交易条件时，并不确定内部股东是否行使优先购买权，出于投机的投资策略，就不会立即导出心理预期的价格上限。同时，由于有限公司股权交易的封闭性，并不存在所谓的公允价值，那么与第三人定价的过程中，极有可能因谈判地位或者信息的不对等，以极低的价格与第三人达成合意。若径直以第一次发出的交易条件作为内部股东的行权条件，无疑使得转让股东的处分利益无法得到公平有效地实现，也激励了内部股东以"正当"之理由窃取第三人在交易中因自身的磋商能力而取得的谈判成果，这显然是对内部股东的过度保护。于此，"同等条件"的引入就是为了使内部股东与第三人在交易条件上形成竞争关系，那么"同等条件"的认定应当以竞权的终局性为前提。也就是说，第三人得以在内部股东竞取股权时，对转让合同的条件予以修正以提升自己的竞争优势，从而持续、平等地切断优先权潜在的形成效力。[1]此时，通过竞争就能在有限公司封闭的股权交易中导入价格形成机制，从而在内部市场形成帕累托最优，在没有形成最优的同等条件时，内部股东的优先购买权并未发生。当竞权以内部股东放弃行使优先购买权结束时，对外转让协议所附生效条件亦同时满足，此时合同有效得以进入股权善意取得的适用判断。也就是说，对价的合理性已经在合同效力的前置性判断中完成，而无需重复评价。

---

　　[1]　参见蒋大兴：《股东优先购买权行使中被忽略的价格形成机制》，载《法学》2012年第6期。

五、结语

目前，《公司法司法解释（三）》第 25、27 条仍为股权领域信赖保护的唯一准据，在规范评价上不应完全否定适用的正当性，将其束之高阁。在解释论上，自应着力于差异评价的修正，从而努力为司法实践的适用提供正确的规范指引。

由于股权与不动产物权在变动上的差异，工商登记存在不可消解的公信拟制障碍，因此，准用不动产登记簿就会存在要件缺失的问题，导致相对权的优位保护。同时，德国法上的等待期并不是对权利外观可信赖程度的补正，而纯系立法者主观上的价值衡量。至此，在准用对象上应转向动产占有。

在具体适用上，应始终坚持工商登记仅具有程序上的推定效力，因此登记处分就不能视作有权处分，"一股二卖""股权代持"以及其他"从无权利人处取得"的情形均得适用。由于可归责性的要求，一般剔除冒名处分的情形，但权利人对冒名的发生提供原因力的除外。在善意判断上应与动产占有遵循同一标准，均为不知且无重大过失。股权循意思主义变动模式，无需履行交付或者登记程序，但为避免数位善意取得人的权利竞争，仍应以登记作为善意取得的规范要件。

基于股权自身的特殊性，人身权益在对外转让上的人合性限制应当予以特别关注。善意取得使第三人取得股权的同时亦得以股东身份进入公司的经营管理，此时就会破坏有限公司人合性的治理结构，从而诱发公司经营僵局。于此，善意取得就不能在破坏有限公司人合性的基础上被承认。由于目标规范的适用以无权处分为前提，而处分权的欠缺不再影响负担行为的效力，因而善意取得属于原始取得的理论就应修正为继受取得，应以转让合同有效为前提。那么，善意取得与内部股东优先权的缓和问题就可以在合同有效的前置判断中予以解决。即，将《公司法》以及公司章程对于股权对外转让的限制订入股权转让合同，并为合同效力的停止条件。在优先权的行权期限内，转让合同并未生效，自然无法适用善意取得，从而消解规范适用上的冲突。由于优先购买权引入了"同等条件"，内部股东与第三人在交易上就存在竞争关系，为了更为充分地实现转让股东的变价利益，同等条件的确认应当具有竞争上的终局性，没有达到最优条件时内部股东的优先购买权并未发生，于此对价合理的问题业已在优先权的前置判断中得以实现而无需在善意取得中重复评价。

（责任编辑：冯仁航　季赟）